田 瑶 杨天波 著

铁路行政许可评估及其法律问题研究

Research on Evaluation of Railway Administrative License and Related Legal Questions

北京大学出版社
PEKING UNIVERSITY PRESS

图书在版编目(CIP)数据

铁路行政许可评估及其法律问题研究/田瑶，杨天波著．—北京：北京大学出版社，2018.8
ISBN 978－7－301－29770－4

Ⅰ．①铁… Ⅱ．①田…②杨… Ⅲ．①铁路运输—行政许可法—研究—中国 Ⅳ．①D922.112.4

中国版本图书馆 CIP 数据核字(2018)第 178169 号

书　　名	铁路行政许可评估及其法律问题研究 TIELU XINGZHENG XUKE PINGGU JIQI FALÜ WENTI YANJIU
著作责任者	田　瑶　杨天波　著
责任编辑	王建君
标准书号	ISBN 978－7－301－29770－4
出版发行	北京大学出版社
地　　址	北京市海淀区成府路 205 号　100871
网　　址	http://www.pup.cn　http://www.yandayuanzhao.com
电子信箱	yandayuanzhao@163.com
新浪微博	@北京大学出版社　@北大出版社燕大元照法律图书
电　　话	邮购部 62752015　发行部 62750672　编辑部 62117788
印　刷　者	三河市北燕印装有限公司
经　销　者	新华书店
	880 毫米×1230 毫米　32 开本　10.625 印张　320 千字 2018 年 8 月第 1 版　2018 年 8 月第 1 次印刷
定　　价	49.00 元

未经许可，不得以任何方式复制或抄袭本书之部分或全部内容。
版权所有，侵权必究
举报电话：010－62752024　电子信箱：fd@pup.pku.edu.cn
图书如有印装质量问题，请与出版部联系，电话：010－62756370

目 录

导 论 ······ 001

第一章 铁路行政许可法律制度概述 ······ 012
  第一节 行政许可概论 ······ 012
  第二节 铁路行政许可概述 ······ 016
  第三节 问题与反思 ······ 025

第二章 铁路行政许可法的价值与原则 ······ 026
  第一节 铁路行政许可法的价值 ······ 026
  第二节 铁路行政许可法的原则 ······ 043
  第三节 我国铁路行政许可法发展趋势的展望 ······ 052

第三章 铁路行政许可的实施主体与授予标准 ······ 055
  第一节 铁路行政许可的实施主体 ······ 055
  第二节 铁路行政许可的授予标准 ······ 062

第四章 铁路行政许可实施程序 ······ 070
  第一节 铁路行政许可实施程序概述 ······ 070
  第二节 铁路行政许可的一般程序 ······ 082

第五章　铁路行政许可的监管 ·· 094
第一节　对铁路行政许可设定的监管 ···························· 094
第二节　对铁路行政许可实施主体的监管 ······················ 096
第三节　对铁路行政许可被许可人的监管 ······················· 100
第四节　问题与反思 ··· 106

第六章　铁路行政许可的法律责任 ································· 107
第一节　铁路行政许可法律责任概述 ···························· 108
第二节　铁路行政许可机关及工作人员的法律责任 ·········· 122
第三节　铁路行政许可相对人的法律责任 ······················· 131
第四节　问题与反思 ··· 135

第七章　铁路行政许可的评估 ·· 140
第一节　铁路行政许可评估概述 ·································· 140
第二节　铁路行政许可评估的标准与方法 ······················ 144
第三节　铁路行政许可评估存在的问题和完善建议 ·········· 150

参考文献 ··· 161

附录一　铁路行政许可评估汇总 ···································· 165
铁路运输企业准入许可事项评估 ···································· 165
铁路运输基础设备生产企业审批事项评估 ······················· 168
铁路机车车辆设计、制造、维修或进口许可事项评估 ········ 171
铁路机车车辆驾驶人员资格许可事项评估 ······················· 175
铁路无线电台设置审批及电台频率的指配事项评估 ··········· 177
铁路车站和线路命名、更名审批事项评估 ······················· 179
铁路工程建设消防设计审批事项评估 ····························· 181
铁道固定资产投资项目审批事项评估 ····························· 182

附录二 铁路行政许可法律、法规、规章和规范性文件 ……………… 185
 《中华人民共和国行政许可法》……………………………… 185
 《铁路安全管理条例》………………………………………… 200
 《中华人民共和国无线电管理条例》………………………… 218
 《地名管理条例》……………………………………………… 232
 《铁路运输企业准入许可办法》……………………………… 235
 《铁路运输基础设备生产企业审批办法》…………………… 241
 《铁路机车车辆驾驶人员资格许可办法》…………………… 245
 《铁路机车车辆设计制造维修进口许可办法》……………… 249
 《铁路无线电台站设置和频率使用审核办法》……………… 257
 《铁路无线电管理规则》……………………………………… 261
 《铁路运输企业准入许可实施细则》………………………… 268
 《铁路牵引供电设备生产企业审批实施细则》……………… 276
 《铁路通信信号设备生产企业审批实施细则》……………… 281
 《铁路道岔设备生产企业审批实施细则》…………………… 287
 《铁路机车车辆驾驶人员资格许可实施细则》……………… 293
 《铁路机车车辆设计制造维修进口许可实施细则》………… 301
 《国家铁路局行政许可实施程序规定》……………………… 312
 《铁路专用设备行政许可企业监督检查计划管理办法》…… 317
 《铁路消防管理办法》………………………………………… 320

后　记 ……………………………………………………………… 333

导　　论

一、铁路行政许可法律制度的基本背景

2016年6月，国务院发布了关于进一步精简行政许可审批事项的指示，标志着我国行政许可审批制度改革迈上一个新的台阶。从法治建设的角度看，国务院对于行政许可审批制度的改革与《中华人民共和国行政许可法》（以下简称《行政许可法》）的出台与生效密切相关。改革开放以来，我国政府一直致力于对行政许可审批制度的改革，2003年《行政许可法》的出台，可谓是行政许可法治化改革进程中的一座里程碑。但是在《行政许可法》生效后的十余年间，大量游离于《行政许可法》规制范围之外的审批事项依然具有效力，这些法外审批的大行其道使得《行政许可法》的法律效力与法律权威被折损与削减，对行政许可制度的科学化、系统化与法治化的改革造成了巨大的阻碍。在这种情况下，为了进一步落实《行政许可法》的实施，维护《行政许可法》的法律效力，巩固已经取得的改革成果，整理和清除法外审批，推动更加深入、更大力度的行政许可审批事项的改革势在必行。从社会经济的角度看，国务院推动行政许可审批事项改革更深层次原因在于改革开放以来我国社会经济样态的根本性转变。改革开放近40年间，我国社会经济实现了从计划经济向市场经济的转型，综合国力显著增强，人民生活水平明显提高。但是与经济的高速发展不协调的是，我国政府的管理理念和措施仍旧没有完全摆脱计划经济时代所形成的惯性，而落后的管理理念和制度已经与不断成熟和完善的市场经济体制产生了矛盾。为了进一步解放生产力，进一步推动我国经济社会的持续发展，精简政府机构，转变政府职能，创新管理理念和模式，规范权力的运行，使政府准确定位自身在市场经济体系中的地位和作用变得尤为重要和关键。

铁路行政许可制度改革是我国行政许可改革事业的一环。铁路行政许可制度之所以需要改革，不仅仅是社会经济因素与法治建设因素的要

求,更是铁路行政许可体系自身的迫切诉求,尤其是在我国的铁路事业进行大范围的政企分离之后,一个非常关键的问题就是如何通过法律界定不同部门的职权范围。而铁路行政许可,正是铁路监管职权的重要体现。在这个背景下,如何做好铁路行政许可及其评估工作,就成了亟须研究的问题。推动铁路行政许可体系的改革,深化铁路行政许可体系改革的研究,不仅仅是对国务院简政放权改革工作的积极响应,更是使铁路行政许可行政主体明确自身责任和定位、优化行政资源的配置、提高行政效率、促进铁路运输行业健康快速发展的积极举措,具有重大而深远的意义。

2014年《铁路安全管理条例》施行后,交通运输部和国家铁路局先后发文停止了一批原铁道部制定的规章和行政许可审批项目,其中以《国家铁路局关于公开取消和保留的铁路行政审批事项的通知》(国铁科法〔2014〕12号)非常及时,通知中提到:取消"企业自备车辆参加铁路运输审批"等11项铁路行政审批项目和依法保留并由国家铁路局实施的"铁路运输企业设立、撤销、变更审批"等8项铁路行政审批项目。这些法规和通知首先指向一个问题,即以铁路安全为中心的铁路行政许可工作。本书将统合现有行政许可的种类及其法律价值核心,比较衡量安全、效益和自由等几项法律价值在铁路行政许可中的关系,重点针对2014年《铁路安全管理条例》出台后配套实施的三项铁路行政许可办法,围绕铁路行政许可的授予标准、许可程序、法律责任以及铁路行政许可的法律评价展开(在《行政许可法》中,明确界定的是对行政许可的法律评价,在学理上亦可称为行政许可评估,所以本书在总体描述时称为评估,在具体进行法律分析时以行政许可评价称之)。

(一)2014年《铁路安全管理条例》施行之前我国铁路行政许可审批项目体系及其评估

我国铁路行政许可法律、法规体系存在三个层次:首先是全国人民代表大会及全国人民代表大会常务委员会制定的法律;其次是国务院制定的行政法规;最后是部门规章,主要是交通运输部和国家铁路局制定发布的与铁路生产、运输和安全相关的行政许可办法和细则;同时还有原铁道部(已经于2013年3月16日撤销)或者铁道部与其他部门联合发布的根据法律、法规制定的有关铁路行政许可的实施细则、规定和办法等。

整个铁路行政许可体系以2014年开始施行的《铁路安全管理条例》为分界点,在此之前,整个铁路行政许可体系驳杂而无中心。《铁路安全管理条例》于2014年开始实施,同时相伴的有配套的行政许可办法,使得整个铁路行政许可体系朝着精简方向迈进。

总体来看,2014年之前的铁路行政许可审批项目包括《国务院对确需保留的行政审批项目设定行政许可的决定》(国务院令第412号)设定的行政许可项目;2004年经国务院行政审批制度改革工作领导小组确认,依法可继续实施的铁道部行政许可项目;2004年12月《铁路运输安全保护条例》发布后新设定的行政许可项目;2007年10月《国务院关于第四批取消和调整行政审批项目的决定》(国发〔2007〕33号)合并的行政许可项目。总结下来,大概有18项之多,现根据项目名称、设定依据和实施主体,主要列举如下:

(1)开行客货直通列车、办理军事运输和特殊货物运输审批[《国务院对确需保留的行政审批项目设定行政许可的决定》(国务院令第412号)];

(2)企业自备车辆参加铁路运输审批[《国务院对确需保留的行政审批项目设定行政许可的决定》(国务院令第412号)];

(3)铁路工程建设消防设计审批[《国务院对确需保留的行政审批项目设定行政许可的决定》(国务院令第412号)];

(4)企业铁路专用线与国铁接轨审批[《国务院对确需保留的行政审批项目设定行政许可的决定》(国务院令第412号)];

(5)铁路工业产品制造特许证核发[《国务院对确需保留的行政审批项目设定行政许可的决定》(国务院令第412号)];

(6)铁路运输企业设立、撤销、变更审批[《国务院对确需保留的行政审批项目设定行政许可的决定》(国务院令第412号)];

(7)铁路机车车辆设计、生产、维修、进口许可[《铁路运输安全保护条例》(国务院令第430号)];

(8)铁路运输管理信息系统认定[《铁路运输安全保护条例》(国务院令第430号)];

(9)铁路危险货物托运人资质许可[《铁路运输安全保护条例》(国务院令第430号)];

(10) 铁路危险货物承运人资质许可[《铁路运输安全保护条例》(国务院令第 430 号)];

(11) 设置或者拓宽铁路道口、人行过道审批[《铁路运输安全保护条例》(国务院令第 430 号)];

(12) 铁路超限、超长、超重、集重货物运输承运人资质许可[《铁路运输安全保护条例》(国务院令第 430 号)];

(13) 铁路运输安全设备生产企业认定[《铁路运输安全保护条例》(国务院令第 430 号)];

(14) 铁路机车车辆和自轮运转车辆驾驶人员资格许可[《铁路运输安全保护条例》(国务院令第 430 号)];

(15) 铁路无线电台发射设备的设台、频率审核[《中华人民共和国无线电管理条例》(国务院、中央军事委员会令第 128 号),《铁路运输安全保护条例》(国务院令第 430 号)];

(16) 铁路旅客票价率、行包、货物运价率和客货运杂费项目和收费标准审核;

(17) 车站和线路命名、更名审批(《地名管理条例》);

(18) 铁道固定资产投资项目审批[《国务院对确需保留的行政审批项目设定行政许可的决定》(国务院令第 412 号)]。①

(二) 2014 年《铁路安全管理条例》施行之后我国铁路行政许可审批项目体系及其评估

随着我国铁路发展事业政企分离的加速,重新厘定铁路发展监管机构的职能便势在必行。所以,在《国务院关于取消和下放 50 项行政审批项目等事项的决定》(国发〔2013〕27 号)出台之后,交通运输部及国家铁路局迅速跟进,取消了一批铁路行政许可项目。可以说,交通运输部及国家铁路局是以安全为中心,按照深化行政体制改革、加快转变政府职能的要求,继续坚定不移地推进行政审批制度改革,清理行政审批事项,加大简政放权力度的表现十分出色。

2014 年 1 月 1 日起施行的《铁路安全管理条例》是此次铁路行政许

---

① 后续还有《国家铁路局关于调整公布铁路行政审批项目目录的通知》(国铁科法〔2014〕39 号)等文件出台,进一步精简调整了铁路行政许可的项目,详细阐述参见第一章。

可精简的重要成果。同时,在此条例的基础上,交通运输部还审议通过了《铁路机车车辆设计制造维修进口许可办法》《铁路运输基础设备生产企业审批办法》《铁路机车车辆驾驶人员资格许可办法》和《违反〈铁路安全管理条例〉行政处罚实施办法》4 部规范性文件,与《铁路安全管理条例》同步施行,有记者称这将使得铁路行政许可和行政处罚工作更加规范化、法制化,突出了铁路行政许可的重心是安全第一。

从条例和办法的法制宣传层面来看:《铁路安全管理条例》是对 2004 年发布的《铁路运输安全保护条例》的全面修订。根据铁路改革的新变化及铁路安全管理的新形势、新要求,《铁路安全管理条例》明确了铁路监管部门的管理职责,增加了铁路建设质量安全和铁路专用设备质量安全的规定,规定了从事铁路建设、运输、设备制造维修等活动主体的安全职责。按照政企分开、转变职能、简政放权、依法监管的改革精神,交通运输部和国家铁路局分轻重缓急研究制定相关配套规章制度,首先对 3 件许可办法和 1 件处罚办法进行了全面修订。

《铁路机车车辆设计制造维修进口许可办法》进一步明确了许可范围,从保障公众生命财产安全的角度强调对在铁路营业线上直接承担铁路公共运输及相关业务的机车车辆实施许可,简化了机车车辆设计许可程序,调整缩小了维修许可范围。

《铁路运输基础设备生产企业审批办法》调整了许可审查的重点,着重从企业基本生产条件、专业技术力量、质量保证体系和安全管理制度建设等方面强调对企业基本条件的审查,大大减少了许可审查的具体事项。补充了有关证书管理、许可监督等内容,专设了"证书管理"和"监督管理"两章。

《铁路机车车辆驾驶人员资格许可办法》突出了对公共安全的保障,将适用范围调整为"在铁路营业线上,承担公共运输或施工、维修、检测、试验等任务"的铁路机车车辆驾驶人员。调整了驾驶证类别,将《铁路机车和自轮运转车辆驾驶员资格许可办法》中规定的 A 至 F 六类驾驶证调整为机车和自轮运转车辆两大系列共计九类,增加了 J1、J2 和 J3 三类与动车组相关的驾驶证类别,并在申请条件方面作了一些特殊规定,以利于提高高铁列车司机专业水准。体现了政企分开的要求,强化企业对驾驶员的管理职责,包括建立健全驾驶人员管理制度、加强教育培训等。

《铁路运输企业准入许可办法》及《铁路运输企业准入许可实施细则》通过贯彻落实国务院有关简政放权、放管结合、转变职能的行政体制改革要求和进一步开放铁路市场、鼓励社会资本投资建设经营铁路的投融资体制改革精神,细化了铁路运输企业准入许可的相关规定。比如,公开、简明相关申请程序,提供表格化文本,既有利于减少许可受理审查中的随意性,又方便申请企业;提供网上办理预约申请服务,申请企业可登录国家铁路局政府网站"行政许可"栏目,网上提交许可申请材料,办理预受理、预审查,而且为此类企业申请领取许可证提供便利。企业仅需填报国家铁路局行政许可申请书、提供企业法人营业执照副本和企业基本情况,即可申请补领铁路运输许可证。

本书针对现有铁路行政许可体系作一个初步的评估,对现有铁路行政许可在授予标准、许可程序、法律责任和法律评价方面提出建议,从而为下一步铁路行政许可的优化、完善奠定基础。

二、欧美国家铁路行政许可概况

(一)美国的行政许可及铁路行政许可制度

美国的行政许可制度随着美国政府管制改革的兴起而逐步建立。从18世纪下半叶开始,美国的行政权逐步扩张,政府开始成为工业时代国家最主要的决策者,为了维护大工业时代的市场秩序,美国于1887年制定了《州际通商法》,并批准成立了第一个市场经济的行政监管机构——州际商业委员会(ICC),该机构被授予在铁路领域广泛的监管权力。美国政府针对市场的政府监管是从铁路领域开始的。此后,美国除了在铁路、航空等具有自然垄断性质的行业实施政府管制外,在其他自然垄断性质的行业也实施了政府管制,例如电力、煤气、电话产业,银行与金融活动、公共服务等行业。在此期间,美国政府已经意识到政府管制的弊端和给经济、社会带来的危害,因此,一定程度上缩减了行政许可的范围和机构,这虽然取得了某些效果,但是总体上行政许可权的权限范围仍在原来的基础上有所扩大,相应的许可机构也有所增加。

到了20世纪50年代,美国政府对于公民个人行为和企业经济活动方面加大了管制的力度,管制的范围也大幅度扩大。在此期间,政府过多的行政许可大到给社会和经济大发展带来了负面效应,小到给公民和企业的合法权益带来了侵扰;而且政府的某些行政许可是针对特殊集团的利益,造成了某些行业的垄断;还有很多的行政许可,政府不是严格依据法律规定进行行政许可,而是以运用权力为主对社会和经济进行管制。如果这样的情形长期存在,必将造成法治精神的缺失以及美国经济发展的缓慢。这时,学者们开始呼吁政府放松管制。在此背景下,自20世纪70年代末开始,美国政府开始大规模缩减行政许可的权限和范围,主要表现在行政许可事项在原来的基础上减少了很多,行政许可程序逐渐得到规范化,并且复杂程度降低,同时逐渐发挥市场机制的作用。这些改革虽有一定程度的负面影响,但从整体发展来说,仍具有相当多的正面效应。有调查数据显示,美国完全取消或大部分取消行政许可的一些行业(航空行业、天然气行业、汽车运输行业以及电信行业、有线电视等行业),每年增加的收益有几亿美元之多。

20世纪90年代,美国经济快速增长的一个重要原因是行政许可制度的改革以及许多行业许可事项的减少或取消。美国的历史经验表明,只有政府减少行政许可的事项和范围,行政许可的程序逐渐规范化和简单化,才能促进经济和社会的良好发展,并对行政许可机构的许可权力起到约束作用。如果没有对行政许可制度进行改革,将严重阻碍美国社会经济的健康发展。美国是西方法律制度最完备的国家之一,它的行政许可制度是在完备的法律基础上建立起来的,并且它的司法检察制度和司法救济体制都比较完备。在实施行政许可的过程中,都依据严格的法定程序进行,并且在行政许可实施后,有严格的司法监督机制,但是,即使是这样,美国在实施行政许可的过程中依然存在很多问题,比如行政机关发放的许可证多数集中在利益相关的相对人手中,以及出现了行政机关权力滥用、权钱交易等现象。这些问题给美国政府带来了许多困扰和难题。当时许多政客为了在竞选时赢得更多的选票,把许可证卖给一些用来筹集资金的企业,而这些企业为了获得行政许可权,给许多政客捐款,造成权钱交易现象泛滥。因此,美国花了很大力气,在各方面实施了制度改革,并在政治权力腐败问题的解决上取得了可喜的成果。美国实施了行政许可审批制度改革,通过引入市场竞争机制来减少腐败。在美国,中介组织和行业协会相当发达,这些组织和协会行使了部分政府职能,在一定程度上起到了防止政府过度干预给经济社会带来的负面影响的作用,推动了美国行政许可制度更有利于社会经济的发展。这些做法对完善和推动我国行政许可制度改革有一定的借鉴作用。

(二)德国的行政许可及铁路行政许可制度

在德国,法律往往对公共利益或者第三者可能造成重大危害的社会经济活动设置行政许可程序。有关的社会经济活动只有在得到主管行政机构的预先同意后才能开展。这样,行政机构不仅参与所有个案,而且必须在有关社会经济活动开展前的阶段就参与进去。行政许可包括两个部分,即原则上的禁止和许可。虽然行政许可在法律中的表述方式往往不尽相同,常常由于许可种类的不同而表述为"允许""准许""授予""例外"或者"解除",但事实上,这些表述都是指许可保留。

对特定的客体,大多数是由公共行政承担的大型设施项目,规定了特别复杂的许可程序,这就是规划确定。这种客体,如高速铁路、机场等,对相关地区的发展具有特别的意义。因此,必须以特别的方式进行许可审查。为此,必须在一个全面的许可程序中审查所有相关的观点,并由所有相关的人员以及行政机关参与。

而且,在德国的铁路行政许可中,形式和手段多样。例如,存在分段许可和跟进性的监督许可;同时德国还注重保障相对方、第三人的利益。这些都值得我们在研究、实践过程中学习和借鉴。

三、本书的结构框架

本书主要以《铁路安全管理条例》为核心,以对铁路运输基础设备生产企业、铁路机车车辆设计制造维修进口和铁路机车车辆驾驶的许可为主要研究对象,从行政许可材料、许可条件设定、许可时间的要求、许可程序中涉及的法律问题以及许可审查法律后果的把握等方面进行研究。

在研究方法上,主要采用比较分析方法和案例分析方法。通过比较分析方法,分析国外相关行政许可制度的优劣,以及值得我国铁路行政许可借鉴之处。通过案例分析方法,揭示铁路行政许可监管的必要性,以及对公民和企业信赖利益保护的程度问题;同时,通过案例说明铁路行政许可评价完善的必要性。

本书的章节安排如下:

第一章,针对铁路行政许可的概念展开辨析,在对一般行政许可原理进行阐述后,指出铁路行政许可的概念,即由铁路运输行业监督管理部门依公民、法人或者其他组织的申请,经依法审查,通过颁发许可证或者执照等形式,依法作出准予或不准予其从事相关铁路运输经营活动的行为,以保障铁路运输安全,维护铁路运输市场的经营秩序,其实施主体是国家铁路局。在厘清铁路行政许可概念的基础上,重点分析了现有的八种铁路行政许可项目。

第二章,运用形式法与实质法的划分原理,将现有规范铁路行政许可的法律、法规以及部门规章归为实质铁路行政许可法的前提下,在整体上考察了铁路行政许可法的基本价值和基本原则。提炼出铁路安全、经营自由、公正秩序三种铁路许可法重点保障的法律价值,并依托铁路运输、铁路相关行业的经营活动,对这些法律价值的体现展开具体分析;在铁路行政许可法的基本原则上,结合现有"合法、公开、公平、公正、便民、高效地实施铁路行政许可"的实践,以及一般行政许可原理,将铁路行政许可的基本原则概括为:许可法定原则、许可公开原则、许可公平公正原则、许可诚信原则、许可高效便民原则以及权利救济原则。

第三章,围绕铁路行政许可的实施主体和许可授予标准展开。铁路行政许可的实施主体不仅是铁路行政许可权的享有者,同时还与铁路行政许可实施程序的一系列规则密切相关,铁路行政许可实施的具体操作离不开铁路行政许可实施主体。作为铁路行政许可法律关系主体的重要组成部分,铁路行政许可实施主体必须同时具备组织性、法定性、自主性、责任性的基本特征。基于这些特征,铁路行政许可实施主体不同于铁路行政许可法律关系主体、一般行政许可行为主体以及一般的行政机关。铁路行政许可实施主体有义务制定许可授予标准,而许可标准明显不同于许可条件。作为铁路行政机关实施铁路行政许可过程中的许可标准,铁路行政许可标准的功能首先表现为铁路行政权的自我拘束,并且在指引行政相对人的行为、明确行政许可争议的焦点和审查标准等方面,发挥着重要作用,为此本章在制定铁路行政许可标准的内容和形式方面提出了完善建议。

第四章,结合行政许可实施程序的一般原理,阐述了铁路行政许可的基本流程:行政相对人申请、受理、审查、决定、变更、延续以及听证七个部分,这些环节环环相扣,共同构成了铁路行政许可完整的程序框架。在完善建议环节指出:第一,铁路行政许可申请撤回程序有待改进。关于行政许可申请的撤回,在《行政许可法》中没有明确的规定,但是在《国家铁路局行政许可实施程序规定》中有所体现,这是铁路行政许可制度的一大亮点。但是《国家铁路局行政许可实施程序规定》第9条不甚周全之处是关于铁路行政许可申请撤回时间要件的规定略显粗糙。首先,出于方便当事人原则、弱化职权主义色彩的考虑,这一时间要件应当被修改为"行政许可申请受理后至行政许可决定生效之前"。其次,尽管撤回许可申请本质上系申请人处分自己的合法权利,但是行政机关出于公共利益的考量需要对这一申请进行审查并作出决定,因而一份正式的行政决定书是必不可少的,在原条文中应当增加"将准予撤回许可申请的决定书与申请人提交的材料一并送回"这一内容。第二,铁路行政许可送达制度有待充实。应当对铁路行政许可送达制度进一步细化,即参考行政强制法和民事诉讼法的相关规定完善有关行政许可公文送达程序。第三,铁路行政许可听证制度有待进一步落实。现有实施程序中关于听证程序启动的具体条件、听证的具体程序、听证主持人的遴选、听证案卷的效力等细节性和具体性的规定缺失。第四,铁路行政许可现场核实制度需要具体化。针对《国家铁路局行政许可实施程序规定》第10条的规定,首先,将该条最后一句话剥离,细化为若干规定不同措施启动条件和标准的条款,并且相应地规定不同措施的依据和实施程序。其次,将第一句独立为一个条文,作为总起的概括条文,发挥这一章节逻辑起点的作用。最后,将现场核实部分单独成立一个条文,并进行相应的细化规定,尤其是有关现场核实的依据、条件、标准和程序的内容。第五,铁路行政许可专家评审制度的完善。针对《国家铁路局行政许可实施程序规定》第11条的规定,笔者认为,有关专家评审制度的规定应在此基础上进行进一步的细化,一方面,增加有关专家人选来源和遴选程序的规定,完善专家遴选程序;另一方面,赋予行政相对人申请回避的权利,以切实保障行政相对人的合法权益。

  第五章,在对行政许可监管进行广义界定的基础上,分三节研究铁路行政许可法律制度的监管:对铁路行政许可设定的监管、对铁路行政许可实施主体的监管、对铁路行政许可被许可人的监管,并同时讨论对于在监管过程中发现的违法问题将产生何种法律后果。以此突显下述意义:铁路行政许可的设定和实施必须依法进行,严格和持续的监管是保证行政许可实施机关依法行政,不以作为或不作为的方式滥用权力损害行政相对人或者社会公共利益的手段,也是确保行政相对人不弄虚作假、履行自身相应义务的方式。

第六章,在阐述法律责任基本原理的基础上,结合目前铁路行政许可8项许可项目,分析铁路行政许可法律责任的具体含义、构成、类型。然后以主体分类为基础,以实施过程为线索,以具体责任形式穿插其中的方式对具体的铁路行政许可法律责任展开叙述,同时指出我国目前的立法不足之处,如在铁路行政许可法律责任的规定上,现有法律规定过于简单、行政机关及行政机关工作人员的法律责任不明确,最终得出草拟一部统一的铁路行政许可法或条例的结论,这可以完善目前的铁路行政法律责任体系,明确铁路行政许可法律责任的范围、具体责任形式、责任后果等方面。

第七章,首先对铁路行政许可评估作出界定,认为铁路行政许可评估制度就是根据一定的标准,由有权的评价主体对已设定的行政许可本身及其实施情况进行审查,并结合当前社会环境、经济条件的变化情况,评价已设定的铁路行政许可的存在是否必要和合理,以此来决定已设定的铁路行政许可是继续存在还是被修改或废止的一种制度。在说明铁路行政许可评估的价值和功能之后,列出了铁路行政许可评估过程应重点遵循必要性、公益性和实效性三项标准,在这三项标准之下探讨铁路行政许可评估的内容和方法。最后给出铁路行政许可评估完善的建议:第一,明确铁路行政许可评估的主体,这方面要在强化铁路行政许可设立机关的评估义务、建立专业的行政许可评估机构、增强公众参与的积极性方面着手;第二,明确铁路行政许可评估内容和标准,主要围绕铁路行政许可实施的总体情况、铁路行政许可继续存在的必要性、铁路行政许可对社会经济发展所产生的影响、行政许可预设目标的实现程度四个方面展开;第三,规范铁路行政许可评估的程序,又可以分为一种方式、三种子程序,即铁路行政许可评估启动的方式和期限、铁路行政许可设定机关的评估程序、铁路行政许可实施机关的评估程序、公众的评估程序;第四,重视司法监督,实现铁路行政许可评估与行政诉讼的互补。

第一章 铁路行政许可法律制度概述

第一节 行政许可概论

一、行政许可的概念和特征

(一)行政许可的概念

行政许可是在各个国家都得到广泛应用的一项重要的行政管理手段,但是由于历史传统和立法模式的差异,有的国家并不存在行政许可的完备概念。在我国,对于行政许可的概念理论上也存在不同的认识。"对行政许可概念可以从广义上和狭义上予以界定。广义的行政许可包括行政许可的设定、实施和监督,既有立法层面的内容,亦有执法层面的内容;既有抽象意义的内容,亦有具体意义的内容。而狭义的行政许可则只是指行政许可的实施和监督检查,仅指执法层面的内容,是在具体意义上的概念。"[①]我国《行政许可法》由第十届全国人民代表大会常务委员会第四次会议于2003年8月27日通过,并于2004年7月1日起施行,其中第2条规定:"本法所称行政许可,是指行政机关根据公民、法人或者其他组织的申请,经依法审查,准予其从事特定活动的行为。"第3条规定:"行政许可的设定和实施,适用本法。有关行政机关对其他机关或者对其直接管理的事业单位的人事、财务、外事等事项的审批,不适用本法。"可见,《行政许可法》对行政许可采用了狭义的概念界定。

根据上述规定以及行政法学界的研究成果,通常将行政许可的概念界定为:"行政许可,是指在法律规范一般禁止的情况下,行政主体根据行

---

① 姜明安主编:《行政法与行政诉讼法》,北京大学出版社、高等教育出版社2011年版,第224页,转引自应松年主编:《行政许可法教程》,法律出版社2012年版,第2页。

政相对人的申请,经依法审查,通过颁发许可证或者执照等形式,依法作出准予或不准予特定的行政相对人从事特定活动的行政行为。"①这一概念弥补了《行政许可法》第2条的缺陷,明确了行政机关作出的准予许可和不予许可都属于行政许可行为。行政许可决定包括准予许可和不予许可两种情形,无论是准予许可还是不予许可,行政机关都要作出书面决定,如作出不予许可的决定,行政机关还应当说明理由,并告知申请人享有依法申请行政复议或者提起行政诉讼的权利。

(二)行政许可的特征

从行政许可的概念来看,行政许可具有以下特征:

第一,行政许可是一种由行政主体通过其工作人员依法行使行政职权而产生法律效果的行政行为。行政许可行为是行政主体的职权行为,作出行政许可行为的主体并不一定都是行政机关,法律、法规授权的具有管理公共事务职能的组织也可以作出行政许可行为。

第二,行政许可的设定和实施,必须依据法律的规定。根据《行政许可法》第1条的规定,设定和实施行政许可的目的是为了"保护公民、法人和其他组织的合法权益,维护公共利益和社会秩序"。设定行政许可意味着法律规范的一般禁止,而实施行政许可是对是否可以解除禁止作出审查和判断的过程。对提出申请的行政相对人,审查其是否具备从事某项特定活动的资质和条件,从而决定是否准许其从事特定活动,是行政主体管理国家事务和社会公共事务的重要手段。《行政许可法》第11、12、13条对设定行政许可应当遵循的原则、事项范围作出了一般规定。

第三,行政许可是授益性行政行为。实施行政许可,准许行政相对人从事特定活动,意味着赋予其某种权利和资格,因而不同于行政处罚、行政征收等法律行为,对于行政相对人而言具有授益性。正是基于行政许可的授益性和信赖利益保护原则,行政主体实施行政许可之后,不得随意撤销和变更行政许可,同时还负有监管义务。

第四,行政许可是行政主体依据申请而为的行为,具有被动性。行政机关不需要依据申请人的申请作出的行为,不属于行政许可。"由于行

---

① 姜明安主编:《行政法与行政诉讼法》,北京大学出版社、高等教育出版社2015年版,第219页。

许可是依申请的行政行为,因此行政机关的许可决定不能超出申请人的申请范围,即许可决定应当在许可申请的范围内作出,可以与申请范围一致或者小于申请范围。"①

第五,行政许可是针对行政相对人的外部行政行为,不涉及行政机关内部的审批行为。

第六,行政许可是要式行政行为,即必须依照法定的程序并具备某种书面形式的行政行为。

二、行政许可的设定依据和作用

(一)行政许可的设定依据

受计划经济体制的影响,2004年7月1日《行政许可法》实施之前,在我国行政许可的立法设定上,存在设定主体混乱、设定的范围宽泛、内容不合理等问题;在行政许可的实施方面,存在许可实施机关权责不清、实施程序不规范、手续繁杂、以权设卡谋私等弊端。《行政许可法》的立法宗旨是控制行政权力的滥用,对政府行政审批权力进行制约。《行政许可法》的实施推动了转变政府职能的行政体制改革,尤其是行政审批制度改革。依据行政许可法定原则,在我国,行政许可的设定依据包括法律、行政法规、地方性法规、部门规章等制定法。

行政许可的设定主体和设定权限必须法定,这是行政许可制度规范化的基础。随意设定行政许可,会造成行政机关滥用职权、侵犯公民权利的严重后果。《行政许可法》第14条规定:"……法律可以设定行政许可。尚未制定法律的,行政法规可以设定行政许可。必要时,国务院可以采用发布决定的方式设定行政许可。实施后,除临时性行政许可事项外,国务院应当及时提请全国人民代表大会及其常务委员会制定法律,或者自行制定行政法规。"根据本条规定,设定行政许可的规范性文件的效力分为三个层级,法律的效力层级最高,其次是行政法规,再次是国务院在必要时发布的决定。依据此条规定,行政许可的设定主体相应地包括全国人民代表大会及其常务委员会、国务院。由于立法具有的普遍性、抽象性和滞后性,实践中,国务院就行政许可事项发布的决定常常居于重要地位。

---

① 应松年主编:《行政许可法教程》,法律出版社2012年版,第5页。

但是国务院在设定行政许可事项时,应当尽量采用行政法规的形式。国务院在必要时发布的决定在实施后应当采取积极措施,及时制定法律或行政法规。

《行政许可法》第 15 条规定:"……尚未制定法律、行政法规的,地方性法规可以设定行政许可;尚未制定法律、行政法规和地方性法规的,因行政管理的需要,确需立即实施行政许可的,省、自治区、直辖市人民政府规章可以设定临时性的行政许可。临时性的行政许可实施满一年需要继续实施的,应当提请本级人民代表大会及其常务委员会制定地方性法规。地方性法规和省、自治区、直辖市人民政府规章,不得设定应当由国家统一确定的公民、法人或者其他组织的资格、资质的行政许可;不得设定企业或者其他组织的设立登记及其前置性行政许可。其设定的行政许可,不得限制其他地区的个人或者企业到本地区从事生产经营和提供服务,不得限制其他地区的商品进入本地区市场。"由此可见,地方性法规和省级政府规章设定行政许可的范围和时间都是受到严格限制的,省级政府规章仅可以设定临时性的行政许可。

此外,《行政许可法》第 16 条规定:"行政法规可以在法律设定的行政许可事项范围内,对实施该行政许可作出具体规定。地方性法规可以在法律、行政法规设定的行政许可事项范围内,对实施该行政许可作出具体规定。规章可以在上位法设定的行政许可事项范围内,对实施该行政许可作出具体规定。法规、规章对实施上位法设定的行政许可作出的具体规定,不得增设行政许可;对行政许可条件作出的具体规定,不得增设违反上位法的其他条件。"第 17 条规定:"除本法第十四条、第十五条规定的外,其他规范性文件一律不得设定行政许可。"行政法规、地方性法规、规章可以对已设定的行政许可作出实施的具体规定,但是不得增设上位法已设定的行政许可,或者增设违反上位法规定的行政许可条件。

(二)行政许可的作用

行政许可制度是国家进行行政管理和宏观调控的重要方式,在现代国家中能够发挥非常积极的作用。首先,市场不是万能的,市场经济主体在自身利益的驱使下,追逐利益最大化,可能会危及社会公共利益,而行政许可制度能够弥补市场调节的不足,维护社会公共利益,优化公共资源配置。其次,行政许可制度不同于对市场主体进行直接的行政干预,它通过设置一定的许可条件,促进市场主体展开公平竞争。再次,行政许可制度也是维护国家主权和民族经济利益的重要手段,有利于在激烈的国际竞争中保护和引导本国产业的发展壮大。最后,行政许可制度有利于维护良好的经济秩序,保护自然资源和生态环境,保障公共安全。

但是,行政许可制度也可能会产生消极作用。第一,行政许可赋予行政官员行政管理权,存在"权力寻租"的可能,因此,必须对行政许可的实施程序进行规范,对实施过程进行监督,取消不必要的行政许可,提高行政透明度。第二,行政许可制度赋予特定人和社会组织从事某项活动的资格,构成其他组织和社会成员进行竞争的障碍,不利于调动社会成员的积极性,造成社会活力降低。

由于行政许可制度既是必要的行政管理手段,又有可能产生消极作用,因此需要对其进行充分研究,完善和健全行政许可制度,建立完备的监督制度,保护行政相对人的合法权益,维护公共利益和社会秩序,促进国家各项社会事业的发展。

第二节 铁路行政许可概述

一、铁路行政许可的概念与作用

(一)铁路行政许可的概念

铁路运输行业是现代国民经济中极为重要的组成部门,铁路作为国家重要的交通基础设施,具有运输能力大、成本低、能源消耗少、环境污染轻、占地少、安全性高等优势。发展铁路运输,对国家经济和社会发展能够起到巨大的推动作用。自清末洋务运动以来,建设铁路承载着强国御辱、振兴民族的中国梦,铁路里程数和铁路运输能力是衡量国家现代化程度的重要标杆。中华人民共和国成立后,铁路建设事业得到大力发展,形成了"三横三纵"的铁路运输网,长期以来,铁路在交通运输体系中发挥着骨干和主导作用。

改革开放以来,随着社会经济活力的释放,铁路运输业相对于国民经济的发展出现了滞后性,成为制约经济社会发展的瓶颈。2003年,原铁道部提出了"推动中国铁路跨越式发展"的总战略,中国铁路进入跨越式发展的时代,10年间取得了举世瞩目的建设成就,保障了国民经济平稳运行和人民群众生产生活需要,同时也暴露出铁路运输行业存在政企不分、与其他交通运输方式衔接不畅、建设资金缺口巨大等突出问题。

为进一步深化改革,适应经济发展的新形势,适应社会主义市场经济体制,铁路运输业自2013年起推行政企分开改革,将铁道部拟订铁路发展规划和政策的行政职责划入交通运输部;组建国家铁路局,由交通运输部管理,承担铁道部的其他行政职责;组建中国铁路总公司,承担铁道部的企业职责。铁路运输业的政企分开改革,是国务院推行转变政府职能、简政放权改革的重要组成部分。行政审批和行政许可制度改革是转变政府职能、简政放权的核心步骤。

在推行铁路政企分开改革的同时,铁路行政审批和行政许可法律制度随之发生重大变革。铁路政企分开改革之后,形成政府依法管理、企业自主经营、社会广泛参与的铁路发展新格局,明确了中国铁路总公司的安全生产主体责任和国家铁路局的安全监管责任。政企分开改革之后,原铁道部的职能一分为三,新成立的国家铁路局承担以下行政职责:

第一,起草铁路监督管理的法律法规、规章草案,参与研究铁路发展规划、政策和体制改革工作,组织拟订铁路技术标准并监督实施。

第二,负责铁路安全生产监督管理,制定铁路运输安全、工程质量安全和设备质量安全监督管理办法并组织实施,组织实施依法设定的行政许可。组织或参与铁路生产安全事故调查处理。

第三,负责拟订规范铁路运输和工程建设市场秩序政策措施并组织实施,监督铁路运输服务质量和铁路企业承担国家规定的公益性运输任务情况。

第四,负责组织监测分析铁路运行情况,开展铁路行业统计工作。

第五,负责开展铁路的政府间有关国际交流与合作。

第六,承办国务院及交通运输部交办的其他事项。

中国铁路总公司以铁路客货运输服务为主业,实行多元化经营。负责铁路运输统一调度指挥,负责国家铁路客货运输经营管理,承担国家规定的公益性运输,保证关系国计民生的重点运输和特运、专运、抢险救灾运输等任务。负责拟订铁路投资建设计划,提出国家铁路网建设和筹资方案建议。负责建设项目前期工作,管理建设项目。负责国家铁路运输安全,承担铁路安全生产主体责任。

"组织实施依法设定的行政许可",对铁路运输行业实施监督管理,是国家铁路局依法被赋予的行政管理职责。中国铁路总公司以铁路客货运输服务为主业,负责运输经营管理,承担安全生产的企业主体责任。因此,铁路行政许可的概念可以界定为:由铁路运输行业监督管理部门依公民、法人或者其他组织的申请,经依法审查,通过颁发许可证或者执照等形式,依法作出准予或不准予其从事相关铁路运输经营活动的行政行为,以保障铁路运输安全,维护铁路运输市场的经营秩序。实施铁路行政许可的主体是国家铁路局。

(二)铁路行政许可的作用

国家铁路局成立之后,贯彻落实国务院关于转变职能、简政放权,减少和规范行政审批的一系列部署要求,对原铁道部行政审批项目进行了全面清理和分类研究处理,最大限度减少政府对企业微观生产经营活动的干预。落实政企分开要求,经清理审核并报请国务院批准,先后取消11项审批项目①;制定公布了《国家铁路局行政许可实施程序规定》(国铁科法〔2014〕49号),2014年9月28日起施行,原铁道部公布的《铁道部行政许可实施程序暂行规定》(铁政法〔2004〕70号)同时废止,同时向各局属单位印发了《国家铁路局关于印发〈国家铁路局行政许可内部工作流程〉的通知》(国铁科法函〔2014〕137号)。2016年8月23日,国家铁路局制定公布了新的《国家铁路局行政许可实施程序规定》(国铁科法〔2016〕30号),原规定废止。

铁路行政许可应当发挥积极作用,保障铁路运输安全,促进行业发展。同时,要避免产生行政垄断、限制竞争等消极作用,提升社会投资者的积极性,利用市场机制配置有限的资源,调动社会投资建设经营铁路的积极性,释放市场活力,形成公平、公正、公开、廉洁、高效的铁路行政许可审批制度。

---

① 参见《国家铁路局关于公开取消和保留的铁路行政审批事项的通知》(国铁科法〔2014〕12号)。

二、现行铁路行政许可项目

2004年7月1日《行政许可法》实施,与此同时,国务院对不符合法律规定的所属各部门的行政审批项目进行了全面清理,制定了《国务院对确需保留的行政审批项目设定行政许可的决定》,并与《行政许可法》同时生效。2013年,根据第十二届全国人民代表大会第一次会议批准的《国务院机构改革和职能转变方案》的规定,国务院进一步减少和下放行政审批事项,简政放权,转变政府职能,先后发布了《国务院关于取消和下放一批行政审批项目等事项的决定》(国发〔2013〕19号)、《国务院关于取消和下放50项行政审批项目等事项的决定》(国发〔2013〕27号)、《国务院关于取消和下放一批行政审批项目的决定》(国发〔2013〕44号)等文件。为落实铁路政企分开改革要求,依据上述国务院相关文件及2014年1月1日起实施的《铁路安全管理条例》,国家铁路局对原铁道部的行政许可与非行政许可审批项目进行了清理,依法取消多项铁路许可与非行政许可审批项目。2015年5月发布的《国务院关于取消非行政许可审批事项的决定》(国发〔2015〕27号),明确了不再保留"非行政许可审批"这一审批类别。

目前,国家铁路局名下的铁路行政许可仅有6项,另有2项暂列国家铁路局名下的原铁道部行政许可项目。① 下面我们将从设定依据、相关规范性文件等方面对国家铁路局负责实施的6项行政许可,以及暂列其名下的2项行政许可作简要分析。

(一)铁路运输基础设备生产企业审批

2014年1月1日起实施的《铁路安全管理条例》第22条规定:"生产铁路道岔及其转辙设备、铁路信号控制软件和控制设备、铁路通信设备、铁路牵引供电设备的企业,应当符合下列条件并经国务院铁路行业监督管理部门依法审查批准……"该条是铁路运输基础设备生产企业审批的直接设定依据。铁路运输基础设备是铁路运输活动安全有效运行的基础,随着高速铁路的研发,铁路运输基础设备的制造更加具有科技含量

---

① 参见《国家铁路局关于调整公布铁路行政审批项目目录的通知》(国铁科法〔2014〕39号)。

高、技术难度大、具有系统性等特点。铁路运输基础设备生产企业符合《行政许可法》第12条第(四)项的规定,即"直接关系公共安全、人身健康、生命财产安全的重要设备、设施、产品、物品,需要按照技术标准、技术规范,通过检验、检测、检疫等方式进行审定的事项"的,可以设定行政许可。《行政许可法》第55条规定:"实施本法第十二条第四项所列事项的行政许可的,应当按照技术标准、技术规范依法进行检验、检测、检疫,行政机关根据检验、检测、检疫的结果作出行政许可决定。行政机关实施检验、检测、检疫,应当自受理申请之日起五日内指派两名以上工作人员按照技术标准、技术规范进行检验、检测、检疫。不需要对检验、检测、检疫结果作进一步技术分析即可认定设备、设施、产品、物品是否符合技术标准、技术规范的,行政机关应当当场作出行政许可决定。行政机关根据检验、检测、检疫结果,作出不予行政许可决定的,应当书面说明不予行政许可所依据的技术标准、技术规范。"

《铁路运输基础设备生产企业审批办法》是由交通运输部发布的部门规章,与《铁路安全管理条例》同时实施,具体规定了该项行政许可的条件与程序、证书管理、监督管理,并授权国家铁路局依据本办法制定实施细则,制定并公布铁路运输基础设备目录。2014年2月,国家铁路局先后发布了附有各项设备目录的《铁路牵引供电设备生产企业审批实施细则》《铁路道岔设备生产企业审批实施细则》《铁路通信信号设备生产企业审批实施细则》,将铁路政企分开改革前的148项具体产品目录精简至50项。2015年8月,国家铁路局发布了《关于调整铁路运输基础设备目录的公告》,取消10项产品目录,进一步缩减了设备生产企业许可的范围。

(二)铁路机车车辆驾驶人员资格许可

《铁路安全管理条例》第57条规定:"铁路机车车辆的驾驶人员应当参加国务院铁路行业监督管理部门组织的考试,考试合格方可上岗。具体办法由国务院铁路行业监督管理部门制定。"这是铁路机车车辆驾驶人员资格许可设定的直接依据。《行政许可法》第12条第(三)项规定,"提供公众服务并且直接关系公共利益的职业、行业,需要确定具备特殊信誉、特殊条件或者特殊技能等资格、资质的事项",可以设定行政许可。铁路机车驾驶显然属于提供公共服务并且直接关系公共利益的职业,需要具备特殊信誉、技能方可胜任。《行政许可法》第54条规定:"实施本法第十二条第三项所列事项的行政许可,赋予公民特定资格,依法应当举行国家考试的,行政机关根据考试成绩和其他法定条件作出行政许可决定;赋予法人或者其他组织特定的资格、资质的,行政机关根据申请人的专业人员构成、技术条件、经营业绩和管理水平等的考核结果作出行政许可决定。但是,法律、行政法规另有规定的,依照其规定。公民特定资格的考试依法由行政机关或者行业组织实施,公开举行。行政机关或者行业组织应当事先公布资格考试的报名条件、报考办法、考试科目以及考试大纲。但是,不得组织强制性的资格考试的考前培训,不得指定教材或者其他助考材料。"

《铁路机车车辆驾驶人员资格许可办法》由交通运输部发布,与《铁路安全管理条例》同时实施,具体规定了该项行政许可的申请条件与考试方式、驾驶证管理、监督管理与法律责任,并授权国家铁路局依据本办法制定实施细则。2014年3月,国家铁路局发布了《铁路机车车辆驾驶人员资格许可实施细则》,对相关具体事项进行了细化。2016年10月,国家铁路局发布了新的《铁路机车车辆驾驶人员资格许可实施细则》,原实施细则被废止。

(三)铁路无线电台设置审批及电台频率的指配

无线电信号是铁路运输正常进行所必需的通讯方式,在信息化程度不断提高的当代社会,无线电频谱资源成为稀缺性资源。为了维护空中电波秩序,有效利用无线电频谱资源,必须由主管部门进行统一管理。工业和信息化部无线电管理局是我国无线电管理的专门行政机构。

1993年制定的《中华人民共和国无线电管理条例》最早对铁路无线电台设置审批及电台频率指配行政许可作出规定。这是原铁道部设定该类许可的法律依据。铁道部撤销后,国家铁路局负责实施该项行政许可,沿用原铁道部2005年印发的《铁路无线电台站设置和频率使用审核办法》,该办法就申请许可的程序、监督管理和法律责任等作出了具体规定。2016年11月11日,公布了修订后的《中华人民共和国无线电管理条例》,其中第三章、第四章以专章形式详细规定了无线电频率使用许可和无线电台(站)使用许可的相关内容。

无线电频谱资源应当由工业和信息化部无线电管理局进行统一管理,为避免部门条块分割和职能重叠,建议取消国家铁路局的此项行政许可项目。

(四)铁路机车车辆设计、制造、维修或进口许可

铁路机车车辆是铁路运输的核心设备,为保障铁路运输安全,其设计、制造、维修都应当符合严格的标准和规范,进口铁路机车车辆同样应通过严格检验。《铁路安全管理条例》第21条第1款规定:"设计、制造、维修或者进口新型铁路机车车辆,应当符合国家标准、行业标准,并分别向国务院铁路行业监督管理部门申请领取型号合格证、制造许可证、维修许可证或者进口许可证,具体办法由国务院铁路行业监督管理部门制定。"这是设定该项许可的直接法律依据,符合《行政许可法》第12条第(四)项的规定。

铁路机车车辆设计、制造、维修或进口许可分为机车车辆设计、机车车辆生产、机车车辆维修、新型机车车辆进口四项子许可项。《铁路机车车辆设计制造维修进口许可办法》由交通运输部发布,与《铁路安全管理条例》同时实施,具体规定了取得各项许可证的条件、申请许可证应提交的材料、许可程序、证书管理、监督管理与法律责任等,并授权国家铁路局依据本办法制定实施细则。国家铁路局在2014年4月发布了《铁路机车车辆设计制造维修进口许可实施细则》,同时对原铁道部制定的相关细则进行了清理。

(五)铁路车站和线路命名、更名审批

"铁路车站和线路命名、更名审批"项目是依据1986年国务院发布的《地名管理条例》第6条的规定"地名命名、更名的审批权限和程序如下:……(五)各专业部门使用的具有地名意义的台、站、港、场等名称,在征得当地人民政府同意后,由专业主管部门审批……"设定的。由于制定时间已较久远,落后于时代发展,《地名管理条例》正在修订中。国家铁路局关于实施此项行政许可的规范性文件尚未出台,正在研究制定中。

铁路车站和线路名称是铁路运输系统中重要的非物质组成部分,不仅对铁路调度的准确性具有重要作用,也是铁路系统中独具特色的人文资源。火车站站名是某个区域内重要的地理标识,也是展示地区文化的

载体。① 铁路线路的命名,应当具有科学性、合理性、规范性。② 但是铁路车站和线路的命名、更名是否需要国家铁路局进行行政许可需要进行论证考量。

该行政许可审批项目并不在《行政许可法》第二章规定的可设定行政许可的事项之列,可以取消铁路行政主管部门的审批权限,由公民、法人或其他组织自主决定,当地人民政府同意即可。

(六)铁路运输企业准入许可

"铁路运输企业准入许可"的前身是原铁道部实施的"铁路运输企业设立、撤销、变更审批",依据2004年7月1日起施行的《国务院对确需保留的行政审批项目设定行政许可的决定》予以保留。《行政许可法》第12条第(二)项规定,"有限自然资源开发利用、公共资源配置以及直接关系公共利益的特定行业的市场准入等,需要赋予特定权利的事项",可以设定行政许可。铁路行业具有自然垄断属性,并且必须依照法律承担公益性运输任务,属于关系到公共资源配置以及直接关系公共利益的特定行业,可以设定行政许可。

《铁路运输企业准入许可办法》由交通运输部发布,与《铁路安全管理条例》同时实施,规定了许可条件、许可程序、证书管理、监督管理与法律责任等。国家铁路局于2018年1月印发了修订后的《铁路运输企业准入许可实施细则》,对相应规定进行了细化。

(七)铁路工程建设消防设计审批

"铁路工程建设消防设计审批"由原铁道部铁路公安部门实施,根据《国务院对确需保留的行政审批项目设定行政许可的决定》保留。铁路政企分开改革之后,原铁道部铁路公安部门经国务院授权由中国铁路总公司管理,该行政许可项目暂列国家铁路局名下。铁路工程建设消防设计属于铁路建设工程安全设计的一部分,铁路建设企业应当承担安全生产主体责任,对工程建设项目的安全性进行严格检验和评估。为贯彻政企分开原则,建议取消该项行政许可项目。

---

① 参见木一:《火车站名趣闻》,载《上海企业》2010年第11期。
② 参见张克同:《关于我国铁路线命名方法初探》,载《中国铁路》1996年第7期。

（八）铁道固定资产投资项目审批

"铁道固定资产投资项目审批"依据《国务院关于第四批取消和调整行政审批项目的决定》（国发〔2007〕33号）、《国务院对确需保留的行政审批项目设定行政许可的决定》（国务院令第412号）两个文件，合并原"利用国外贷款的铁路项目立项审批""铁路建设项目立项审批""国家铁路大中型建设项目、限额以上更新改造项目和铁道部指定的项目初步设计、变更设计及总概算审批"三个行政审批事项而来。

《国务院关于发布政府核准的投资项目目录（2016年本）的通知》（国发〔2016〕72号）规定："新建（含增建）铁路：列入国家批准的相关规划中的项目，中国铁路总公司为主出资的由其自行决定并报国务院投资主管部门备案，其他企业投资的由省级政府核准；地方城际铁路项目由省级政府按照国家批准的相关规划核准，并报国务院投资主管部门备案；其余项目由省级政府核准。"铁路固定资产投资项目存在重复审批现象，建议将其从暂列国家铁路局名下的审批项目中取消。

三、研究铁路行政许可法律制度的意义

近年来，中国铁路事业的发展成绩斐然。"十二五"期间，全国铁路固定资产投资完成3.58万亿元，比"十一五"期间多完成1.15万亿元，增长47.3%；新线投产3.05万公里，比"十一五"期间多完成1.59万公里，增长109%，是历史投资完成最好、投产新线最多的5年。到2015年年底，全国铁路营业里程达到12.1万公里，居世界第二位；其中，高速铁路1.9万公里，居世界第一位。[1] 同时，中国铁路充分发挥中国铁路总公司的综合优势和在企业层面的牵头作用，加快"走出去"步伐，一批境外项目取得重大进展，印尼雅万高铁、中老铁路已经开工建设，中泰铁路、匈塞铁路塞尔维亚段正式启动，俄罗斯莫斯科—喀山高铁项目加快推进。[2] 中国铁路的"走出去"是我国在世界经济格局中进行能源博弈的重要战略之一。

---

[1] 参见《铁路总公司：2015年铁路建设任务超额完成》，载http://finance.ifeng.com/a/20160101/14145285_0.shtml，访问日期：2016年6月8日。

[2] 参见《这三年，中国铁路"走出去"的新步伐》，载http://society.people.com.cn/n1/2016/0310/c1008-28188418.html，访问日期：2016年6月8日。

铁路事业的发展需要完备的铁路法律制度的支撑,而铁路行政许可法律制度作为政府进行行业监督管理的主要手段,在促进铁路行业规范有序发展,推动铁路技术、铁路投资、铁路建设的提升,保障铁路客货运营的安全方面,发挥着极其重要的作用。研究铁路行政许可法律制度的目的在于厘清政府机构与市场主体各自的职能角色,协调行政管理与市场机制之间的关系,既要进行市场规制,又要避免行政权力过分扩张,并且规制权力的滥用。

第三节 问题与反思

当前,我国的铁路行政许可法律制度存在几个突出问题。第一,在法律渊源层面上,缺乏法律与行政法规级别的法律渊源,多以交通运输部颁布的部门规章以及国家铁路局制定的相应实施细则的形式存在。第二,规范性文件比较分散,重复性条文较多。第三,部分条文规定具有很强的概括性,需要进行细化,否则自由裁量的空间太大。第四,现有的 8 项行政许可项目需要评估其存在的必要性、公益性与实效性,有些行政许可项目可以取消。第五,在简政放权改革中被取消的某些行政许可项目,国家铁路局应当加强其他途径的监管,对于确有必要重新设定行政许可的,应当设定行政许可,预防"市场失灵"带来的负面效果。

铁路行业具有自然垄断属性和公共服务性质,对铁路行业的行政监管既要充分把握市场运行机制的规律,发挥其积极作用,又要充分发挥管理与服务职能,增进公共效益。因此,有必要从法理学与行政法的基本原理和原则出发对铁路行政许可法律制度进行体系化的研究,为制定一部完善的"铁路行政许可法"或"铁路行政许可条例"提供基础理论保障。在接下来的章节中,重点提出解决问题的建议。

第二章 铁路行政许可法的价值与原则

第一节 铁路行政许可法[①]的价值

法律价值是东西方法学家们思索至今的重要议题。庞德曾指出:"价值问题虽然是一个困难的问题,但它是法律科学所不能回避的问题,即使是最粗糙、最草率的或最反复无常的关系调整或行为安排,在其背后总有对各种互相冲突和互相重叠的利益进行评价的某种准则。"[②]可见任何关于法律的研究或实践,都不能避开对其所代表价值立场的选择。

立法领域同样如此,任何法律的制定都是在某种法律价值的指引下展开的。正如大多数法律都会非常重视总则的地位,总则作为整部法律的纲领性宣示,对于本法宗旨、目标的规定,很大程度上便是在宣称这部法律所坚持的价值。一部法律的制定,必然要以某种法律价值为导向,才能统领整部法律的各项具体规范。因此,对于关系国家铁路运输事业发展的铁路行政许可制度,确立其价值导向,会对制定统一的铁路行政许可法,规范整个铁路运输业的运行起到重要作用。

目前,中国法学界关于"价值"概念的主流观点是:"价值是一个用以表示事物所具有的对主体有意义的、可以满足主体需要的功能和属性的概念。"[③]可以看出,价值观念的出现,以主体与客体的分化为前提,表明一种客体主观化的过程。通过这一认识,可以引申出我们对法律价值的理解,即法律价值是法律本身固有的,由其性能和特殊的调整机制、保护机制和程序机制等法律手

---

① 本章所讲的铁路行政许可法,是在实质意义上运用的泛指所有规范铁路行政许可的法律、法规以及部门规章,而不是指存在形式上统一的"铁路行政许可法",这是对法学原理中形式法与实质法的运用。

② 〔美〕罗斯科·庞德:《通过法律的社会控制》,沈宗灵等译,商务印书馆1984年版,第55页。

③ 张文显主编:《法理学》,高等教育出版社2007年版,第294页。

段所反映出的,满足社会和个人法律需要的价值。①

这样的法律价值被认为是人的评价性观念,是人类理性基于认识所作的判断。价值取决于人的理性判断,那么对于"价值"的取舍,则来源于对"理性"的理解。人作为存在者与其他存在者的不同就在于人是理性的存在。"理性"意味着人在其生命维持与发展之中可以按照自己的意愿作出选择。因此,人可以而且能够作出选择,也就是自由的。人生而自由,但人却生活在社会共同体中,这样就存在特定个人与其他个人之间自由的冲突,也存在特定个人与社会共同体的共同自由的冲突。为了保障生活在社会共同体中的个人的自由尽可能实现,就需要对生活在共同体中的人们进行自由的限制和分配。这种限制和分配的标准则来源于人类一些其他的价值诉求,如正义、效益、安全、秩序、人权等,从而使得法律价值呈现出多元的状态。

但是,关于铁路行政许可法之价值的探讨,不能停留在如此宽泛的法律价值范畴内。正如庞德所说:"在法律史的各个经典时期,无论在古代和近代世界里,对价值准则的论证、批判或合乎逻辑的适用,都曾是法学家们的主要活动。"②对法律价值的权衡和选择同样影响着一部法律的成功。法律价值虽是多元的,但不同的法律在各自的规范领域内侧重的价值是有所不同的。不同的法律价值取向会带来不同的制定法风格,进而影响法律规范下人们的实践活动。铁路行政许可作为一种特殊的行政许可门类,拥有不同于一般行政许可的独特性;同时作为铁路法律管理体系中的一种重要手段,也决定了它是一种不同于一般铁路管理的特有方式。所以,在一个具体的层面上讨论铁路行政许可法的自身价值是必要的。而这些,就是为什么要明确铁路行政许可法的价值导向,以及探讨铁路行政许可法自身独特性的意义。

一、安全至上——铁路行政许可法的首要价值

(一)安全是铁路运输的生命线

铁路在国家综合交通运输体系中处于重要地位。当前,我国铁路事

---

① 参见陈兴良:《刑法的价值构造》,中国人民大学出版社1998年版,第36页。
② 〔美〕罗斯科·庞德:《通过法律的社会控制》,沈宗灵等译,商务印书馆1984年版,第55页。

业正处于跨越式发展的关键时期。随着国民经济的持续快速发展,我国社会由传统农业型社会向新型工业社会转变,城镇化进程加快,人员和生产资料在各地区、各部门、各行业之间的流动加剧。尤其是重化工业的快速发展对煤、电、石油、天然气等能源和钢铁、水泥等原材料的需求不断增加,因此,铁路运输业在相当长时期内都将处于紧张状态。而且纵观世界发达国家经济发展不同阶段的特点可以发现,工业化进程的关键时期也是安全问题突显的时期,而我国正处于这样的阶段,因此,国家高度重视对安全生产的监督和管理。对于铁路运输业来说,铁路运输安全保障是工作的重中之重,必须做得扎实、做到位,才能确保铁路当好经济发展的先行官。

铁路运输安全是铁路运输一切工作的前提和根本保证。必须把运输安全保护作为头等要务来抓,这是由铁路运输业的行业特点所决定的。

1. 铁路运输的生产性质要求把运输安全放在首要位置

铁路运输业是从事社会化运输的一个独立的物质生产部门。商品都要通过生产、流通、分配和消费四个环节,最终其价值才能真正实现。运输是产品生产在流通过程中的继续,其价值最终会追加到产品的价值中去。它虽然不生产实物形态的产品,但是通过实现人或物的位移,参与了社会产品的生产和国民收入的创造。马克思在《资本论》一书中指出,"除了采掘业、农业和加工业以外,还存在着第四个物质生产领域,这就是运输业"。这就是说,铁路运输劳动所创造的价值,是运送对象价值的追加。铁路运输生产不改变运输对象的属性和形态,任何货物的位移并不能使社会产品有所增加,而一旦发生重大的运输事故,不仅意味着人民的生命财产遭受损失,而且也会使铁路运输企业的生产劳动成为无用劳动。所运输的人和物安全地到达目的地,铁路运输的所有工作才有价值,因而在这个意义上,铁路运输事业作为重要的生产部门,其安全运转显得尤为重要,关系到国家经济的命脉。所以,可以说铁路运输事业的生产性质决定了运输安全的极端重要性。

2. 独特的运输特点要求把运输安全放在首要位置

铁路运输企业是高度集中、统一指挥的运输企业。铁路不同于其他的运输方式就是具有特有的轨道,同一轨道不能同时运行两列方向相同或相反的列车。这就需要全线列车编组,统一规定运输线路和时间。而铁路运输又是在点多、线长、流动性大的情况下,昼夜不停、连续不断地运输的,这就决定了铁路运输的高度集中性、统一指挥性。铁路运输是由机务、车务、工务、电务、车辆、通信信号、车站等很多部门紧密配合、协调运作而完成的,在运输生产中,一个关键岗位或一个部门出现差错,就会影响运输生产安全和全线畅通。因此,铁路运输是一部大的联动机,环环相扣,只有像钟表运转那样准确、有节奏,才能安全有效地完成运输任务。

3. 铁路运输在综合运输体系中的地位决定了运输安全的重要性

在我国的统一运输网中,铁路运输担负着客运总量的1/3,货物运输量的一半以上,而煤炭、石油、钢铁、粮食、棉花等重要物资的运输量始终在五种运输方式中居于首位,因此,可以说铁路运输在我国运输体系中居于主要地位。它连接城市,深入乡村,遍布于国土之上,是国民经济发展的动脉血管,密切联系着亿万旅客和货主,不仅对社会经济生活,而且对人民群众的生命、财产安全都有着最迅速、最直接、最广泛的影响。我国铁路作为国家的重要基础设施、大众化的交通工具、国家综合运输体系的重要部分,在国民经济和社会发展中具有特殊重要的地位和作用。因而铁路运输的安全影响着我国整个运输体系的运转。

4. 铁路跨越式发展要求把运输安全放在首要位置

跨越式发展战略实施以来,我国铁路各方面的发展突飞猛进,铁路价格体制改革不断深入,铁路网改造和技术装备现代化取得重大进展。随之而来的铁路运输安全保护工作也面临着各种困难和挑战。铁路实施跨越式发展的最终目标是满足人民日益增长的对铁路客货运输的需求,实现客运产品和货运产品质量的提高。安全、舒适、高速是新时期旅客对铁路客运的要求,而重载化、快捷化则是铁路货运的不变追求。铁路客货运输的发展都要求安全保障机制的配套,因此,铁路的跨越式发展战略要求铁路法律安全制度与之相协调。

(二)法律安全制度建设是铁路运输业安全发展的基本保障

众所周知,科技水平是铁路事业的重要支撑,但同时,铁路运输业作为我国运输产业中的重要组成部分,同样需要法律、法规的保驾护航。我国铁路运输法律体系的完善对维护铁路运输安全具有重大意义。铁路业实现跨越式发展需要完善的法律制度的保障,而我国铁路运输企业建立的现代企业制度,更需要相应的安全法律制度的规制。市场经济是法治经济,铁路运输企业必须在法律、法规的制约下开展生产经营活动,若将铁路运输市场比作"水",将铁路运输企业比作"鱼",那么铁路运输安全法律、法规就是"网箱",它要求企业在其范围内活动,又保障了铁路运输的安全。

铁路运输安全法律制度是为了保证铁路列车在运行过程中,对可能影响列车安全的各种因素进行法律规制,以保障铁路正常的运输安全。这里所述的安全保障因素是有具体内涵的,其主要涵盖铁路机车车辆安全保障制度,铁路运输安全设备保障制度,铁路从业人员安全保障制度,铁路危险货物、特殊货物运输安全保障制度等一系列关乎列车运营安全的法律保护制度,依据的法律、法规主要包括2014年1月1日起施行的《铁路安全管理条例》。作为对2004年发布的《铁路运输安全保护条例》的全面修订,《铁路安全管理条例》明确了铁路监管部门的管理职责,增加了铁路建设质量安全和铁路专用设备安全的规定,规定了从事铁路建设、运输、设备制造、维修等活动主体的安全职责。同时《铁路安全管理条例》与交通运输部发布的《铁路机车车辆设计制造维修进口许可办法》《铁路机车车辆驾驶人员资格许可办法》《铁路运输基础设备生产企业审批办法》和《违反〈铁路安全管理条例〉行政处罚实施办法》4部规范性文件,一同构成铁路运输安全法律保障体系。目前的铁路运输安全法律制度主要保障着铁路运输安全的以下五个方面。

1. 铁路机车车辆安全保障

铁路机车车辆是铁路运输的关键设备之一,机车车辆的质量直接关系着铁路运输安全。在我国大力推动铁路装备现代化,全面快速提高铁路技术水平的前提下,一定要更加注重保证机车车辆的质量安全。铁路机车车辆包括各类铁路机车、动车、动车组、机车牵引的车辆、轨道车、救援车、大型养路机械、自轮运转特种设备和各类企业自备车辆等。[1] 交通运输部发布的《铁路机车车辆设计制造维修进口许可办法》以及国家铁路局发布的《铁路机车车辆设计制造维修进口许可实施细则》规定了设计、生产、维修或进口新型的铁路机车车辆都应当符合国家规定的标准,依法向国务院铁路主管部门申请领取型号合格证、生产许可证、维修合格证或

---

[1] 参见张穹、王兆成、胡亚东主编:《铁路运输安全保护条例释义》,中国铁道出版社2005年版,第128页。

型号认可证,规范了我国机车车辆生产、设计、维修和进口的行政许可制度。

2. 铁路运输安全设备及其他重要产品安全保证

铁路运输安全设备是指铁路道岔及其转辙设备、铁路通信信号控制软件及控制设备、铁路牵引供电设备等。2015 年 8 月 9 日,国家铁路局发布了《关于调整铁路运输基础设备目录的公告》,对铁路运输基础设备目录进行了调整,根据调整后的铁路运输基础设备目录,属于该范围的产品有 40 种左右。其他重要产品是指除了上述设备之外其他直接关系铁路运输安全的铁路专用设备、器材、工具和安全检测设备等。根据《铁路运输基础设备生产企业审批办法》的规定,对铁路基础设施安全设备生产企业的资质进行严格审核,确立了铁路基础设施安全设备生产企业强制认定制度,因为这些安全设备都有相对固定的用途,对铁路运输安全构成直接影响。在设备投入使用前,应当经过符合国家规定条件的专业检验机构的检测,符合标准的设备产品才能投入使用,唯有如此才能保证铁路运输的安全。

3. 对铁路从业人员和旅客的安全保护

铁路从业人员是指从事铁路运输的驾驶人员、乘务员、调度员等所有与运输安全有关的运输企业人员。我国对铁路机车车辆和自轮运转车辆的驾驶人员实行资格许可制度。因为铁路机车车辆和自轮运转车辆的驾驶人员是铁路的特殊工种,技术性强,责任大,只有对驾驶人员的驾驶技能和业务素质严格把关,才能保证列车行驶的安全,确保旅客的安全。交通运输部颁布的《铁路机车车辆驾驶人员资格许可办法》和国家铁路局发布的《铁路机车车辆驾驶人员资格许可实施细则》对驾驶证申请的条件、程序、驾驶证分类、考试等作了详尽的规定。驾驶人员只有通过资格考试,取得相关的资格证书,才能持证上岗。铁路从业人员应当严格按照国家规定的操作规程,使用和管理铁路运输设备。铁路运输企业有责任对其从业人员进行安全教育和培训。

4. 严格铁路运输市场准入法律制度

铁路运输市场准入,是指对进入铁路运输市场、成为铁路运输市场主体的条件和资格的确立、审核和确认的法律制度。该制度包含以下四个要素:一是在特定的铁路运输市场中的铁路运输企业数量;二是从事铁路运输业务的企业资质;三是企业进入铁路旅客和货运市场需要履行的程序;四是对铁路运输经营者的责、权、利的确立。① 交通运输部2014年公布的《铁路运输企业准入许可办法》以及国家铁路局发布的《铁路运输企业准入许可实施细则》进一步贯彻落实了国务院有关简政放权、放管结合、转变职能的行政体制改革要求和进一步开放铁路市场、鼓励社会资本投资建设经营铁路的投融资体制改革精神,对于规范铁路运输市场准入法律制度起到了重要作用。

5. 铁路危险货物运输安全保护

铁路危险货物,是指具有爆炸、易燃、毒害、腐蚀、放射等特性,在铁路运输、装卸、储存和保管过程中,为避免人身伤亡和财产毁损,需要特别防护的货物。危险货物共有九类,公布在《危险货物品名表》中。由于铁路运输具有的运量大、距离长等优点,我国铁路承载着国家重要能源物资的主要运输任务。随着重化工业的飞速发展,铁路危险化学品等货物的运输也日益增多。由于危险货物直接威胁到铁路运输的安全,国家对铁路危险货物运输要进行严格监管。《铁路安全管理条例》第67、68、69条对危险货物托运人和承运人的条件和要求作了严格规定。

(三)铁路行政许可法是铁路安全法律制度建设的重要内容

1. 铁路行政许可法体现着《行政许可法》的基本精神和《中华人民共和国铁路法》的立法宗旨

(1)铁路行政许可作为一种特殊的行政许可,体现着《行政许可法》对法治政府的各项要求。《行政许可法》是为适应全面推进依法行政的进程而出台的,按照建设法治政府的要求,现代政府应该是有限、透明、廉洁的政府,高效、服务的政府,诚信、负责的政府。② 在这种要求下建立起来的行政管理部门,才能是安全可靠、让人民信赖的,才能保障铁路运输业的安全发展,而铁路行政许可法的内容将全面体现这些要求。

首先,铁路行政许可法追求建设有限的铁路管理部门。它强调凡是铁路企业、组织或个人能够自主决定的,或者通过市场竞争机制能够有效调节的,以及行业组织能够自律管理的,或者铁路管理部门采取事后监督

---

① 参见孙林:《铁路货物运输市场准入法律问题研究》,载《铁道货运》2005年第5期。
② 参见周佑勇主编:《行政许可法理论与实务》,武汉大学出版社2004年版,第4页。

等方式能够解决的事项,一般不设定行政许可。同时行政许可设定将严格限制在法律、法规和省级政府规章上。

其次,铁路行政许可法追求建设透明、廉洁的铁路管理部门。它要求设定和实施许可应该遵循公开原则,并规定了一套相应的制约机制。它要求有关许可的规定必须公布,未经公布不得作为实施行政许可的依据;许可的事项、条件、标准、程序、期限都要公开,对符合法定条件、标准的申请人,要一视同仁;许可的实施和结果,除涉及国家秘密、商业秘密或个人隐私外,一律公开。

最后,铁路行政许可法追求建设高效、服务的铁路管理部门。铁路行政许可法将便民、效率规定为基本原则,并为此确立了一系列相应的规则和制度。同时铁路行政许可法追求建设诚信、负责的铁路管理部门。铁路行政许可法以法律形式确立了信赖保护原则,要求铁路管理部门实施许可行为必须诚实守信,发布信息必须真实可靠,政策必须稳定。如果发生变化而给公民、法人以及其他组织造成损害的,则应该给予相应的补偿。

(2)铁路行政许可法相关系列规范体现了《中华人民共和国铁路法》(以下简称《铁路法》)的立法宗旨。铁路行政许可法体现了《铁路法》安全、效益、公平的立法宗旨,从而形成了以安全为目标价值、以正义和效益为工具价值的结构。在价值之间发生矛盾时,需在保证安全价值的前提下,在不同的价值之间平衡、妥协,优先保护权重价值。在安全价值的基础上构建起追求效益和维护公平两项价值标准,体现了社会主义国家在市场经济环境下效率与公平的统一:既追求效益的提高,顺应时代的经济规律,又促进公平正义的实现,体现社会主义国家的价值导向。铁路行政许可法中对这三项价值的安排充分与《铁路法》的宗旨相契合。

2. 铁路行政许可法涵盖铁路运输安全保障的多个方面

首先,铁路行政许可法是《铁路安全管理条例》的要求在行政许可领域的具体体现。例如,对政企分开后带来的权、职、责划分,《铁路安全管理条例》明确,进行行政处罚的主体是铁路监管机构,也就是国家铁路局和七个地区铁路监督管理局等部门。而铁路行政许可法中对于铁路管理部门行政审批权的规范和对法律责任的规定便是对铁路监管机构职权和责任的明确,从而有助于形成权、职、责的统一。再如,《铁路安全管理条例》中涉及的安全保障包括铁路建设质量安全、铁路专用设备质量安全、铁路线路安全、铁路运营安全等。尤其是《铁路安全管理条例》中"铁路专用设备质量安全"一章,增加了召回、许可、认可制度等。而根据《铁路运输基础设备生产企业审批办法》的规定,我国对生产铁路基础设施安全设备的企业实行强制认定制度。设定认定制度的目的就是从源头上卡住不符合要求的生产企业,体现了铁路行政许可中对铁路设备和安全建设的严格要求。

其次,铁路行政许可法进一步明确了铁路运输审批项目的范围。2014年,国家铁路局根据《国务院关于取消和调整一批行政审批项目等事项的决定》(国发〔2014〕27号)的规定,公布了取消"铁路企业国有资产产权变动审批""铁路企业公司改制事项审批"和"铁路运价里程和货运计算办法审批"3项铁路非行政许可审批项目,同时在附件中明确了国家铁路局实施的铁路行政审批项目和暂列国家铁路局名下的行政审批项目。

由此可见,铁路行政许可法对于保障铁路运输安全意义重大,是铁路安全法律制度建设中的重要环节,体现着保障铁路运输安全的重要价值。

二、保障铁路相关行业的经营自由——铁路行政许可法的核心价值

(一)铁路业的垄断性特征

从狭义上讲,垄断是指特定的主体在特定市场的特定经济活动中排除或者限制竞争者的状态或行为。垄断形式大致有三种,即自然垄断、行政垄断和经济垄断。自然垄断,是指经营者对有限资源的独占性而造成的垄断。当大规模生产有重要的节约作用时,大厂商就可以比小厂商更便宜地进行生产。当规模经济或范围经济如此之有力,以至于只有一家厂商能够存在下去时,自然垄断就会产生。经济垄断,是指在竞争领域,少数企业通过技术、知识、管理等方面的创新,或者通过同类企业之间的合作、兼并控制等行为,获得市场竞争优势和主控权,进而排斥其他竞争对手。行政垄断,是指由行政法规或政府行政权力直接产生,通过设定行政程序和行政手段,设置市场准入资格,控制企业经营自主权等。有些观点还将行政垄断区分为地区垄断和行业(部门)垄断。

我国铁路业的自然垄断存在现实基础。我国铁路资源稀缺性和规模

经济性的经济特点十分明显,这是我国铁路产生自然垄断的原因。铁路运输市场应属于不完全性的市场结构,而不完全性的市场结构的两个根源即成本条件和对竞争的限制,这些在铁路业都是存在的,也造成了铁路的自然垄断状况。铁路垄断是针对铁路运输市场本身而言的,如果把铁路放入国家综合运输大系统中,与其他运输方式(例如公路、航空等)相比,仍然存在不可替代的优势,尤其是在大宗货物的长途运输,例如煤炭等能源资源的运输上。当然,铁路和其他运输方式也存在可替代性竞争,如中长距离客运与航空运输竞争,中短距离货物运输与公路、水运竞争,尽管一定程度上存在各种运输方式间的竞争,但是在我国综合运输市场体系中,铁路的自然垄断性依然十分突出。

我国的铁路业还具有行政垄断的因素。我国铁路业除自然垄断属性外,还在某种程度上属于行政垄断,这种观点的存在,一是基于我国铁路行业统一管理方式和行业准入制度现状。目前,我国铁路业的生产权、经营权、运能分配调度权高度统一集中于铁路总公司。铁路行业格局外的其他投资主体直接投资和经营铁路变得十分困难。二是现阶段我国铁路业的行政审批制度一定程度上含有行政垄断的因素,铁路企业的经营权、调配权一定程度上受到影响。

(二)铁路行政许可法与反垄断的耦合

1. 铁路行政许可权与行政垄断

行政垄断的核心在于行政权力的不当行使。而铁路行政许可权作为一项重要的行政权力,如果本身设定不当或是行使不当,便会产生行政垄断。

行政许可权失控大致表现在两个方面:一是行政许可权设定过多导致行政许可权滥用,这是行政垄断产生的直接缘由。二是政府干预主义的行政意识。政府干预主义的行政意识在我国由来已久,其根源是传统的计划经济体制。行政干预在行政执法中往往以行政权威的形式表现出来,因而对方必须服从。行政干预意识是行政权力滥用更深层次的缘由,是行政权力滥用的滋生土壤,反行政垄断就应从根源上转变这种行政观念。由此,铁路行政垄断在一定程度上源于两个因素:一是铁路行政许可设定过多或是不合理时,铁路行政许可权的实施就会有不合理的情况。二是当法律规范在铁路行政许可领域规制不严格时,传统的行政干预思想就可能产生,从而影响铁路生产企业的生产活动,以及其他铁路运输部门的运转。

如果合理设定许可事项,简化行政程序,便会进一步推进简政放权,规范管理,防止行政垄断的发生。国家铁路局于 2014 年发布了《铁路机车车辆设计制造维修进口许可实施细则》,通过修订原铁道部的相关许可实施细则,如铁路机车车辆设计样车的型式试验、运用考核、解体检查及技术评价等研发工作由企业负责,设计许可申请人仅需提供相关试验报告、技术评审意见等证明合格的材料;机车车辆样车制造及试修阶段所需的相关试验也改由企业在申请许可前自行完成;以及最大限度地减少许可事项的具体范围,如明确申请维修许可的仅限于机车车辆整机性能恢复性修理,即通常所说的"大修",对机车、客车、货车的"段修",动车组"三级修""四级修",无须申请维修许可等,这些规定都是预防行政垄断的有力措施。

2. 铁路行政许可法与反行政垄断

目前,国内已有很多学者对行政许可法与反垄断的耦合性进行了研究,这一特点同样在铁路行政许可法中表现突出,归结起来体现为以下四点:

首先,铁路行政许可法定化使得反行政垄断范围确定。例如,在国家铁路局官方网站上公布的权力清单中,正式列明的许可事项有六种:铁路运输基础设备生产企业审批,铁路机车车辆驾驶人员资格许可,铁路无线电台设置审批及电台频率的指配,铁路机车车辆设计、制造、维修或进口许可,铁路车站和线路命名、更名审批,铁路运输企业准入许可。另外还有铁路工程建设消防设计审批事项评估和铁道固定资产投资项目审批两项暂列在国家铁路局名下。也就是说,铁路行政许可权的行使只能被限定在以上列举的范围内,如果超出该范围,便有行政垄断的嫌疑。

其次,铁路行政许可设立主体职权化使得反行政垄断对象明晰。行政许可设立主体职权化,是指为了保证国家、社会整体利益的实现和地方对于行政权力的参与,对于行政许可设立权限和主体的规定。例如,《国家铁路局行政许可实施程序规定》第 2 条规定:"本规定适用于由法律、行政法规或国务院决定设定,由国家铁路局实施的行政许可。"规定了实施的主体为国家铁路局,实施的范围必须在法律、行政法规或国务院的规定范围内进行。其他机关和部门不得在没有法律、法规授权的情形下行使铁路行政许可权。

再次,铁路行政许可实施程序限定化使得反行政垄断过程明确。正当程序是行政管理公平、公正的重要条件,行政主体按法定程序实施行政许可,既维护了法律尊严,也实现了法律公正。例如,《国家铁路局行政许可实施程序规定》第二章和第三章分别详细规定了申请与受理、审查与决定的具体程序。如果违反这些程序,便有可能发生行政垄断。

最后,铁路行政许可问责规定化使得反行政垄断责任确立。《国家铁路局行政许可实施程序规定》第 22 条规定:"国家铁路局机关监督部门加强对行政许可相关职能部门及其工作人员履职情况的监督检查。对有违规违法情形的,责令相关部门改正;情节严重的,依法追究直接负责的主管人员和其他直接责任人员的责任。"这一规定便是对问责机制的确立。

(三)铁路行政许可法的核心价值体现

1. 反行政垄断与保障私权

行政垄断源于公权力的不正当行使,而反行政垄断的核心意义在于保障铁路运输行业每个经济主体的私权,包括铁路运输企业的经营自主权和自由竞争权。

保障经营自主权是政府在干预市场经济过程中,遵循市场经济的客观规律和法治的程序正义,尊重市场主体的权利,维护社会公共利益,维护公平竞争市场秩序的体现。纵观经营自主权在我国发展的历史沿革,经营自主权自设定之日起就是为了排除和限制政府对国有企业经营管理权的干预,是我国国有企业改革过程中政企分离、企业改制、建立现代企业制度的重要历程,也是确立我国企业经营权的基础。随着市场主体的多元化发展,经营自主权有了新的法律含义,经营自主权的权利主体也不仅限于企业,市场中的任何经营者都依法享有经营自主权。经营自主权就是市场主体最基本的经济权利,包含了市场主体依法享有的所有经营权,即产、供、销、人、财、物及其他权利。

自由竞争权作为民事权利,具有多方面的性质。自由竞争权一般为绝对权,又称对世权,即义务主体为不特定的任何人,义务人只承担不作为义务,没有协助权利人实现其利益的作为义务。但与物权、知识产权、人身权等绝对权所不同的是,作为绝对权的自由竞争权仅是一种排他权,即排除他人垄断行为侵害的权利,而非支配权。支配权是权利主体以自己的行为直接支配权利客体的民事权利,如财产所有人对其财产进行占有、使用、收益、处分的权利,知识产权人对其专有的智慧财产进行利用的权利。[①] 支配权的客体应为现实利益,而非期待利益。自由竞争权的客体是在自由竞争条件下竞争者可以预期实现的商业利益,是一种期待利益,而非现实利益,竞争者对这种期待利益不享有管领支配权,只享有排除他人非法侵害的权利。

2. 铁路行政许可法保障私权的本质在于保障自由

孟德斯鸠将自由界定为"是做法律所许可的一切事情的权利"[②]。由此看来,孟德斯鸠是站在权利自由说的角度把自由看作权利的本质,即认为权利即自由。权利自由说揭示了权利的自由价值,即权利主体的意志自由与行为自由,主体的权利行使是出于主体的自由意志与免受一切非法干扰的行为自由。从价值上说,自由则是权利的价值,权利的享有、行使、实现最终在于人的自由价值的实现。因此,铁路行政许可对私权的保障,在本质意义上是对自由的维护,为铁路行业的主体提供了更大的自由空间。在这个意义上,铁路行政许可法为行政公权力套上缰绳,通过简政放权,简化行政许可事项,缓解铁路业的行政垄断问题,从而保障私权,进而促进了铁路运输中每个经济主体的自由。例如,国家铁路局2015年8月9日发布的《关于调整铁路运输基础设备目录的公告》就体现了这一点。

为贯彻落实《国务院关于规范国务院部门行政审批行为改进行政审批有关工作的通知》(国发〔2015〕6号)的精神,深化简政放权,依据《铁路运输基础设备生产企业审批办法》(交通运输部令2013年第21号)的规定,国家铁路局对铁路运输基础设备目录进行如下调整:

(1)取消《铁路通信信号设备生产企业审批实施细则》(国铁设备监〔2014〕15号)铁路通信信号设备目录中的1项:3002列车无线调度通信系统车载(机车)电台。

(2)取消《铁路牵引供电设备生产企业审批实施细则》(国铁设备监〔2014〕13号)铁路牵引供电设备目录中的7项:4005中心锚结装置、4007接头连接线夹、4009弹性吊索线夹、4010线岔(钢、铝合金)、4013电气化

---

① 参见江平主编:《民法学》,中国政法大学出版社2000年版,第84页。
② 〔法〕孟德斯鸠:《论法的精神》(上册),张雁深译,商务印书馆2004年版,第183页。

铁路用铜接触线、4015 电气化铁路用铜承力索、4018 棒形悬式复合绝缘子。

(3)将《铁路道岔设备生产企业审批实施细则》(国铁设备监〔2014〕14 号)铁路道岔设备目录中的 1002 道岔尖轨、1003 道岔基本轨、1005 道岔护轨合并为 1002 道岔重要轨件。

上述取消目录的铁路运输基础设备,不再进行行政审批。合并目录的,申请企业可一次性申请合并事项。

通过简政放权,简化行政许可事项,实质上是给予铁路生产企业更大的经营自主空间,从而维护了企业自身的经济权利,进而保障了铁路行业更加自由的经济活动,这正是铁路行政许可法的核心价值——保障自由的体现。

三、维护公平秩序——铁路行政许可法的根本价值

公平问题自古以来就是一个复杂的问题,也有多个层面上的价值解读,在铁路行政许可法领域,更多地体现为对社会公平、公正的维护。公正和公平是一体两面的:"公正"侧重的是社会的基本价值取向,是一个现实的制度原则;"公平"则强调衡量人们在现实利益关系上标准的"同一个尺度",是公正原则的现实结果,是对社会制度原则的一种补充处理,这种处理可以完善社会制度并使得具体的处理方式就总体而言具有一种正义的性质,公平的核心是平等。[①]

(一)平等对待铁路行政许可相对人

在铁路行政许可法领域,公平更多地体现为对铁路行政许可相对人的平等对待,一视同仁,保障铁路行政相对人的平等参与权。行政相对人的平等参与权,是指在行政过程中,法律上所确认的行政主体与行政相对人的地位平等,他们平等地适用法律,行政相对人享有平等参与的机会并应受到行政主体平等对待的权利。其包括以下三层含义:

1. 铁路行政许可主体的平等性

主体的平等性包括主体地位平等、参与机会平等以及表达意见的方

[①] 参见王桂艳:《正义、公正、公平辨析》,载《南开学报(哲学社会科学版)》2006 年第 2 期。

式平等等。主体的平等性是"法律面前人人平等"这一宪法原则的必然派生。法律面前人人平等的核心是要保障每个当事人在适用法律过程中平等的尊严与发言权,确保权益受影响的当事人参与到法律过程中来,成为平等的程序主体。在作出决定前,当事人享有平等地获取有关信息的权利;在作出决定过程中,当事人有平等地参与到程序中来进行陈述、对质、辩论的权利;作出决定后,必须保证当事人平等地享有寻求救济的权利与机会。这些权利的享有和行使不能因当事人身份、地位或其他差异而有所不同。主体地位平等不仅适用于行政相对人相互之间,更应适用于行政主体与行政相对人之间。没有双方的平等,居于强势地位的行政主体会将自己的意志强加于行政相对人,在此情形下,行政相对人的平等参与权是不可能实现的。中华人民共和国成立后,我国长期实行的是高度集中的计划经济体制,行政主体具有无所不能的行政权力和绝对的支配地位,行政相对人实质上没有独立的法律人格,公民的主体地位被淡化,行政机关与公民之间只是命令与服从、管理与被管理的关系。现代行政是民主行政、服务行政,这种新型行政及其运行机制建立的前提是,行政主体与行政相对人各自具有独立的主体地位,主体双方平等互利。双方只有相互尊重、平等对待,才会形成一种具有活力的、高效的、持久的合作行政;如果行政主体与行政相对人相互间不平等,他们的关系就会更加紧张对立,就不可能有双方的互惠与合作。① 可以说,行政主体与行政相对人之间的平等,是公平理念的核心,没有行政主体与行政相对人之间的平等,就不能建立起一个良好的博弈平台,就不可能有交涉、沟通与互动的过程,就难以有公平的结果。

2. 铁路行政许可相对人享有平等参与的机会

铁路行政相对人只有享有平等参与的机会,才能自主、充分地表达自己的利益要求和意愿,才能有效地影响行政法制度的构建与行政决定的形成。美国学者罗尔斯曾指出:"所有公民都应当有平等的权利来参与制定公民将要服从的法律的立宪过程和决定其结果。"② 在传统行政模式下,强调政府对经济与社会事务的全面管制,行政行为以单方、命令与强制的形式表现出

---

① 参见杨解君:《行政法平等原则的局限及其克服》,载《江海学刊》2004年第5期。
② 〔美〕约翰·罗尔斯:《正义论》,何怀宏、何包钢、廖申白译,中国社会科学出版社1988年版,第219页。

来,行政的过程是封闭的,公民处于行政权力客体的地位,除了通过事后的救济手段保护自己的权益外,在行政过程中,往往没有发表自己意见的机会。现代社会的发展以及公共行政范式的转换,要求实现行政领域的民主,增进政府与公民之间的合作。随着服务行政的兴起,行政主体与行政相对人之间已不仅仅是管理与被管理的关系,而且出现了信赖与沟通、服务与合作等新型关系,公民对公共行政的参与越来越引起人们的重视。有了行政相对人的参与,行政过程不再仅是行政机关内部的工作流程,而表现为行政机关与公民、法人和其他组织之间的联系纽带;行政不再是行政主体的单方创造,而是融入了行政相对人的意志成为行政主体与行政相对人共同作用的结果。"这种反复沟通和交流,可以将行政意志融化为相对人意志,也可以将相对人意志吸收到行政意志中,从而使行政法关系真正具有双方性,使相对人真正成为行政法关系的主体。"①

3. 受到铁路行政主管部门平等对待

在现代社会,人的法律人格实现了平等,所有人的权利在法律上都应当得到平等的保护。行政相对人享有受到平等对待及平等保护的权利,行政主体负有保障他们相互平等的职责。受到行政主体的平等对待是行政公正原则的要求,行政公正原则要求行政机关及其工作人员办事公道,不徇私情;平等对待相对人,不歧视。在《牛津法律大辞典》中,平等对待(equal treatment)被解释为:同样的情形,禁止不同对待;不同的情形,禁止同样对待。除非这种差别对待具有客观合理的根据。② 可见,平等对待包括同等对待与差别对待两种情形。同等对待又有两种情况:一是行政主体在同时面对多个行政相对人时应一视同仁,不得歧视;二是在先后面对多个行政相对人时应当前后一致,不得反复无常。差别对待是建立在实质平等原理基础上的。从 20 世纪各国宪法、法律及国际人权法的发展来看,公民的平等权,已逐渐从形式规则上的正义转向追求"实质正义",承认"合理的差别对待",以实现公正的平等。"既然现实中人们必然客观地存在着许多差别,如果在法律上完全无视这些差别而加以机械的均一化,则反而是不合理的和非现实的。为此,实质上的平等原则在一定的方

---

① 叶必丰:《行政法的人文精神》,湖北人民出版社 1999 年版,第 212 页。
② 参见〔英〕戴维·M. 沃克:《牛津法律大辞典》,北京社会与科技发展研究所组织翻译,光明日报出版社 1988 年版,第 303 页。

面和程度上允许合理的差别。"①

此外,铁路法律在设定各种法律制度分配法律权利与义务时,必须要实现公平、公正的法律价值。这主要体现在以下四个方面:第一,国家铁路监管部门必须平等地对待每一个铁路运输企业和铁路设备生产企业。第二,铁路法律必须保证对铁路运输企业和乘客或运输相对人的平等对待。不能在侵权赔偿等方面,倾向于铁路运输企业,不利于乘客等客运或者货运的相对人。第三,铁路法律必须保证国家铁路运输企业平等地对待每个供应商。第四,铁路法律必须保证国家铁路监督管理部门在行使铁路行政管理权上公平廉洁。

(二)保证铁路行政许可程序的公正

公正是铁路行政许可作为一种重要的行政程序的价值体现。行政许可程序本身的价值就在于体现公正,即程序本身是公正的,才具有产生公正结果的能力。美国杰克逊大法官说过:"程序的公平性和稳定性是自由的不可或缺的要素,只要程序适用公正,不偏不倚,严厉的实体法也可以忍受。"②经过正当的行政程序过程,公正不仅实际存在,而且使人们相信它的存在。尤其是作为弱势群体的行政相对人、利害关系人,在行政许可程序中能够获得充分发挥本人积极、能动参与其中的机会,更是行政许可程序公正性的体现。实现正当程序至少要达到"最低限度公正",就是某些程序要素对于一个法律过程来说应该是最基本、不可缺少、不可放弃的,否则不论该程序的其他方面如何,人们都会感受到程序是不公正和不可接受的,最低限度公正同时体现的也是对人的尊重。

为了保证结果的公正,铁路行政许可法还必须重视权利的救济和责任的追究。"有权力就要有责任,有权利就有救济",没有责任的权力是恣意的权力,得不到救济的权利不是真实的权利。责任与权力都应共存于法律之中,责任可以有效抑制权力的任性。"凡权利受到侵害时应有法律救济之方法,此为权利本质。"③如果没有对权利受侵害的救济保障,法律所确认的权利只会成为纸面的权利而不会成为人们生活中实际享有的权

---

① 林来梵:《从宪法规范到规范宪法:规范宪法学的一种前言》,法律出版社2001年版,第116页。
② 章剑生:《行政程序法基本理论》,法律出版社2003年版,第27页。
③ 〔英〕威廉·韦德:《行政法》,徐炳译,中国大百科全书出版社1997年版,第95页。

利。为了确保行政相对人享受公正的结果,应当重视和强化行政主体程序违法的法律责任,对行政主体程序违法和侵犯行政相对人程序性权利的行为予以制裁。程序违法的实质是对程序内在价值的侵犯。程序所具有的内在价值使其独立于实体而存在,并与实体处于同等重要的地位。与实体违法必须承担法律责任一样,行政程序违法也应承担相应的法律责任。

第二节 铁路行政许可法的原则

一、铁路行政许可法的原则概述

铁路行政许可的原则是铁路行政许可法的核心内涵之所在,它是对铁路行政许可法精神实质的概括,体现铁路行政许可法的价值和目的,是贯穿铁路行政许可法始终,对铁路行政许可的实施主体、授予标准、实施程序、法律监管、法律责任以及法律评估等各个环节起统率作用和指导作用的基本准则。它既可以作为学理上的原则而具有指导性和原则性,也是实务上的原则,因而具有应用性和操作性。这些原则既包括所有铁路行政许可活动共同遵循的一般原则,也包括某些铁路行政许可行为所遵循的特殊原则,它们都是铁路行政许可活动中所必须遵循的法定准则,具有普遍的指导意义。同时这些原则并非仅具有宣示性的作用,而是具有法律上的效力,对这些法律原则的违反同样应当被认为是违法的。

二、铁路行政许可法的基本原则

铁路行政许可法的一般原则,是铁路行政许可活动的基本法律准则,它是铁路行政许可规范的基础性或本源性依据。实际上,它也是行政法的一般原则在铁路行政许可领域的具体体现。行政法的一般原则是行政法领域的最高层级的准则,铁路行政许可作为行政法之下的具体行政活动之一,必然要反映行政法的基本原则和内容。在现代法治国家,行政法的基本原则从总体上可以概括为"依法行政原则",其含义是行政主体必须依法行使行政权力或从事行政管理活动,以切实保护公民权利。在此原则之上又可以延伸出行政公开原则、行政公正原则、行政效率原则、诚实信用原则等。同时，基于行政法基本原则的内涵，以及国家铁路局印发的《国家铁路局行政许可实施程序规定》关于"合法、公开、公平、公正、便民、高效"地实施铁路行政许可的规定，可以将铁路行政许可的一般原则概括为：许可法定原则，许可公开原则，许可公平、公正原则，许可诚信原则，许可高效、便民原则以及权利救济原则。

（一）许可法定原则

许可法定原则，是指行政许可的设定、行政许可的范围、行政许可的机关及其权限、行政许可的条件和标准、行政许可的程序及其法律后果等都必须依据法律，符合法律，不能同法律相抵触。就铁路行政许可法定原则的内容来说，具体包括以下四个方面的要求：

1. 铁路行政许可的设定主体必须法定

铁路行政许可不能由行政机关擅自设定，更不能由掌握行政管理权的官员个人决定。行政许可是一项重要的行政权力，设定许可应当符合法律、法规对于授权主体的规定。

2. 铁路行政许可的设定形式必须法定

对于需要设定行政许可的行政审批事项，必须按照《行政许可法》的规定，只有法律、行政法规、地方性法规、省级政府规章才能设定行政许可，其他规范性文件一律不得设定行政许可（国务院在必要时可以发布决定设定许可是例外），即使部门规章也不得设定任何许可事项。

3. 铁路行政许可的条件和标准必须法定

当事人提出许可申请，只是行政许可的启动程序，其最终能否获得行政机关的许可，还取决于是否符合一定的条件和标准。这些条件和标准就成为行政机关在审查判断申请人能否获取准许的法定要求，无论是申请人还是行政机关，都不能突破法定条件或标准获得或者作出许可；否则，许可将被撤销，行政机关责任人员及被许可人要承担相应的法律责任。

4. 铁路行政许可的实施程序必须法定

行政许可必须由法定的行政主体在其法定的权限范围内，按照法定的条件和程序实施。行政机关在接到申请人的许可申请之后，应当按照设定许可的法律、法规的具体程序规定，对申请材料的实质内容进行核实，在法定期限内作出决定并按照要求送达。

(二)许可公开原则

许可公开是指行政主体向社会公开其行政权力行使的法律依据、程序和结果,使全社会成员了解其权力来源,熟悉其权力行使的程序,知晓其作出行政决定的结果和理由。对于行政相对人而言,则还要使其知道在具体行政过程中所享有的程序权利和行政决定作出后所享有的权利救济途径。

在铁路行政许可领域,许可公开的内容主要体现为:有关行政许可的所有规定都应当公布,未经公布的一律不得作为实施行政许可的依据,法律依据一旦公开了,法律依据中有关许可条件、申请程序、审查期限和审查方式、救济途径等内容自然也就公开了;同时,行政许可的实施及其结果也应当公开(涉及国家秘密、商业秘密或者个人隐私等法律规定需要保密的除外)。在具体的行政许可活动中,许可公开原则要求行政机关及其公务人员向申请人公布许可事项、依据、条件、数量、程序、期限以及需要提交的全部材料目录和申请书范本,公开该宗申请所涉及的全部案卷信息(法律规定需要保密的除外),公开其所依据的法律和所搜集的证据材料,公开其审查判断的结果及其理由(特别是不予许可的理由),告知行政相对人在行政许可活动中的程序权利和作出不予许可决定后的救济途径;对于涉及利害关系人重大利益的,应当向利害关系人公开许可活动的内容,对于作出准予许可的所有决定都应当公开,便于公众了解特定领域的行政许可现状。

(三)许可公平、公正原则

许可公正原则的适用范围限定在行政主体与行政相对人之间,而许可公平原则的适用范围限定在许可所作用的不同行政相对人之间。换言之,公正原则,即行政主体与行政相对人之间的相对平等原则;公平原则,即行政主体应平等地对待一切当事人,从而实现行政相对人之间的平等。

在法律上,公平不但与平等密切相关,而且还成为行为人的一种道德约束。在行政法上,由于行政活动具有整体性与统一性,行政机关不是只限于与一方当事人发生关系,在法律关系中往往涉及多方当事人,因而行政机关须凭借正义的道德观念来权衡不同行政相对人之间的利益关系,以作出合理和不偏袒的行政行为,此即行政公平原则对行政机关的要求。相对于行政公正而言,行政公平主要解决的是行政相对人之间的平等问题。一方面,它要求行政相对人权利义务平等;另一方面,行政机关也有义务保证行政相对人之间平等权利的实现,不得歧视。

(1)铁路行政许可设定上的公平。行政许可设定上的公平,主要包括两个方面:一是法律赋予行政相对人在申请和获得许可上的同等的权利和义务。任何申请人符合法定条件和标准的,都有平等取得行政许可的权利。在设定行政许可时,不能对个人和组织因为地位、规模大小、地域不同等而规定不同的条件。在这一点上,铁路行政许可法应当参照《行政许可法》第15条第2款的规定,地方性法规和省级政府规章不得限制其他地区的个人或者企业到本地区从事生产经营和提供服务,不得限制其他地区的商品进入本地区市场。二是法律确定了行政机关保证行政相对人平等获得许可的义务,要求行政机关在实施行政许可过程中不得歧视,否则即应承担相应的法律责任。如《行政许可法》第74条规定了对不应许可的予以许可,对应许可的不予以许可,对依法应当根据招标、拍卖结果或者考试成绩择优予以许可却未按程序及其要求作出许可的行为的法律责任,从而有利于保证公平的实现。

(2)铁路行政许可实施上的公平。行政公平原则对行政活动的要求,简言之,就是行政机关在行政管理活动中应做到平等对待一切当事人。具体言之,表现在两个方面:一是对同一类行政法律关系中的行政相对人应同等对待,不允许任何基于性别、年龄、身份、种族、政治信仰、宗教信仰、学历、籍贯等因素的歧视,同样也不允许部分优待,行政机关必须平等地对待每一个当事人。因为,这是法律面前人人平等宪法原则在行政法领域的具体体现,也是任何组织与个人没有超越宪法与法律的特权的具体要求。同时,公务人员不得单方接触当事人,这既是防止先入为主和偏听偏信,又是防范可能滋生的腐败现象的需要。二是不能对相同的事项作出不同的处理,也不能对不同的事项作出相同的处理(虽然不是直接针对不同的当事人,但由于法律事项是不能离开人而独立存在的,不同法律事项一般都对应着不同的当事人)。在行政许可实施上的公平方面,主要是要求行政机关在实施行政许可过程中,应做到同等情形同等对待,不同情形差别对待,不得歧视。其具体内容主要为:

第一,法定依据的同等性,包括法律、法规和规章依据以及法定条件和标准的相同性。针对不同的对象,如果法律规定了不同的条件与标准,则应依据不同的规定,此即依据的同等性的另一面。在行政许可活动中,除了法定条件之外,任何人、任何事项均不应再被附加额外的条件,也不应被降低要求或者豁免。

第二,事件处理的同等性,即对同类事件应作出相同的处理,而不得作出不同的处理(当然,这里也应包括对不同的事件应作出不同的处理的要求),以保持同类事件处理的前后一致性、连续性和统一。

第三,对同样情况的人予以同样的法律适用,即对相同条件的人应予以相同的对待,对不同条件的人则适用不同的法律依据。

第四,不得歧视。许可机关应当保护申请人依法取得行政许可的平等权利,对申请人一视同仁,对于不符合法定条件的申请,许可机关不得放宽条件,应当不予许可;对于符合法定条件和标准的申请,许可机关不得歧视,应当依法作出许可决定。不过,在有数量限制的行政许可中,做到绝对公平是不可能的,根据《行政许可法》的规定,依受理在先的标准解决。这样做也许结果并不公平,但从同一的标准适用于所有申请人的角度来看,则又是公平的。在行政许可的实施中给予歧视待遇,主要是对具有同等情况的人实行不同的对待、对具有不同情况的人却实行同样的对待。现实中,歧视待遇主要有性别歧视、教育经历歧视、工作经验歧视、户籍歧视、地域歧视、国人或外国人歧视等,这些皆是行政许可机关在实施行政许可过程中应谨防的情况。

行政公正原则旨在行政主体与行政相对人之间实现一种相对的平等。因而,它不仅要求行政主体与行政相对人在法律适用上平等,双方应平等地遵守法律,而且还要求行政主体与行政相对人在权利义务方面实现总体上的对等,即行政机关负有更多的程序义务而行政相对人负有更多的实体义务、行政机关有行政决定权而行政相对人则拥有对程序的监督和救济的权利。行政公正原则主要有程序公正和实体公正两个方面的内容。行政公正原则在行政许可领域同样具有上述内容,因而所谓许可公正原则实则是行政公正原则在行政许可领域的具体化。具体而言,许可公正原则在程序上的要求表现为两点:立法机关在行政许可的设定上应正当地考虑各种相关因素、行政许可的实施机关应正当地实施行政许可。

(1)铁路行政许可设定上的公正。例如,《行政许可法》第5条第1款规定:"设定和实施行政许可,应当遵循公开、公平、公正的原则。"可见,公正原则不只适用于实施方面也适用于立法和设定上。依据公正原则的要求,立法机关应公正地分配行政机关与行政相对人的权利义务。由于行政相对人在行政许可关系中处于弱者的地位,行政机关则处于强者的地位,因而总体上说,法律应赋予弱者更多的权利而对强者应施以更多的义务。《行政许可法》在这方面有具体的规定:一是将许可权力与责任相对应。二是为行政许可实施机关设置了诸多义务,如规定相关事项应当在办公场所公示;申请人要求行政机关对公示内容予以说明、解释的,行政机关应当说明、解释,并应提供准确、可靠的信息。三是为保障行政相对人的合法权益不受行政机关的非法侵犯,规定了许多有利于行政相对人权利保障的条款,如关于听证的权利、行政机关应及时作出是否许可的决定。

(2)铁路行政许可实施上的程序公正与实体公正。行政许可实施上的公正,表现为程序上的公正与实体上的公正。程序上的公正主要表现为:首先,行政许可机关及其公务人员在实施许可过程中,必须符合"自己不做自己的法官"这一基本要求。当许可事项可能涉及许可机关特别是其公务人员的亲戚朋友的利益时,如果与该许可事项有利害关系的人员不回避,在私利的驱使下,行政权的公正行使将难以保证,行政相对人的合法权益亦将难以得到保障。其次,许可机关应当听取辩解并说明理由,特别是可能作出不利于行政相对人的决定时更应如此。行政相对人的陈述和申辩有利于行政机关全面、准确地掌握情况并及时地作出正确决定,同时也便于保护行政相对人的合法权益;许可机关在作出不利于行政相对人的决定之前,应当说明所依据的事实根据和法律理由,这既是对行政相对人的尊重,便于行政相对人理解和服从,更是给予行政相对人申辩的机会。最后,许可机关应当严格按照《行政许可法》及相关单行法律、法规和规章规定的程序要求,以合法的方式、采取法定步骤、在法定期限内实施许可活动,给行政相对人以公正的信赖。

许可公正原则在实体上的内容主要表现为许可行为的内容和结果公正。申请人符合法定条件的,应准予其申请。在作出许可的决定时,应符合法律的目的和要求,应基于正当的动机考虑相关的因素,而不应当考虑不相关的因素。

(四)许可诚信原则

诚信原则,即诚实信用原则,其基本含义在于行使权利、履行义务,应依诚实及信用之方法。这一原则本为民法上债权行使及债务履行的一项原则,进而扩充至私法的全部领域,也援用于行政法领域。在我国目前法律权威不足、人们对法律和政策缺乏信心与信赖的情况下,在行政法中确立诚信原则极为必要和迫切。诚信原则,同样可以作为行政许可的一项原则,它不仅在行政许可的实施中具有指导性和适用性,而且在行政许可立法和行政许可诉讼中同样具有适用性和拘束力。对这一原则,我们作比较宽泛的理解,在内容上吸收信赖保护原则。诚信原则的内容主要包括:

1. 有关铁路行政许可的法律规范应具有稳定性与不可溯及性

法治要求法律规范具有稳定性与连续性、可靠性与可预测性,因此,有关行政许可的法律规范为适应法治的要求,必须做到以下两点:一是不得变化无常。有关行政许可的法律规范不得常变,立法者不能随心所欲、朝令夕改,否则就会使法律失去尊严,使获得许可证和没有获得许可证的人们无所适从。因而,有关行政许可的法律、法规和规章不得随意修改或者废止,由此导致已经生效的行政许可被变更或者撤销的,行政机关应给予相应的补偿。二是不得溯及既往。有关行政许可的法律规范一般不得产生溯及既往的法律效力,特别是对行政许可的当事人和利害关系人产生不利影响的,更在禁止之列。

2. 铁路行政许可活动应具有真实性与确定性

行政许可机关发放许可证,注销、吊销、变更、废止许可证,应出于真实的目的和意图,意思表示真实、准确。真实性不只适用于行政许可过程中的行政法律行为,也适用于行政事实行为,如咨询、信息提供等。虚假、错误的行政许可行为造成公民合法权益损害的,行政许可机关依法负有赔偿义务。行政许可行为一经作出后,即具有确定性,非经法定的事由和法定程序,不得随意撤销、更改或废止。这既是行政活动连续性、一致性与稳定性的要求,也是保障公民权益的要求。《行政许可法》第 8 条第 1 款中就明确要求"行政机关不得擅自改变已经生效的行政许可"。

3. 铁路行政许可机关应信守诺言

行政许可机关应信守诺言,主要表现在两个方面:一是使行政许可行为得以实现。行政许可机关不仅要依法作出行政许可决定,而且还应依法履行采取必要行动使行政许可决定的内容得以实现的职责,即确保被许可人能依法享有行政许可确认的权利,同时又要促使其认真履行相应的义务,以实现许可管制目标。二是言而有信。行政许可机关一旦作出某种许诺或承诺,就应履行其许下的诺言,取信于民。例如,在不违反法律规定的情况下,行政许可机关许诺申请人符合某种条件时就发给许可证的,在其符合条件时就必须如实、及时地发给许可证。

4. 信赖保护

信赖保护,是战后德国发展起来的一项重要原则,或者说是诚信原则在行政法中的运用。它主要适用于对授益行政行为的撤销(或废止)方面,即公民或组织因此类行政行为而获得利益,行政行为一经撤销将会受到损害,故行政机关撤销授益行政行为时,应考虑补偿行政相对人信赖该行政行为有效存续而获得的利益(或者不予撤销)。我国《行政许可法》实际上已经确立了此种补偿制度,该法第 8 条第 2 款规定,为了公共利益的需要,行政机关可以依法变更或者撤回已经生效的行政许可。由此给公民、法人或者其他组织造成财产损失的,行政机关应当依法给予补偿。从德国或其他国家和地区的法律规定来看,对行政许可这种授益行政行为的撤销,信赖保护至少应包括两个方面的内容:一是因信赖值得保护的,不得吊销、废止许可证或对许可证作不利变更。由于吊销、废止许可证或对许可证作不利变更,就意味着剥夺受益人已获得的利益。为了保护当事人对该行政许可行为的信赖利益,必须对授益行政行为的撤销予以限制。这一限制的标准是"值得保护的信赖"。它包括受益人信赖行政许可决定的合法性与有效性,不存在受益人有主观恶意等排除信赖的情况,受益人的信赖利益大于公共利益。符合"值得保护的信赖"的不得撤销,反之则可撤销。如对于不符合条件而行政机关却发放了许可证,导致第三人在不知道许可内容有误的情况下与持证人发生某种法律关系,第三人因此而取得的利益或权利应当受到法律保护。二是撤销补偿。对当事人的信赖不值得保护的,行政许可行为在被撤销时,自然应返还因许可行为所获得的利益(即返还不当得利)。对于经过比较认为受益人的信赖利益小于公共利益,从而撤销行政许可行为的,应对受益人所受的损失予以补偿,即撤销补偿制度。

(五)许可高效、便民原则

效率原则是行政机关从事行政活动应遵循的准则之一。要求铁路行政许可机关在行使职能时,在依法办事的前提下,用最短的时间、最低的行政成本实现行政目标。作为行政行为的一种类型,行政许可自然也要追求效率。所谓许可效率原则,是指行政许可机关不仅应当按照法定程序在规定的时限内及时办理行政许可事项,不得无故拖延,而且必须以最小的许可管制成本(即用最短的时间、最少的人力、财力和物力,以及最小的损害等)来实现既定的行政管理目标,使社会效益最大化。具体来说,许可效率原则要求行政许可的设定机关在设定许可种类、条件和标准时,应当重视对经济活动通过许可进行管制的成本—效益加以分析,权衡管制成本与预期社会效益之间的得失,最终决定是否需要设定许可以及需要设定何种许可、何种条件,以促进经济效益乃至社会效益的最大化。行政许可机关在具体的许可实施过程中,应当责任到人,简化内部办事程序,避免相互推诿扯皮;严格遵守法定的时限要求,杜绝拖延和超期不办的情形;对能够采取信息化手段快速处理的,应当尽量推行电子政务,加快信息交流和信息传递速度;许可机关还应当与其他相关行政机关对有关许可信息实行信息共享,减少行政机关的信息收集成本,从而提高行政机关整体的行政效率。

便民原则,也是行政许可领域一个人性化的原则,要求铁路行政许可机关将为人民服务的根本宗旨体现在具体的便民措施上,为申请人提供便捷的服务。尽管从形式上和结果上看,便民措施也是促进行政效率的手段,是为行政效率服务的。但是,从本质上说,便民原则体现的却是行政机关的服务义务,揭示的是人民当家做主的宪法理念。在事关公共利益和申请人合法权益的行政许可领域,便民原则有着丰富的内容。第一,在申请行政许可的方式上,既可以是申请人自己亲自去行政机关提出申请,也允许申请人委托代理人代为申请(法律规定申请人必须亲自到场的除外),既可以面交书面申请,也可以通过信函、电报、电传、传真、电子数据交换乃至电子邮件等方式提出许可申请。第二,在信息披露方面,行政机关应当在互联网上公布行政许可事项,提供电子邮箱便于申请人发送电子文书,对申请人的疑问,应提供准确、可靠和充分的答复。第三,在申请受理方面,许可机关对符合条件的,应当立即受理;对不符合条件的,应当告知其需要补正之处并允许当场更正,如果没有告知则视为已经受理;

对不属于自己职责范围的,应当立即告知申请人相关情况。第四,在审查过程中,需要许可机关内设多个机构办理的,应当确立一个机构统一受理和送达许可决定;需要两个以上行政机关分别实施的,则应确定一个机关统一受理或者联合办理、集中办理;对需要上级机关审核的,应由下级机关负责报送申请材料,无须申请人再次提出申请;对于申请人要求变更许可事项的,许可机关认为符合条件的应予以办理变更手续。第五,在许可决定程序上,对于需要确定有关主体资格的申请,如果申请材料齐全、符合法定形式的,许可机关应当当场予以登记;对于其他能够当场作出许可决定的申请,也应当当场作出决定。

(六)权利救济原则

铁路行政许可作为一种授益行政行为,这种授益主要是对被许可人而言的,对利害关系人而言则可能是一种负担,即利益的限制;同时行政机关作出的不予许可的决定,对申请人而言也可能是一种直接的侵害。因此,无论铁路行政机关作出准予许可还是不予许可的决定,都可能会对有关相对人产生一定的不利影响。为了保障行政相对人的合法权益,铁路行政许可法应当规定,公民、法人或其他组织对行政机关实施的行政许可享有陈述权和申辩权,有权依法申请行政复议或是提起行政诉讼,其合法权益因行政机关实施的行政许可受到损害的,有权依法要求赔偿。其中,陈述和申辩可被认为是事前救济途径,复议和诉讼可被认为是事后补救途径,行政主体在实施行政许可时,不仅要为当事人提供陈述和申辩的机会,听取行政相对人的意见,还必须告知行政相对人享有复议和诉讼的权利,以确保行政相对人通过救济途径切实保障自己的合法权益。

第三节 我国铁路行政许可法发展趋势的展望

一、行政许可法的发展趋势

卢梭在《社会契约论》一书中明确地提出,一个国家的立法权应该归人民所有,而且是人民所特有的权利。因此,公众参与是人民民主权利在行政领域范围之内的扩展。公众参与行政管理的基本思想是行政法在对行政主体的行为进行调节的过程中能够有效地控制行政主体的权力,从而保护公民的合法权益免受侵害。各级行政机关在对行政相对人的行为作出反应时,要充分地按照相关法律程序进行。

随着世界民主进程的不断推进,民主政治进程的不断发展,公众参与的热情也在日益高涨,公众参与作为一种发展趋势对行政法和行政法学也提出了新的要求,而现代信息技术的发展和政治一体化进程的加快,使公众参与意识越来越强。公众参与是现代开放式行政的一个重要组成部分,其不仅在各级政府的管理工作中发挥了重要作用,而且还给行政立法提供了有益借鉴。因此,公众参与成为政治民主化进程建设的一种趋势,同时对行政法和行政法学提出了巨大挑战。在实际政治生活中,行政法和行政法学在公众参与趋势中如何更好地发展越来越受到重视。

行政许可作为社会管理中重要的行政行为之一,是国家调控经济和民生的主要方法,是国家行政机关和被授权组织执行法律和管理国家事务的重要手段。行政许可使得行政相对方解禁了原本无权行使的事项,因而行政许可的后续监管就变得尤为重要。只有保证行政许可的后续监管,才能保证行政许可在社会生产生活中所起到的积极作用,才能真正为国民经济的发展提供保障。

二、我国铁路行政许可法未来的发展趋势

1. 重视行政许可相对人对许可过程的参与

公众参与是指利害关系人有权参与行政许可决定的作出过程,并影响有关行政许可决定的内容,有权对被许可人在许可证规定范围内从事的活动进行监督,有权对实施许可的行政机关在许可过程中的违法行为进行检举、控告和申诉。许可参与原则中的"参与",是有明确目的的自愿参与,通过这种参与不仅可以使实施行政许可的行政主体及时了解各方面的意见,而且有利于改善官民关系,增强相互了解,促进公民与行政主体的合作,从而减少冲突和对抗,确保行政机关对申请人的申请作出客观、适当且公正的判断,提高行政许可的公正性和效率,防止因行政许可带来的垄断和各种腐败现象。由于实施许可的机关是否授予申请人许可证,不仅仅是申请人的事情,而且对与申请人处于竞争地位或者受行政许可决定结果影响的第三人有重大影响,作为公共利益代表者的其他纳税人的利益也可能受到行政许可决定的影响。这里有权参与行政许可程序

的公众的范围应当是极其广泛的,不仅应包括其合法权益受行政许可决定影响的申请人和利害关系人,而且应包括其正当利益甚至作为纳税人应该享有的公共利益受到行政许可决定影响的人。许可参与,是《中华人民共和国宪法》(以下简称《宪法》)第 27、41 条在行政许可领域的具体贯彻和落实。其基本要求是:一是行政主体应当保障公民及时了解有关情况;二是行政主体应当保障公民的举证权、辩论权和质辩权;三是行政主体应当保障公民有充分参与行政许可活动的整个过程的机会,并有效地影响决定的结果;四是行政主体应当保障公民在参与过程中应享有的人格尊严,使其不受歧视待遇;五是必须使公众的意见充分反映到行政许可决定的结果中;六是必须建立一套有效的促进公众进行民主监督的激励机制,保障进行民主监督的公众免受他人的打击报复。

2. 加强铁路行政许可决定与铁路行政许可监督的结合

在铁路行政许可活动中,行政许可机关既是行使许可职权的主体,也是对被许可人实施许可事项进行监督的主体,同时其本身的职权活动也应当置于有关国家机关和公众的监督之下,以防止腐败的滋生。因此,铁路行政许可机关在实施行政许可过程中,应当做到许可与监督的统一,否则将会降低行政许可应有的功效,起不到监管的作用。然而,长期以来,行政机关重许可、轻监管或者只许可、不监管的现象比较普遍;同时,行政机关实施行政许可,往往只有权力,没有责任,缺乏公开、有效的监督制约机制。为了解决这个问题,《行政许可法》第 10 条规定:"县级以上人民政府应当建立健全对行政机关实施行政许可的监督制度,加强对行政机关实施行政许可的监督检查。行政机关应当对公民、法人或者其他组织从事行政许可事项的活动实施有效监督。"这就是对行政许可的监督检查原则。为了使这一原则具体化,《行政许可法》第六章对此还进行了专章规定。这一原则对于规范行政许可的设定和实施,保护公民、法人和其他组织的合法权益,保障和监督行政机关有效实施行政管理具有重要意义。参照《行政许可法》的这一规定,铁路行政许可法也应当重视许可与监督的结合。

第三章 铁路行政许可的实施主体与授予标准

第一节 铁路行政许可的实施主体

铁路行政许可的实施主体简称铁路行政许可主体,它不仅是铁路行政许可权的享有者,同时还与铁路行政许可实施程序的一系列规则密切相关,铁路行政许可实施的具体操作离不开铁路行政许可主体。作为铁路行政许可法律关系主体的重要组成部分,铁路行政许可主体必须同时具备组织性、法定性、自主性、责任性等基本特征。基于这些特征,铁路行政许可主体不同于铁路行政许可法律关系主体、一般行政许可行为主体以及一般的行政机关。所以,我们有必要在揭示铁路行政许可一般实施主体的基础上,阐明铁路行政许可的实施主体。

一、铁路行政许可法律关系主体的内涵与构成要件

要明确铁路行政的实施主体,不仅需要把握行政许可主体这一问题,也需要对铁路行政许可法律关系主体作一番分析。根据我国行政法理论的普遍观点,本书倾向于把铁路行政许可法律关系的主体理解为:铁路行政许可法律关系的参加者,即铁路行政许可法律关系中权利的享有者和义务的承担者,换言之,是指受铁路行政许可法律、法规调整和支配的有关组织和个人。从静态看,一般行政许可法律关系的主体包括:第一,国家行政组织;第二,国家其他组织;第三,企事业单位和社会团体;第四,中华人民共和国公民;第五,在中国境内的外国组织和外国人(含无国籍人)。而铁路行政许可法律关系的主体相比一般行政许可法律关系的主体范围有所缩小,更多地局限在上述第一、第三、第四三个方面。从动态看,铁路行政许可法律关系的主体由两大部分组成,即处于管理一方的行

政许可主体和被管理一方的行政相对人及相关人员（包括公民、法人或其他组织）。当然，并非所有人在任何情况下都能自然成为铁路行政许可法律关系的主体。要成为铁路行政许可法律关系的主体，必须满足法定的构成条件，主要有两个方面的要求：一是铁路行政许可法律关系的主体必须具有符合行政许可法要求的权利能力和行为能力。其中权利能力是指主体依法享有权利、承担义务的资格，这是铁路行政许可法律关系主体依法行为的必要条件。行为能力是指主体以自己的名义并通过自己的行为享有权利和承担义务的实际能力，这是铁路行政许可法律关系主体依法行为的充分条件。二是铁路行政许可法律关系的主体必须依法参加国家行政许可活动。

基于上述要求，作为铁路行政许可法律关系重要主体之一的行政机关，其依法参加国家行政许可管理活动，首先，要取得合法的行政许可权，能以自己的名义对外作出行政许可决定，铁路行政许可实施的范围和权限要得到法律的明确授权，实施铁路行政许可的法定授权也应当与行政机关的外部管理职能范围相一致。其次，铁路行政机关必须在法定职权范围内依法定程序实施行政许可，不得超越权限或违反法定程序实施行政许可，遵循职权和程序法定的原则。职权和程序法定是依法行政的根本原则和基本要求之一，即铁路行政机关的行政职权，必须来源于法律的明确规定，铁路行政管理活动必须有明确的法律授权，严格遵守法定程序，超越法定职权范围或违反法定程序行使行政权无效。此外，作为铁路行政许可被管理一方的行政许可相对人及有直接利害关系的第三人（包括自然人、法人或其他组织）当然也要具备与其身份相适应的权利能力和行为能力，同时必须确保其行为始终严格遵循与铁路行政许可事项相关的法律、法规，任何违法操作都将面临不利的法律后果。

二、铁路行政许可主体的内涵与特征

在我国，如同行政主体不是法律概念而是法学概念一样，行政许可主体也属于法学概念。所谓行政许可主体是指依法享有国家行政许可权力，能代表国家并以自己的名义行使行政许可职权以及能独立承担行政许可行为后果与行政许可诉讼后果的组织，主要包括行政许可机关和法律、法规授权的组织。在我国，从现行立法上看，大部分行政机关都是行政许可主体,除此之外,法律、法规授权某些具有公共事务管理职能的组织实施部分行政许可,使其成为行政许可主体。实践中,也有受行政机关委托的企业或者组织实施行政许可的情况,但该企业或者组织不是行政许可主体。① 具体到当前中国的铁路行政许可主体,则特指国家铁路局。

从理论上分析,铁路行政许可主体具有以下基本特征:

1. 组织性

铁路行政许可主体是组织,而不是个人。只有组织在一定条件下才可以成为铁路行政许可主体,这是基于行政许可权作为一种公权力,其行使必然涉及公共利益和公共秩序,其带来的法律后果也相应地比个人行为的法律后果要严重得多,而有能力承担这一严重后果的是代表国家来行使权力并承担责任的组织,它有足够的经济实力或者组织力量来实现法律的要求,比如,进行行政赔偿、采用行政手段对行政相对人给予救济等。相反,以个人为行政主体以及由个人承担因行使行政权而带来的法律后果则是不现实的。一方面,当个人的财产不足以赔偿行政相对人的损失时,行政相对人的权益会因得不到应有的赔偿而无法得到切实保障。另一方面,个人作为行政主体,可能会因对行使行政权需要由自己承担法律责任的惧怕而影响行使职权的主动性,进而影响整个行政管理秩序和效率。因此,个人是无法实现国家行政职能的,他既无力维护公共秩序、保护公共利益,也无法独立承担因此而产生的行政法律责任。需要明确的是,国家公务员作为主体,其不是行政主体,尽管他们是各种具体的铁路行政许可行为的作出者,但他们都是以组织而不是以个人名义作出的。铁路行政许可权只能归属于组织,而不能归属于个人,国家权力不能成为个人的"私有财产",这正是宪政与民主的根本要求。

2. 法定性

铁路行政许可主体依法享有国家行政许可权。铁路行政许可主体是一定的组织,但并不是所有组织都是行政许可主体。国家权力机关、审判机关、检察机关等都是国家重要的组织,但它们都不是行政许可主体,只有依法享有独立的行政许可职权的组织,才能成为铁路行政许可主体。这里的"依法享有"行政许可职权,是指铁路行政许可主体的主体资格是

---

① 参见汪永清主编:《中华人民共和国行政许可法教程》,中国法制出版社2003年版,第69页。

一种法定资格,铁路行政许可主体的行政许可职权或者是由法律、法规设定(行政许可权的法律设定)的,或者是由有关机关通过法定程序授予(行政许可授权)的。根据我国《宪法》第85、89、105、107条以及《行政许可法》第22条之规定,我国的行政许可主体主要是行政机关,即从中央到地方的各级人民政府,而铁路行政许可主体则是国家铁路局。

3. 自主性

铁路行政许可主体可以不依附任何组织而以自己的名义行使行政许可权和参加行政诉讼。能否以自己的名义实施行政管理和参加行政诉讼,反映出某一行政主体是否享有独立的法律人格。铁路行政许可主体依法能以自己的名义对外行文,能以自己的名义独立地对外发布决定和命令,并能独立采取措施以保障这些决定和命令的实施。同时,铁路行政许可主体还能以自己的名义参加诉讼活动(以被告或第三人的身份)。可见,一个组织只有能以自己的名义对外独立行使行政许可权和参加相应的行政许可诉讼,才能成为行政许可主体,而正是这一特征,使铁路行政许可主体得以同铁路行政许可行为主体,即具体实施行政许可行为的组织和个人,如受铁路行政许可机关委托的社会团体、公务员等相区别。

4. 责任性

铁路行政许可主体能独立承担因行使铁路行政许可权而引起的法律后果。作为铁路行政许可法律关系主体的铁路行政许可主体,自然必须是依法能独立承担实施行政许可行为所可能产生的行政法律后果的组织。依上述特征,能独立承担法律后果,实际上是能以自己的名义独立行使铁路行政许可权的必然结果。能独立承担法律后果的重要体现就在于能独立作为行政复议、行政诉讼和国家赔偿的主体,如能成为行政复议的被申请人、行政诉讼的被告以及行政赔偿中的赔偿义务主体,并独立承担行政复议、行政诉讼或者行政赔偿的结果。这一特征使铁路行政许可主体同它的代理人(如受委托的社会团体、行政许可机关的公务员、铁路行政许可机关的内设机构或临时机构等)相区别。因为铁路行政许可主体代理人的行为后果不是由代理人本人承担,而是由作为委托人的铁路行政许可主体承担的。

综上所述,只有同时具备以上四个特征才能成为铁路行政许可主体,这些特征也就是铁路行政许可主体的资格构成。

为更进一步辨别、认定和理解铁路行政许可主体,有必要厘清铁路行政许可主体与一些相关主体的区别。

(1)铁路行政许可主体与铁路行政许可法律关系主体。铁路行政许可主体是铁路行政许可法律关系主体中的一种。铁路行政许可主体通常恒定为一方主体,并在铁路行政许可法律关系中居于主导地位;而铁路行政许可法律关系主体是由双方当事人构成的,除了铁路行政许可主体之外还有行政相对人一方。从相对性看,铁路行政许可主体通常是相对于行政相对人而言的,表明其在铁路行政许可法律关系中所处的地位;而铁路行政许可法律关系主体通常是相对于铁路行政许可法律关系客体而言的,表明围绕相应客体而展开法律关系的各方当事人。[1]

(2)铁路行政许可主体与铁路行政机关。行政机关从概念上有广义与狭义之分。广义的行政机关是指从中央到地方的各级人民政府和各部门机构。狭义的行政机关仅指各级人民政府。[2]铁路行政许可主体是个法学概念,又是个动态的概念。因为它不是根据某个组织是否属于铁路行政机关而定的,而是根据该组织是否拥有独立的铁路行政许可职权,能否代表国家并以自己的名义行使铁路行政许可权和独立承担相应的法律后果而定的。[3] 在我国,铁路行政许可主体的角色主要由国家行政机关充当,致使不少人常常把铁路行政许可主体与铁路行政机关简单地等同起来,但是铁路行政机关并非在任何场合都是行政许可主体,当铁路行政机关处于被管理地位或参加民事活动时,它的角色分别是行政相对人和民事主体;此外,铁路行政机关以外的组织未必就不是行政许可主体,得到铁路行政许可授权的社会组织同样可以是铁路行政许可主体。

(3)铁路行政许可主体与铁路行政许可行为主体。铁路行政许可行为主体是指虽无法律上的名义,但直接、具体实施行政许可行为的组织或个人。如铁路行政许可机关委托某社会团体行使某一具体的行政许可职权,那么该社会团体便是铁路行政许可行为主体。另外,相对于铁路行政许可机关而言,该机关从事铁路行政许可工作的公务员均属于铁路行政

---

[1] 参见李育全、马雁:《公务员行政许可法培训教程》,研究出版社 2004 年版,第 105 页。
[2] 参见《宪法》的相关规定。
[3] 参见胡建淼:《行政法学》,法律出版社 2003 年版,第 70—71 页。

许可行为主体,而不是铁路行政许可主体。公务员在执行公务时,其行为是代表国家的,具体地说是代表其所在的行政机关。①因此,可以说铁路行政许可机关的公务员实质上是代表铁路行政许可机关实施具体铁路行政许可行为的行为主体,其角色明显不符合铁路行政许可主体的组织性和自主性的特征要求。由此可见,铁路行政许可主体与铁路行政许可行为主体的主要区别在于:首先,铁路行政许可主体能以自己的名义行使行政许可职权;而铁路行政许可行为主体只能以别人(铁路行政许可主体)的名义行使铁路行政许可职权。其次,铁路行政许可主体应承担自己行为的后果;而铁路行政许可行为主体则由他人,即铁路行政许可主体承担自己行为的后果。最后,铁路行政许可主体在行政诉讼中能够作为被告参加诉讼;铁路行政许可行为主体则不能。通常情况下,铁路行政许可主体与铁路行政许可行为主体统一于同一组织之内,但当铁路行政许可主体不是自己亲自实施该铁路行政许可行为,而是委托其他组织实施该铁路行政许可时,就会出现"铁路行政许可主体"与"铁路行政许可行为主体"的分离。

三、从铁路行政许可法律关系主体到铁路行政许可机关

铁路行政许可法律关系主体、铁路行政许可主体和铁路行政许可机关具有递次的包容关系,前者包括后者,尽管铁路行政许可机关在铁路行政许可主体中占有绝对的比重,但从理论上讲,铁路行政许可机关并不是铁路行政许可主体的全部。同样道理,铁路行政许可主体在行政许可法律关系主体中占有相当比重,但铁路行政许可主体远不是铁路行政许可法律关系主体的全部。如前所述,铁路行政许可法律关系主体主要是一种行政法律关系上的概念,它是行政法学为研究行政许可法律关系而对关系参加人进行抽象而创制的概念,更具有理论上的意义。铁路行政许可机关主要是一个具体的法律概念,用以指称享有铁路行政许可法律地位、具有行政许可权力和义务的法律组织。

铁路行政许可机关作为行政机关的一种,负责履行具体实施铁路行政许可事项的职责。铁路行政许可法律关系主体,是铁路行政许可法律

---

① 参见张正钊主编:《行政法与行政诉讼法》,中国人民大学出版社1999年版,第65页。

关系中各方当事人的总称,在铁路行政许可管理法律关系中,主要包括铁路行政许可实施主体和铁路行政许可管理相对人以及有直接利害关系的第三人;在铁路行政许可监督法律关系中,主要包括铁路行政许可监督机关和被监督对象以及有直接利害关系的第三人。而铁路行政许可机关,是铁路行政许可法律关系中具体当事人一方,即负有铁路行政许可职责的专门行政机关,与法律、法规授权的铁路行政许可组织以及作为铁路行政许可法律关系对方当事人的公民、法人和其他组织等并列。我国《行政许可法》第22、23、24、25、26条分别对行政许可机关的范围和要求及其变化形态作出了明确规定,《铁路安全管理条例》等则对铁路行政许可作出了明确的规定。那么,根据立法精神,应该从以下三个层面来进一步把握铁路行政许可机关。

1. 法定行政许可机关

法定行政许可机关是指依法享有国家行政管理职权和依法履行相关职责并独立承担相应法律后果的行政组织。《行政许可法》第22条规定:"行政许可由具有行政许可权的行政机关在其法定职权范围内实施。"表明行政机关可以成为铁路行政许可的主体,而且是铁路行政许可的最主要主体。但是,这并不意味着行政机关是行政许可的唯一主体,也并不是说所有行政机关都可以无条件地成为行政许可的主体。要成为法定行政许可机关必须同时满足三项要求:第一,行政机关实施铁路行政许可必须基于对外部行政管理职能的履行;第二,行政机关实施行政许可必须具有法定铁路行政许可权;第三,行政机关必须在法定职权范围内实施铁路行政许可。

2. 法律授权行政许可机关

法律授权行政许可机关是指并非成立之始就享有,而是经法律、法规事后授予某一(些)行政许可权的组织。铁路行政许可权原则上专属于铁路行政机关,但这并不意味着铁路行政机关是行政许可的唯一实施主体。由于现代行政纷繁复杂之趋势日益明显,社会化、专业化水平要求越来越高,单一的行政机关无法完成全部的行政许可任务。因此,除法定行政机关外,法律、法规可以授权一定的组织实施行政许可。依法律授权的一般原理,并结合《行政许可法》第23条的具体规定,一个法律授权的行政许可机关的确立,必须同时具备四项条件:第一,法定的授权者及授权行为;

第二,合法的被授权组织;第三,法定的授权形式;第四,合理的授权内容。

3. 受委托行政许可机关

受委托行政许可机关是指接受有权行政机关的委托,以委托行政机关的名义,行使委托范围内的行政职权,并接受委托行政机关监督的行政机关。在行政管理中,委托是行政合同行为,具体是指行政机关把一定的事务委托给另一机关、工作人员或者非行政机关组织办理的行为。其特点是,基于委托具有的代理行为属性,被委托人必须以委托人的名义对外活动,活动的法律后果由委托人承担。具体到委托实施铁路行政许可,既要遵循委托的一般规律,又要符合行政许可的特定要求。通常情况下,一个受委托铁路行政许可机关的成立,必须符合三个要求:第一,委托铁路行政许可必须依据法律、法规和规章;第二,受委托实施铁路行政许可行为的只能是行政机关;第三,委托铁路行政许可必须严守法定职权范围。另外,还必须遵循铁路行政委托的一般规则和专门规则,如公告规则、权力限制规则、代名许可规则以及转委托禁止规则,等等。

第二节 铁路行政许可的授予标准

铁路行政许可的授予标准简称铁路行政许可标准,是对铁路行政许可的法定条件、程序的解释和细化,在学理上属于行政许可的裁量基准,在功能上构成了铁路行政许可获得的限制性条件,在形式上表现为一个自上而下的"阶梯式"规范体系。① 在相对集中铁路行政许可的视角下,市场准入过程往往是多个单一许可组成的复合许可过程,由此可能会产生不同部间实体和程序标准的冲突现象,所以,必须明确铁路行政许可的核心标准,才便于铁路行政许可的实施。

一、铁路行政许可标准的含义和功能

铁路行政许可的标准,是指实践中铁路许可机关审查和判断行政相对人是否应当获得许可的基准和要件,即审查基准或判断要件,是对铁路

---

① 参见骆梅英:《行政许可标准的冲突及解决》,载《法学研究》2014年第2期。

行政许可的法定条件和程序的解释与细化。①要明确铁路行政许可标准的意义,需要在一般行政许可的范围内对行政许可标准进行界定。在《行政许可法》中,行政许可标准先后出现四次:第5条第3款规定的"符合法定条件、标准的,申请人有依法取得行政许可的平等权利,行政机关不得歧视";第38条第1款规定的"申请人的申请符合法定条件、标准的,行政机关应当依法作出准予行政许可的书面决定";第49条规定的"被许可人要求变更行政许可事项的,应当向作出行政许可决定的行政机关提出申请;符合法定条件、标准的,行政机关应当依法办理变更手续";第57条规定的"有数量限制的行政许可,两个或者两个以上申请人的申请均符合法定条件、标准的,行政机关应当根据受理行政许可申请的先后顺序作出准予许可的决定……"

从上述《行政许可法》的立法结构及上述法条的具体内容,结合铁路行政许可的实践,可以得出以下三个结论②:

第一,铁路行政许可标准只是铁路行政许可实施过程中的问题。从《行政许可法》的框架结构来看,涉及行政许可标准的条款有3条分布在"行政许可的实施程序"一章,即专门为行政机关处理行政相对人的行政许可申请而规定的;另一个条款即第5条第3款位于"总则"一章,其内容为行政许可平等原则,按照该条的规定,铁路行政机关在实施铁路行政许可过程中必须平等对待申请人,不得歧视。不难看出,铁路行政许可标准与铁路行政许可实施密切相关,是铁路行政机关实施许可过程中极为重要的一个问题。

第二,铁路行政许可标准与控制行政许可实施中的裁量权有关。在

---

① 例如,日本行政程序法规定行政机关应当制定并公布许可处分的审查基准,并尽可能使之具体化(参见〔日〕室井力等主编:《日本行政程序法逐条注释》,朱芒译,上海三联书店2009年版,第72页以下)。宋华琳讨论了国内航线经营许可的审查基准(参见宋华琳:《行政许可审查基准理论初探——以国内航线经营许可领域为例证》,载《浙江学刊》2010年第5期),王太高从行政许可法的规范角度,分析了行政许可的条件和标准两个法律概念(参见王太高:《行政许可条件研究》,载《行政法学研究》2007年第7期;王太高:《论行政许可标准》,载《南京大学学报》2008年第6期),也有研究将相关问题表述为行政许可的审查深度(参见胡建淼、汪成红:《论行政机关对行政许可申请的审查深度》,载《浙江大学学报》2008年第6期)。尽管存在争议,一般认为,普通许可性质上采"自由的恢复说",特别许可采"权利的赋予说"。

② 参见王太高:《论行政许可标准》,载《南京大学学报》2008年第6期。

现代行政国家和行政给付的背景下,行政机关已经不再是传统的"传送带"或单纯的"执法机器",而是拥有了"一定的活动与决定余地"[1]。具体到铁路行政许可等依申请的行政行为中,由于立法规则的概括性、抽象性,决定了铁路行政机关在判断申请人是否符合铁路行政许可条件,进而能否授予申请的铁路行政许可时,"如法官在解释法律时要行使自由裁量权"一样不可避免。[2] "如果许可机关发放许可证明没有自由裁量权,那么这种许可应归属于证明登记类。"[3]但是,这种裁量权又必须加以有效的限制,否则将会损害立法的权威性和统一性。正因为如此,我国《行政许可法》涉及行政许可标准的条款不仅专门针对行政机关实施许可的活动,而且都是以义务性规范的形式出现,即申请人的申请"符合法定条件、标准的",行政机关"不得歧视","应当"作出准予行政许可决定或"应当"办理变更手续等。显然,这种刚性的义务性规范,目的在于对铁路行政许可实施过程中恣意裁量的拘束和排除。

第三,铁路行政许可标准从属于铁路行政许可条件,是铁路行政许可条件的具体展开。在《行政许可法》中,凡涉及行政许可标准的条款无一例外地都是以"符合法定条件、标准的"形式出现,即标准总是"陪伴"在条件的身边。这样的立法规定不仅非常直白地表达了行政许可条件与行政许可标准的紧密关系,而且还意味着铁路行政许可标准与铁路行政许可条件一样,都具有法定性。问题是《行政许可法》第18条规定:"设定行政许可,应当规定行政许可的实施机关、条件、程序、期限。"亦即立法规定只涉及许可条件而不包括许可标准,这意味着存在于铁路行政许可实施过程中的铁路行政许可标准并非直接来源于立法规定。从许可标准对许可条件的"依附"关系来看,铁路行政许可标准只能根据铁路行政许可条件产生,是铁路行政许可条件的具体展开,铁路行政许可标准的法定性由铁路行政许可条件派生。归纳以上分析,不难得出这样的结论:铁路行政许可标准实质上是连接以抽象法规范形式存在的铁路行政许可条件与铁

---

[1] 参见李建良:《论行政裁量之缩减》,载翁岳生教授祝寿论文编辑委员会编:《当代公法新论》(中),台北元照出版有限公司2002年版,第110页。
[2] 参见〔英〕哈耶克:《自由秩序原理》(上),邓正来译,生活·读书·新知三联书店1997年版,第271页。
[3] 马怀德:《行政许可》,中国政法大学出版社1994年版,第7页。

路行政许可申请人具体事实之间的媒介,是铁路行政机关在实施铁路行政许可过程中制定并公布的判断铁路行政许可申请人是否符合法定的铁路行政许可条件,进而决定其能否获得相应铁路行政许可的裁量基准。①

作为铁路行政机关实施铁路行政许可过程中的裁量基准,铁路行政许可标准的功能首先表现为铁路行政权的自我拘束,并且在指引行政相对人的行为、明确行政许可争议的焦点和审查标准等方面,都发挥着重要的功能。

第一,从行政机关的角度看,一方面行政许可标准统一了特定范围内行政许可实施的尺度,有助于排除行政机关在判断方面的恣意和行政裁量中可能出现的"同案异判",保证了行政判断的一致性和合理性;另一方面,铁路行政许可标准比较符合铁路行政许可条件概括性、综合性等特点的要求,有助于行政许可实施机关做到"同样情况同样对待,不同情况不同对待",实现个案的实质正义。

"所有规范都是内在地不确定的"②,由法律规范规定的行政许可条件也不例外。例如,《铁路运输企业准入许可办法》第 6 条规定:"申请企业应当具备下列条件:(一) 拥有符合规划和国家标准的铁路基础设施的所有权或者使用权;(二) 拥有符合国家标准、行业标准以及满足运输规模需要数量的机车车辆的所有权或者使用权;(三) 生产作业和管理人员符合铁路运输岗位标准、具备相应从业资格,且其数量满足运输规模需要;(四) 具有符合法律法规规定的安全生产管理机构或者安全管理人员,以及安全生产管理制度和应急预案;(五) 具有铁路运输相关的组织管理办法、服务质量标准、生产作业规范;(六) 法律法规和规章规定的其他条件。"

这里所讲的符合规划和国家标准是什么? 满足运输规模需要数量是

---

① 对行政许可标准的讨论以这样的共识为基础,即裁量基准是指行政执法者在行政法律规范没有提供要件—效果规定,或者虽然提供了要件—效果规定,但据此不足以获得处理具体案件所需之完整的判断标准时,按照立法者意图、比例原则以及行政执法的客观条件,在行政法律规范所预定的范围内以要件—效果规定的形式事先设定的判断标准(参见王天华:《裁量标准基本理论问题刍议》,载《浙江学刊》2006 年第 6 期;周佑勇:《裁量基准的正当性问题研究》,载《中国法学》2007 年第 6 期)。

② 〔德〕哈贝马斯:《在事实与规范之间:关于法律和民主法治国的商谈理论》,童世骏译,生活·读书·新知三联书店 2003 年版,第 267 页。

什么？法律、法规和规章规定的其他条件是什么？显然，需要通过制定合理的许可标准，使抽象的法律规范得以具体化。①许可标准是行政许可实施机关依据许可条件具体制定的，因而不仅直面现实，而且"可以根据社会发展状况及时在立法者预留的空间之内进行适当变更（时间维度上的灵活性）"②。

第二，从公民、法人或其他组织的角度看，铁路行政许可标准极大地提高了行政许可实施过程的公开性、透明度，为铁路行政许可申请人参与和预测铁路行政许可实施机关的行为提供了便利和可能，从而增强了铁路行政许可实施的可接受性，有助于提高行政效率。"由于合法地行使法定的权力最终取决于被管理者的同意，这便有必要考虑选民集团和广大公众对管理程序的态度……若人们普遍感觉政府的某一机关武断地或有失公正地作出决定，那么这种感觉就可以破坏公众对该部门的信任……"③就此而言，铁路行政许可标准与民主行政、参与行政具有高度的一致性：一方面，铁路行政机关制定铁路行政许可标准时，不仅要进行广泛深入的调查研究，还要通过各种形式广泛听取社会公众的意见和建议④，极大地调动了社会公众广泛参与铁路行政许可过程的积极性，增强了社会公众对铁路行政活动过程的认同；另一方面，铁路行政许可标准的事先制定并公开，使得社会公众能够对照铁路行政许可标准决定是否有必要向行政机关提出相应的铁路许可申请，即"申请人可以较容易地进行申请事项的准备"，预测铁路行政机关在处理自己的申请事项时可能的动

---

① 例如，2015年修正后的《中华人民共和国药品管理法》第14条第3款规定："药品监督管理部门批准开办药品经营企业，除依本法第十五条规定的条件外，还应当遵循合理布局和方便群众购药的原则。"而对于何为"合理布局"，2017年修正的《药品经营许可证管理办法》第5条明确授权各地药品监督管理部门综合考虑"当地常住人口数量、地域、交通状况"等因素决定。于是，"合理布局"这样一个"不确定"概念经由"标准"的制定就变成了实践中极具操作性的间距限制。如《北京市药品零售企业监督管理暂行规定》第9条第（一）项规定："药品零售企业之间应有350米的可行进距离……"《上海市药品零售企业开办、变更暂行规定》第4条第2款规定："新开办的药品零售企业，按照店与店之间相距不小于300米设置。"

② 王天华：《裁量标准基本理论问题刍议》，载《浙江学刊》2006年第6期。

③ 〔美〕欧内斯特·盖尔霍恩、〔美〕罗纳德·M. 利文：《行政法和行政程序概要》，黄列译，中国社会科学出版社1996年版，第4页。

④ 例如，2016年5月26日，工业和信息化部发布的《烟草专卖许可证管理办法》第15条第1款规定："制订烟草制品零售点合理布局规划时，应当根据辖区内的人口数量、交通状况、经济发展水平、消费能力等因素，在举行听证后确定零售点的合理布局。"

向,并在行政机关作出许可决定之前为实施行政许可做准备,进而有助于增强公众对铁路行政活动的认可程度,促进铁路行政效率的提高。

第三,从司法机关的角度看,铁路行政许可标准明确了铁路行政许可司法审查的"焦点",为争议的解决提供了"一定的衡量标准",有助于铁路行政许可争议及时有效地解决。在具体的铁路行政许可案件司法审查过程中,行政许可标准则有助于原告(包括许可申请人和利害关系人)迅速明确"问题的焦点",进而"在此之后的诉讼过程中较为容易地判断进攻或防御的关键之处"。对于法院来说,在依据法律法规、参照规章对被诉铁路行政许可行为进行合法性审查的基础上,还应当对铁路行政许可实施机关是否享有行政裁量权、有无事先设定和公布许可标准、设定的许可标准是否合法、许可标准是否得到严格的遵守等进行审查。按照许可标准法定化的要求,凡存在无裁量权而设定裁量基准、有裁量权而未设定或公布裁量基准、设定的裁量基准背离立法"原意"、实施行政许可时未能准确适用裁量基准等情形的,皆构成违法而予以撤销。[①]

二、铁路行政许可标准的问题与改进

从我国《行政许可法》和铁路行政许可规章的相关规定来看,关于铁路行政许可标准的立法比较粗疏,这与世界范围内普遍将行政裁量自我约束机制成文法化的发展趋势有很大差距。当然,并非任何情况下铁路行政机关都需制定许可标准,而是在铁路行政机关存在一定的裁量空间即有必要时才需制定相当的许可标准。至于许可标准的具体程度,应"尽可能予以具体化"。据此,在完善我国铁路行政许可标准立法时应当明确以下三个方面的内容:

第一,制定铁路行政许可标准的主体及其义务性质。铁路行政许可机关是制定铁路行政许可标准的主体,这一点在相关国家和地区的行政程序立法中都有明确规定。我国《行政许可法》中未涉及行政许可标准的制定主体,但在其他规范性文件中一般都明确规定行政许可的实施机关为标准的制定者。相比之下,西方国家的行政程序法中,普遍明确制定许可标准是有关行政机关的一项义务,甚至在学理上还有人

---

① 参见王天华:《裁量标准基本理论问题刍议》,载《浙江学刊》2006年第6期。

主张,相关条款应使用"必须制定"而不是"应当制定"这一代表更高义务强度的表达,这种义务实际上是行政裁量权的内在要求。正如罗纳德·德沃金所坚持的那样:"如果一个法官拿不准是应该作出有利于原告的判决,还是应该作出有利于被告的判决,那么,他肯定没有自由地作出上述任何一种判决的裁量权。""裁量权的命题是考虑各种方面情况后必须肯定地确立的,而不是空缺。"①与之形成强烈对比的是,在我国,制定许可标准更像是行政许可实施机关的一项权力而非义务。显然,这种近乎于授权性的规范性质与通过制定和公布许可标准实现行政裁量自我拘束的目的相去甚远,但是无论是授权还是义务,毫无疑问的是,铁路行政许可机关作为制定铁路行政许可标准的主体,有必要明确铁路行政许可的授予标准。

第二,明确规定制定行政许可标准以必要为限。作为许可标准,铁路行政许可标准针对的是铁路行政许可实施过程中的行政裁量,倘若立法对于铁路行政许可条件的规定已经十分具体,铁路行政机关并无裁量的空间,则不存在制定铁路行政许可标准的必要。就我国相关铁路行政许可立法而言,对于制定铁路行政许可标准的必要性虽未有明示性规定,但可以认为暗含着类似的要求。例如,《行政许可法》在"监督检查"和"法律责任"两章中,就行政机关及其工作人员对"不符合法定条件的申请人"准予行政许可的行为作出了规定,而不是采用如"行政许可的实施程序"一章中的"不符合法定的条件、标准"的提法。这种差别绝非立法者的疏忽,而是代表了立法者的一种态度,即并非所有行政许可都需要在实施过程中围绕行政许可条件制定许可标准,行政许可条件有时也可以是十分明确的,因而无须另行制定许可标准,即法定的许可条件本身就是许可标准。例如,《铁路机车车辆驾驶人员资格许可办法》第5条规定:"初次申请驾驶证只能申请一个系列中的一种机车车辆类型,申请人应当具备以下条件:(一)年龄在18岁至45岁;(二)身体健康,符合国家对驾驶人员职业健康标准的要求,良好的汉字读写能力并能够熟练运用普通话交流;(三)机车系列申请人应当具有国家承认的中专及以上学历,自轮运转车辆系列应当具有国家承认的高中、技校及以上学历;(四)机车系列申

---

① 〔美〕罗纳德·德沃金:《认真对待权利》,信春鹰、吴玉章译,中国大百科全书出版社1998年版,第102、152页。

请人应当连续机务乘务学习1年以上或者机务乘务学习行程6万公里以上,自轮运转车辆系列申请人应当连续自轮运转车辆乘务学习6个月以上。"这四个条件非常明确,不需要再出台具体的许可标准,而上文提到的《铁路运输企业准入许可办法》第6条则有必要进一步细化,制定许可标准。

第三,铁路行政许可标准的形式及应尽可能地公开。对于许可标准的外观形式,相关国家和地区并无明确规定。实践中,日本的许可标准可以采取具有法律规范性质的规则、纲要或内部规定等多种形式,但是必须以能够公开为底线(参见日本《行政程序法》第5条第3款)。韩国和我国台湾地区的做法亦同,并且我国台湾地区还强调必须"由其首长签署,并登载于政府公报发布之"这种"要式"形式。在我国行政许可实践中,行政许可标准的形式也不统一,有的采取通知(公告)形式,如法律职业资格考试的合格线;有的采取行政规定的形式,如卷烟零售点合理布局规定、药品零售企业合理布局规定等。但从规范层面看,不仅未涉及行政许可标准的形式,而且也未规定行政许可标准制定机关的公开义务。笔者认为,公开许可标准是其作用发挥的前提,如果行政机关制定的许可标准不予公开,那么"行政机关行使裁量权的判断过程"就仍然被封闭在暗箱之中,行政相对人也就无法依据行政许可标准对行政机关的判断是否适当作出自我判断,许可标准随时便有被架空的危险。就行政许可标准具体化程度而言,我们不妨借鉴日本、韩国行政程序法中的"尽可能具体化"或"尽可能详细之"的弹性规定,既对行政许可标准具体化程度提出了要求,也给实践操作预留了一定的空间。同时,对尽可能具体化的铁路行政许可标准要尽可能地公开,否则只是作为内部程序,也就难以起到提高行政效率和发挥"阳光行政"的作用。

第四章 铁路行政许可实施程序

第一节 铁路行政许可实施程序概述

对于铁路行政许可实施程序(以下简称"许可程序")的研究,追根溯源,是有关程序正义与实体正义关系的讨论。在传统意义上,我们认为只要实现了结果的公正,即"每个人得到了他应当得到的或同等情况下的人们都得到了同等对待",正义也就自然而然得到了实现。① 然而随着历史的进步和时代的发展,人们越来越意识到程序本身所蕴含的实质意义,即不同的程序会对实质结果造成不同的影响,程序的差异最终会在实质结果中得到体现。同时,人们也逐渐改变了过去将程序规则视为实质标准附属部分的看法,开始重视和研究程序的独立价值。这样的讨论不仅仅体现在比较典型的诉讼程序领域,在行政法领域,有关行政程序的研究和讨论也方兴未艾,引起了越来越多的关注和重视。

所谓行政程序,是指行政权运作的程序,它是作出行政决定遵循的方式、步骤、时限和顺序。② 作为法律程序的一种,行政程序规范了行政权的运转,控制了行政权的肆意扩张,为公共意志形成提供了可以遵循的轨道和标准,是行政行为效力获得正当化的重要途径之一。本书所要探讨的铁路行政许可程序是行政程序的下位概念,是行政机关在运用职权开展行政审批工作时所必须遵循的方式、步骤和顺序的总和,由公开程序、听证程序、回避程序、时限程序和参与程序五个部分组成。

---

① 参见〔日〕谷口安平:《程序的正义与诉讼》,王亚新、刘荣军译,中国政法大学出版社1996年版,第1—11页。
② 参见张树义主编:《行政程序法教程》,中国政法大学出版社2006年版,第6页。

一、公开程序

所谓行政许可制度中的公开制度,是指行政机关在整个行政程序中,除因涉及国家机密、商业秘密或者个人隐私之外,依据国家法律、法规和有关政策,或者依据行政相对人的依法申请,将行政许可的实施和结果对外公布的制度。行政许可公开制度的理论根基是现代行政法中的行政公开原则,这一原则在我国2004年7月1日开始实施的《行政许可法》中便有规定,而对于这一原则最详尽的规定则见于国务院2004年3月22日颁布的《国务院关于印发全面推进依法行政实施纲要的通知》,该通知在"依法行政的基本要求"部分规定:"行政机关实施行政管理,除涉及国家秘密和依法受到保护的商业秘密、个人隐私的外,应当公开,注意听取公民、法人和其他组织的意见……"

行政公开制度诞生于当代行政权力急剧膨胀的大背景之下。面对行政权越来越广泛和深入地对社会公众发挥作用,社会公众遭遇行政权侵犯自身合法权益的可能性也日益增强。尽管司法审查途径为公民的权益保障提供了有力的武器,但是窘于司法克制以及司法被动性的特质,司法审查也只能通过事后审查的方式发挥保障公民合法权益的作用,而此时损害事实往往已经既成,对于受损害一方救济的效果因而大打折扣。如此可知,通过公开制度在行政裁量过程中督促行政机关合法、合理地行使自己的职权就显得尤为重要和关键。行政公开制度的作用,不仅在于保障行政相对人以及不特定的社会公众对于行政过程以及行政结果的知情权、民主参与的权利和保障上述人员自身的合法权益,更为重要的是,这一制度发挥了控制行政权力、防止腐败、提高行政公信力和合法性的作用。具体到铁路行政许可制度中,这一制度是由告知制度、说明理由制度以及信息公开制度三部分组成的。

1. 告知制度

铁路行政许可的告知制度,是指铁路行政许可机关在运用行政职权作出影响行政相对人合法权益的行政行为时,应当事先将作出该行为的相关信息向行政相对人进行告知。这些信息范围很广,既包括这一行为的内容,也包括这一行为的时间、地点以及主要的流程,同时还包括作出该行为的事实依据和法律依据。告知制度的初衷是为了保护因信息与实力的不对等而处于较为弱势的行政相对人一方。行政机关不仅仅是国家职权的行使者,同时也是公民的服务者。面对日益复杂化和专业化的行政活动,为了更好地帮助行政相对人完成行政流程,保护行政相对人的合法权益,对于行政活动的相关资讯和权利,行政机关必须向行政相对人告知,对于行政相对人在行政程序中的明显错误,行政机关必须及时提醒其进行必要的修正,例如,《行政许可法》和《国家铁路局行政许可实施程序规定》中均有规定,对于当事人所提交的申请材料不齐全或者不符合法定形式的,应当当场或者5日内一次告知申请人需要补证的全部内容。告知对于行政机关来说是其必须履行的程序义务,对于行政相对人而言,则是其在行政程序中的一项权利。告知制度的存在,使得行政程序的运转更为顺畅,减少了侵犯行政相对人合法权益事件的发生,防止了不可弥补错误的发生概率,体现了行政机关以人为本、尊重人权的基本态度。

2. 说明理由制度

铁路行政许可的说明理由制度,是指铁路行政许可在依法作出对行政相对人的合法权益将产生不利影响的行政行为时,应当将作出该行政行为的事实依据和法律依据向行政相对人进行说明。从对该定义的分析可以得知,说明理由制度启动的前提,是行政机关在合法的框架下作出一个将对行政相对人的合法权益产生不利后果的行政行为。而告知行政相对人的内容,从内容种类的角度看包含以下两个方面:作出行政行为的事实依据和作出行政行为的法律依据;从内容性质的角度看则包含以下两个方面:行政许可的合法性理由和行政许可的正当性理由。[①]

行政许可的合法性理由,即要求行政机关用来证明其行政许可具有合法性的事实依据和法律依据。具体而言,从行政许可合法性的角度看,行政行为的事实依据应当符合以下标准,即该事实依据应当是行政机关依法通过一系列具有完全证明资格和充分证明力的证据所证实的,证据环节的瑕疵将直接减损该事实依据的真实性和公信力。该事实依据一般而言应当是该行政行为所依据的主要事实而非次要事实,行政机关在履行自身说明理由义务时应当诚实信用,不可以避重就轻、有所隐瞒。行政行为的法律依据需要满足如下三点要求:首先,行政机关所依据的法律、

---

① 参见罗文燕:《行政许可制度研究》,中国人民公安大学出版社2003年版,第239—242页。

法规须现行有效,不可以将不具备法律效力的文件作为自己作出行政行为的依据。其次,行政机关在选取法律依据时应当注意其位阶的高低。依据行政法法理,行政规章以下的规范性法律文件是不被认可为行政法的法律渊源的。如果行政机关在选取行政行为的法律依据时忽视这一点,仅以规章以下的规范性法律文件作为自己作出行政行为的法律依据,则会使得该行政行为的效力有所减损,容易使行政相对人以及不特定的公众对其效力产生怀疑。最后,行政机关在向行政相对人说明其行政行为的法律依据时,必须尽到全面、准确和客观的说明义务。任何对于法律依据的保留行为都是不适当的。

行政许可的正当性理由,是行政机关在获取合法事实依据和法律依据的基础上,对事实依据和法律依据进行分析归纳和推理等的主观活动。行政许可的审查,本质上是一种行政自由裁量权的行使,而这种对于事实材料和法律材料进行整合加工的主观过程便是这一行政自由裁量权的集中体现。由于行政自由裁量权缺乏可视化的量化标准以及浓厚的主观性色彩,天然具有难以准确约束和规范的特性,这容易使得这一权力逃离对其的制约而异化为不受控制、肆意扩张的行政特权。说明理由制度是针对这一情况所设计的,该制度要求行政机关对存在于事实材料、法律材料以及最终结果之间的逻辑联系进行阐述,使其失去了肆意妄为与主观臆断的可能性。

行政机关对于行政许可正当性理由的阐述同样包括事实和法律两部分。事实部分主要涉及行政机关对于事实的筛选机制。详细的要求为:行政机关在对合法的事实材料进行整理时,必须遵循一般理性和逻辑规律,排除不相关因素对最终事实认定的干扰;同时,行政机关在结合证据材料对事实进行分析认定时,应当秉承"以事实为依据,以法律为准绳"的信念,只有在证据达到确实充分的情况之下才可以对该事实进行认定,对于情节不清、证据不足的事实,行政机关应当及时予以排除,不可将其纳入最终行政行为的事实依据之中。法律部分主要涉及的是有关法律文件的选择适用问题。由于法律文件数量众多且庞杂,由于立法技术的局限造成的法律模糊和空白之处的大量存在,使得行政主体需要对法律文本作出一定的解释工作,而这种解释活动,某种意义上亦是行政机关自由裁量权的体现之一。① 行政机关在进行法律依据的选择时,为了增强理由的认同度和说服力,需要考虑一般性的公理和惯例;同时,行政机关在选取法律依据时,还必须考虑到公共利益和形势政策的需要。

3. 信息公开制度

铁路行政许可的信息公开制度是指实施行政许可的行政机关对于不属于法律、法规规定属于保密范围不应当公开的信息应当依法向社会公开,供社会公众查阅与复制的制度。我国关于政府信息公开制度的规定集中在自2008年5月1日起开始施行的《中华人民共和国政府信息公开条例》中,具体到行政许可领域,《行政许可法》第30、31条对行政机关在实施行政许可时如何做到信息情报公开作出了阐述。依据该法的规定,行政机关依据法律、法规和规章的有关规定,应当将有关行政许可的所有非涉密信息情报在公共场所进行公示,申请人如果需要行政机关对公示的内容进行说明解释的,行政机关应当及时尽到说明解释的义务,即向行政相对人提供准确和可靠的信息。此处所指的有关行政许可的全部非涉密材料涉及范围广泛,不仅包括有关行政许可的事项、依据、条件、数量、程序以及期限等,还包括全部材料的目录以及行政许可申请书示范文本等。与此同时,为了确保行政相对人以及社会公众的知情权、提高行政效率以及方便行政机关之间共享数据情报,行政机关有义务积极推行电子公文等多种办公形式。以上规定在《国家铁路局行政许可实施程序规定》中均有所体现。② 信息公开制度的确立,一方面,确保了行政相对人以及社会公众的知情权,强化了在行政相对人或者社会公众与政府之间在信息不对等的情况下的弱势地位,某种程度上实现了实质平等。另一方面,信息的充分披露使得行政相对人与社会公众知晓了自身的权利,了解了法律赋予他们对抗公权的武器,这有利于人权的保障和维护。同时,信息的充分披露无形中使得政府对于自身行政职权的行使无论在形式上还是实质上都提高了要求和标准,而这又反过来促进了政府的依法行政和廉

---

① 参见张树义主编:《行政程序法教程》,中国政法大学出版社2006年版,第112页。
② 《国家铁路局行政许可实施程序规定》第5条规定:"国家铁路局应当对承担的许可事项编制和提供操作性强的服务指南,将实施的行政许可事项、依据、条件、程序、期限、需提交的申请材料目录、所作出的行政许可决定以及许可申请书等格式文本,在国家铁路局政府网站等场所公开。"

洁行政,有效防止了腐败的蔓延。

二、听证程序

铁路行政许可的听证程序,是指铁路行政许可机关在作出不利于行政相对人的行政决定之前,告知行政相对人听证权利以及决定的理由和依据,行政相对人向行政机关阐述自己的意见、出示相关的证据,行政机关在行政相对人提供的证据和意见基础之上作出相应行政决定的制度。在行政许可的整个流程中,包括行政许可的设定、实施、申请以及吊销等环节,存在多种形式的听证制度。从学理的角度来看,依据听证程序形式的不同,可以划分为书面听证和口头听证。依据听证公众参与程度的不同,可以划分为正式听证和非正式听证两类。所谓正式听证,是指参与听证的当事人一方有权对另一方所提供的证据展开质证活动,双方可以在听证主持人的主持之下开展辩论,行政机关必须依法制作听证笔录并且据此作出行政行为的程序。由于正式听证具有类似司法审判程序的特质,所以其又被称为审判型听证。所谓非正式听证,是指行政机关在作出影响行政相对人合法权益的行政行为或者作出普遍性行政决定之前,听取相关意见或者建议,行政机关参考听证笔录作出相关决定的制度。正式听证和非正式听证最大的区别在于听证笔录的效力问题上。在正式听证程序中,通过准司法程序所制作的听证笔录是行政机关作出行政决定的唯一依据;而在非正式听证程序中,行政机关制作的听证笔录仅仅具有参考价值,行政机关可以不根据听证笔录作出行政决定。以听证进行的时间为标准,可以将听证程序划分为事前听证、事后听证和结合听证三类。所谓的结合听证,是指行政机关对于某些行政决定,可以将非正式听证和正式听证结合起来开展。具体的操作办法为:行政机关先就有关问题开展非正式听证,决定作出之后如果行政相对人不服并提出了正式听证的申请,行政机关再举行正式听证;或者行政机关在举行非正式听证之后,当事人对于该非正式听证不服,行政机关由此再举行正式的听证活动。

我国行政许可听证制度,包括铁路行政许可听证制度,具体规定于《行政许可法》第46、47、48条中。依据上述规定,我国行政许可听证程序的启动存在依职权启动和依申请启动两种模式。其中,对于法律、法规或者规章规定实施行政许可应当听证的事项,或者行政机关认为需要听证的其他涉及公共利益的重大行政许可事项,行政机关应当向社会公告并举行听证。行政许可直接涉及申请人与他人之间重大利益关系的,行政机关在作出行政许可决定之前,应当告知申请人、利害关系人享有听证的权利;申请人、利害关系人有权以此向行政机关提出听证申请。

听证的范围,依据法律规定为"法律、法规、规章规定实施行政许可应当听证的事项""行政机关认为需要听证的其他涉及公共利益的重大行政许可事项"和"行政许可直接涉及申请人与他人之间重大利益关系"三种情况,此处的"公共利益",主要包括以下内容:一是国家利益,也就是作为法律实体的国家所享有的利益;二是一般安全的利益,涉及公民的身体、精神,公共卫生的保障,公共财产安全等内容;三是社会组织的安全利益,法律所保护的家庭、政治、经济文化团体的合法权益;四是一般的道德利益和社会进步利益;五是保护社会资源的利益,包括大气、水、森林、矿产等,以及个人资源,如计划生育和教育等;六是个人基本生活方面的利益,如个人自由等;七是特殊群体的利益,例如妇女、老人和儿童的权益等。① 对于上述这些事项,行政机关在对其进行审查时,如果有必要,应当举行听证。

听证程序的具体流程规定于《行政许可法》第48条,依据该条的规定,行政许可听证程序可以划分为听证前的准备阶段、听证的具体要求和听证之后的注意事项三个部分。在听证前的准备阶段,行政机关需要向当事人履行通知义务,即行政机关需要提前将听证的事项、时间、地点以及听证参加人的权利义务等内容通知相关当事人。为了能够提高听证的效率,避免不必要的人、财、物的浪费,行政机关可以在正式听证以前举行预备听证会议,对待听证事项的争议点进行总结,并且对听证的相关事宜,如听证的时间、地点、主持人的选定等进行议定。听证的过程原则上应当公开。听证程序的具体运作、调节、控制以及作出最终的听证决策由听证主持人来完成。听证主持人由审查该行政许可的工作人员以外的人员来担任,申请人、利害关系人如果认为主持人与该行政许可事项有直接的利害关系,有权申请回避。在听证程序进行的过程中,审查该行政许可申请的工作人员负责提供审查意见的证据、理由,即证明责任在行政机关

---

① 参见王勇:《行政许可程序理论与适用》,法律出版社2004年版,第121—122页。

一方,申请人、利害关系人也可以提供证据。申请人、利害关系人与审查行政许可的工作人员均可以在听证程序进行过程中开展质证和辩论,双方具有完全平等的法律地位。值得强调的是,依据《行政许可法》的规定,行政许可听证笔录具有完全排他性,即通过正式听证程序制作出来的案卷是行政机关作出行政决定的唯一依据,行政机关在此种情况下不可以依据听证记录案卷之外的、申请人与利害关系人不甚了解的证据作出行政决定。这一规定的出发点在于切实保障申请人与利害关系人的陈述权与抗辩权,否则,听证案卷将成为一纸具文,听证制度也将失去其灵魂而流于空洞的形式。

三、回避程序

行政许可的回避制度,包括铁路行政许可的回避制度,是指行政机关工作人员在办理行政许可的过程中,因其与行政许可的实施之间存在利害关系,为了保障行政许可的公正性,依据利害关系人的申请或者行政许可工作人员的请求,有权机关终止相关工作人员继续实施该行政许可的制度。行政许可回避制度最初的源头为司法程序中的回避制度,与后者一样,该制度之所以设立,是出于对人类自然本性的考虑。无论是行政许可回避制度还是司法程序中的回避制度,其精神内核与英国古老的自然公正原则一脉相承,即"任何人不能做自己案件的法官"。

回避程序的启动需要一定回避事由的成立。所谓回避事由,即指行政机关工作人员与申请人之间因何种理由导致申请人认为其不能公正处理行政事务的心理倾向。[①] 例如,行政机关工作人员在未了解行政许可全部事实之前,基于自身的某种偏见可能会片面地作出决定;或者行政机关工作人员与行政相对人之间具有某种亲情、友情或者金钱关系的纠葛可能会使最终的结果有失偏颇等。

关于回避人员的范围,如果具体负责审查和实施铁路行政许可的工作人员与申请人或者申请人的代理人存在亲属关系,那么该工作人员当然属于应当被回避的范围。同时,如果该工作人员与申请人具有监护关系,该工作人员也不适合审查和实施该申请人申请的铁路行政许可。此

---

① 参见章剑生:《行政程序法基本理论》,法律出版社2003年版,第135页。

处所指的监护人,特指在被监护人没有近亲属的情况下,由法院代为指定的监护人。除此之外,如果该工作人员在与该许可案件有关联的环节中充当证人、鉴定人的,或者与申请人之间具有公开的敌意或者亲密的友谊关系的,为了许可审查和实施结果的公正,同样也应当回避。

回避程序的启动,既可以由行政相对人提出申请,也可以由具体负责行政许可审查和实施工作的人员提出回避的请求。无论申请来自哪一方,收到申请的行政机关均需要对申请的有关事项进行审查并作出决定。如果申请成立,则应当以行政命令的方式终止相关工作人员的工作,并另行认命负责人员接替之;如果申请不成立,则该工作人员需要继续从事该项铁路行政许可的相关工作直到工作完成。如果在回避申请成立的情况下行政机关一时无法确定接替被回避工作人员的合适人选,那么应当中止相关的行政许可程序。

四、时限程序

铁路行政许可的时限程序,是指铁路行政机关实施行政行为,特别是在涉及行政相对人权益的情况时,法律、法规需要对其作出明确的时间限制。行政时限程序的确立对于提高行政效率、督促行政相对人及时行使权利具有积极的意义。同时,设立时限程序还可以避免因为行政行为的拖延而造成相对人权益的损害,避免官僚主义的泛滥和促进行政管理秩序规范稳定运行。[①]

从学理的角度讲,行政许可制度的时限程序有三个方面的内容。所谓行为的期限,是指对行政主体实施一定行政行为和行政相对人进行一定行为的时间要求。如果上述主体没有按照法律、法规规定的时间要求完成相关的行为,那么他们将承担一定的法律后果。对于行政主体而言,如果其实施行政行为超过了法律、法规规定的期限,将导致行政行为的效力被法律所否定,即该行政行为可能会因为程序违法而被撤销。如果行政相对人在规定的期限内没有按照法律、法规的有关要求开展活动,那么其可能会对自己的合法权益造成一定的损害甚至因此失去这一权利。行政机关违反时限的情节属于程序违法,而程序违法是法院受理行政诉讼

---

① 参见张树义主编:《行政程序法教程》,中国政法大学出版社2006年版,第117页。

案件的案由之一。依据《行政诉讼法》第 72 条的规定,人民法院可以判决行政主体在一定的期限内履行其法定职责,法院可以此为由开展针对该行政行为的司法审查。

在铁路行政许可程序中,有关时限制度规定于《国家铁路局行政许可实施程序规定》第 15 条,该条主要规定了行政机关作出行政许可的时间期限。依据该条规定,行政机关在受理行政相对人的行政许可申请之后,应当自受理申请之日起 20 日内作出行政许可决定。该 20 日是强制性规定,一般情况下不可以被任意更改。但是如果确有正当理由在 20 日之内不能作出行政许可决定的,经行政机关负责人批准,可以延长 10 日,但应当将延长期限的理由以书面形式通知相对人。

五、参与程序

铁路行政许可的参与程序,是指铁路行政许可的相对人或者其他利害关系人为了维护自身的合法权益,通过一定的形式和途径,参与到行政活动过程中,并且最终对行政行为结果产生一定影响的制度。与前述行政公开制度诞生的时代背景有所类似,行政参与制度的确立同样与行政权的不断扩张和人权保障的不断完善密不可分。

在传统政治体系中,行使立法权的代议机关由于具有民意的合法性而往往处于相对强势或者至少与行政机关势均力敌的地位,其对具有非民选性质的行政机关具有监督和牵制作用。然而随着近现代社会结构与关系的不断复杂化,以及随之而来的立法政策制定的越发专业化与技术化,代议机关因其机动灵活性缺失、体系冗杂难以及时转型等因素的影响所呈现出来的却是与行政权力急剧膨胀截然不同的逐渐没落的景象。与由民选代表所组成的代议机关相比,行政机关缺乏民意基础,甚至在某种程度上往往凌驾于民意之上。代议制度的衰落、民意潜质的减弱,使得在行政过程中民意通达变得极为重要。允许公民积极参与到行政权力运行的过程中来,就如同为行政权力这匹桀骜不驯的烈马套上了民意监督的缰绳。有民主原则约束,腐败现象方可得到遏制,行政权的运行才能更好地保障行政相对人的合法权益。此外,公众更多地参与到行政活动中这一现象,改变了传统模式中行政相对人仅仅充当被动角色,成为行政权作用的客体这一事实,行政相对人以及利害关系人的个人价值得到了实现,其主观能动性和意志得以在行政行为的结果中最终得到体现,二者恰恰是当下行政权对于以人格尊严为代表的人的基本权利的保障。

公众参与制度在我国宪法中有具体的规定。依据《宪法》第27、41条的规定,公众参与制度的基本要求为:一是行政主体应当保障公民及时了解有关情况;二是行政主体应当保障公民的举证权、辩论权和质辩权;三是行政主体应当保障公民有充分的机会参与行政许可活动的整个过程,并且有效地影响决定的结果;四是行政主体应当保障公民在参与过程中应享有的人格尊严,使其不受歧视待遇;五是必须使得公众的意见充分反映到行政许可决定的结果中;六是必须建立一套有效的督促公民进行民主监督的激励机制,保障进行民主监督的公众免受他人的打击报复。① 具体到铁路行政许可实践中,参与程序主要包括通知、陈述意见、抗辩和申请四个部分。

1. 通知

对于符合法定行政许可申请条件的相对人,其有权获得行政机关通过通知的方式提供的相关信息。同时,对于与行政许可结果具有利害关系的不特定人士,如有必要参与到行政许可活动中来,也需要具有这项权利。例如,《国家铁路局行政许可实施程序规定》第12条规定:"审查部门对行政许可申请进行审查时,发现行政许可事项直接关系他人重大利益的,应当告知该利害关系人……"至于通知的形式,尽管目前的规范性法律文件并未对此作出明确的规定,但是依据行政法的法理,如果法律的明确性规定缺失,那么书面形式将是行政机关必须的选择,因为书面形式将信息固定于一定的载体之上,具有一定的客观性与持久性,一方面有利于行政相对人更好地了解被通知的内容,另一方面在纠纷发生时,书面形式的文书也可以作为证据材料,使得通知和被通知双方的法律关系得以明晰化。

2. 陈述意见

陈述意见是指行政相对人以及利害关系人就行政许可所涉及的事实向行政机关进行阐述的过程。这一点在《国家铁路局行政许可实施程序规定》第12条有所体现,即:"……利害关系人有权进行陈述和申辩。审

---

① 参见杨解君:《行政许可研究》,人民出版社2001年版,第119—120页。

查部门应当听取申请人、利害关系人的意见。"行政相对人与利害关系人对行政机关陈述相关意见,有助于行政机关了解事实真相,更好地处理行政许可中的利害关系,同时这一陈述行为也是行政相对人与利害关系人为维护自身合法权益所必需的程序性权利。

3. 抗辩

对于行政机关所提供的不利于行政相对人的事实,行政相对人和利害关系人为了能够在法律上消除对于自身的不利指控,需要进行一定的辩论和反驳,这一过程便是抗辩程序。抗辩程序与通知程序是紧密联系在一起的,因为如果行政相对人或者利害关系人未获得行政主体就有关事项的通知,那么他们便没有机会参与到抗辩程序中并维护自身的合法权益。

4. 申请

行政许可程序的推进,离不开行政相对人的申请行为。所谓申请,就是行政相对人或者利害关系人请求行政机关开展一定行政活动的行为。在铁路行政许可实践中,依据行政行为是否需要行政机关主动实施为标准,可以划分为依职权的行政行为和依申请的行政行为。所谓依职权的行政行为,是指行政机关可以主动为之的行政行为,无须行政相对人的申请。而所谓依申请的行政行为,是指行政行为的启动需要行政相对人的申请,否则便无法开始。区分这两种行为的最大意义在于判别行政机关行为的合法性。对于依职权的行政行为,由于不需要行政相对人的申请行为,行政机关可以主动开展,所以如果行政机关在应当依法履行其法定职责的情况下没有行使职权,便会构成失职。对于依申请的行政行为,行政机关如果在行政相对人还未申请时就主动为之便是违反了法律、法规的规定。然而为了维护公民的正当利益,如果行政机关在没有申请的情况下主动作出某一行为,除非行为存在重大违法情节而归于无效,行政相对人可以在事后通过申请行为补正这一瑕疵,也就是说,行政机关主动实施本应依申请而启动的行政行为并不必然导致这一行为被撤销。①

---

① 参见应松年主编:《行政法与行政诉讼法》,中国人民大学出版社 2009 年版,第 127—128 页。

第二节 铁路行政许可的一般程序

依据《行政许可法》和《国家铁路局行政许可实施程序规定》的规定,铁路行政许可的基本程序包括行政相对人申请、受理、审查、决定、变更、延续以及听证七个部分,这些环节环环相扣,共同构成了铁路行政许可完整的程序框架。

一、程序概述

(一)行政相对人申请

所谓行政相对人的申请,是指公民、法人或者其他组织为了从事法律、法规、规章规定的需要许可的事项,而向有权机关提出请求允许其从事相关活动的行为。由于行政许可的颁发系依申请的行政行为,因而行政相对人在行政许可的整个过程中扮演着极为关键的角色,如果没有行政相对人的申请行为,行政许可程序便无法展开。

《行政许可法》第 29 条规定:"公民、法人或者其他组织从事特定活动,依法需要取得行政许可的,应当向行政机关提出申请。申请书需要采用格式文本的,行政机关应当向申请人提供行政许可申请书格式文本。申请书格式文本中不得包含与申请行政许可事项没有直接关系的内容。申请人可以委托代理人提出行政许可申请。但是,依法应当由申请人到行政机关办公场所提出行政许可申请的除外。行政许可申请可以通过信函、电报、电传、传真、电子数据交换和电子邮件等方式提出。"《国家铁路局行政许可实施程序规定》第 6 条规定:"公民、法人或者其他组织向国家铁路局申请行政许可,应当提交书面申请,并按照申请的许可事项有关规定,提交真实完整的申请材料。申请书及相关申请材料的格式文本可从国家铁路局政府网站下载。"该条主要表述了行政相对人提起行政许可的形式要求。一般来讲,行政相对人的申请行为系要式行为,即该行为必须以书面形式提出,关于"书面形式"的具体载体,采取了灵活而宽泛的规定方式,无疑体现了"方便当事人"的原则。尽管对于口头提出申请的行为的效力并未作出明确的规定,但是出于防止事后发生纠纷、固定信息以便事后查阅的考虑,书面形式应当是行政相对人提出行政许可申请的首选形式。同时,认可了在申请环节行政相对人委托代理人代为申请行为的效力。对于一些具有较强专业性和技术性的领域,行政相对人可以委托律师、社会团体以及其他行政机关认可的公民作为其委托代理人,协助其完成行政许可申请行为,委托代理人是行政相对人在行政许可过程中所依法享有的一项程序性权利。但是,对于一些必须由本人亲自办理的特殊事项,行政相对人在提出行政许可申请时是不可以委托代理人的,例如婚姻登记的申请。

依据《行政许可法》第31条的规定,行政相对人向行政机关提交的申请材料必须是真实的,即行政相对人具有确保自身所提交材料的真实性的义务。行政相对人如果向行政机关提交了虚假的材料,那么其需要承担的法律后果便是相关行政许可会被有权机关撤销,行政相对人在此种情况下不可以通过主张信赖利益保护来对撤销行政许可的决定作出抗辩。原因是信赖利益保护的前提是当事人不存在过错,然而行政相对人向行政机关提交虚假材料已经构成过错情节,也就排除了信赖利益保护情节的存在。所以,行政许可申请人明知或者应当知道具体行政行为违法,或者具体行政行为的违法性可以归责于行政许可申请人时,行政许可申请人没有信赖利益。[①]

为了行政程序的顺利进行以及贯彻"便利相对人"的原则,《行政许可法》对于行政机关在行政相对人申请环节提出了若干要求。首先,行政机关需要向行政相对人提供申请许可相关的格式文件,以方便当事人取用。其次,行政机关应当将法律、法规、规章规定的有关行政许可的事项、依据、条件、数量、程序、期限以及需要提交的全部材料的目录和申请书示范文本等在办公场所公示。再次,行政机关应当尽到说明、解释的义务,即申请人要求行政机关对公示内容予以说明、解释的,行政机关应当说明、解释,提供准确、可靠的信息。最后,行政机关不得要求行政相对人提交与行政许可事项无关的其他材料,这一义务主要是为保障行政相对人的隐私权而规定的。[②]

[①] 参见王勇:《行政许可程序理论与适用》,法律出版社2004年版,第75—76页。
[②] 参见王勇:《行政许可程序理论与适用》,法律出版社2004年版,第77—78页。

(二)受理

受理是指铁路行政机关对于行政相对人所提交的材料进行形式审查,即只审查行政相对人的申请事项是否符合管辖和提交的材料是否齐全以及是否符合法定的形式,进而决定是否对其进行下一步实质审查的程序。一般而言,受理行为被归类为准行政行为的范畴,即该行为的效力来源为法律的规定而不是行政行为的内容。对于最后的结果,受理尽管不能对其产生直接的影响,但却存在间接的作用,因而受理在整个行政许可程序中扮演着十分重要的角色。正因为如此,《行政许可法》第32条和《国家铁路局行政许可实施程序规定》第8条对于受理的不同情况进行了详细的规定,总结如下:第一,申请事项依法不需要取得行政许可的,应当即时告知申请人不予受理。第二,申请事项依法不属于本行政机关职权范围的,应当即时作出不予受理的决定,并告知申请人向有关行政机关申请。第三,申请材料存在可以当场更正的错误的,应当允许申请人当场更正。第四,申请材料不齐全或者不符合法定形式的,应当当场或者在5日内一次告知申请人需要补正的全部内容,逾期不告知的,自收到申请材料之日起即为受理。第五,申请事项属于本行政机关职权范围,申请材料齐全、符合法定形式,或者申请人按照本行政机关的要求提交全部补正申请材料的,应当受理行政许可申请。行政机关受理或者不予受理行政许可申请,应当出具加盖本行政机关专用印章和注明日期的书面凭证。

通过对上述内容的分析,可以得知以下结论:首先,行政许可的受理决定以当场作出为原则,无论是依法不予受理或者依法受理,一般情况下行政机关需要当场作出决定并且告知当事人。其次,行政机关对受理与否的决定必须出具书面的文书凭证,注明日期,并且必须加盖公章。最后,行政机关必须履行一定的告知义务,即行政机关必须将有助于行政相对人完成申请行为的相关信息向当事人披露,协助其完善申请材料,或者在不符合管辖情况时提示其向有管辖权的单位申请。

(三)审查

审查是行政许可程序的核心环节,是指行政机关对行政相对人所提交的材料进行审定和核查,以确定其是否具备授予行政许可的条件。

审查的具体形式,可以划分为初步审查和实质性审查两个部分。所谓初步审查,是指行政机关通过对行政相对人所提交的材料进行形式上的审查,初步形成对于该申请材料的处理意见以及实施该行政许可所需要的相关程序。所谓实质性审查,是指行政机关全面细致地核实行政相对人提交的材料,必要时需要进行实地勘验等措施,以最终确定是否应当授予该申请人行政许可的审查方式。实质性审查的内容主要包括以下事项:一是申请人必须具有相应的权利能力,这是因为许可申请的提出需要申请人符合一定的法定条件和标准,并不是任何一个公民、法人或者其他组织都可以提出行政许可申请。二是申请人是否具有相应的行为能力。三是申请是否符合法定的程序和形式。四是授予申请人许可证是否会损害公共利益和利害关系人的利益。五是该申请是否符合法律、法规规定的其他条件。[①]

实质性审查的方式有多种,实践操作中,铁路行政许可机关会运用一种或者综合运用多种方式进行审查,例如,对有关企业的生产技术和产品进行评审、对申请行政许可的法人单位进行实地勘验等。《国家铁路局行政许可实施程序规定》还规定了专家评审制度。对于铁路行政许可审查过程中一些高度技术化、专业化的领域以及其他一些必要情况,铁路行政许可审查机关可以通过聘请专家的方式解决。所聘请的专家不仅需要具备所需审查事项领域的专业知识以及从业经验,还需要具备高级以上的技术职称以及同等以上的专业技术水平。还需强调的是,为了保证审查过程和结果的公正性,所选专家不可以与申请人具有利害关系。

在整个审查过程中,对于行政相对人和其他利害关系人的程序参与权,行政机关需要切实加以保障。具体而言,行政机关在审查行政许可时,如果发现行政许可涉及他人的重大合法权益的情况,应当及时通知利害关系人并告知其相关信息。行政机关应当给予申请人与利害关系人充分的陈述与发表意见的机会,对此应予以重视。

依据《国家铁路局行政许可实施程序规定》的规定,行政机关必须在自受理行政相对人许可申请20日内作出行政许可决定。20日内不能作出行政许可决定的,经负责人批准可以延长10日,但应当将延长期限的理由书面告知申请人。需要强调的是,对于铁路行政许可审查过程

---

① 参见杨解君:《行政许可研究》,人民出版社2001年版,第249—250页。

中出现的听证、检验、检测、鉴定以及专家评审等环节，所需时间不计算在上述期限中。为了保障申请人的知情权以及相关合法权益，行政机关需要将上述环节所需时间情况以书面方式告知申请人。

(四) 决定

对于符合法定条件和标准的申请人，行政机关应当对申请人依法作出准予许可的书面决定以及向其颁发许可证书。具体的操作方式为：审查部门应当在规定的期限内依法作出准予或者不准予行政许可的审查意见，并且将行政许可的决定意见以及行政许可证所记载的内容形成书面的文件形式。这一份文件仅仅是初步的决定结果，还需要将其送至受理部门进行进一步的审查才可以向申请人发放，而受理部门主要是对该文件是否符合法定形式和标准进行审查。只有经过受理部门的审查程序并加盖公章，该行政许可决定方可向申请人送达。

如果审查部门经过审查认为申请人不具备法定的条件和标准，不应当被授予相应的行政许可，也需要作出一份书面形式的决定意见，经过受理部门的合法性审查后方可向申请人送达。与此同时，为了更好地维护申请人的合法权益，行政机关还需要贯彻教示制度，即在行政机关作出不授予行政相对人相关许可的决定之后，行政机关在向申请人送达书面决定意见的同时，需要告知申请人获得救济的法律途径和方法，即对于行政许可决定不服的情况下，申请人可以在何时、何地以何种方式提起行政复议或者提起行政诉讼。

(五) 变更

《行政许可法》第49条规定："被许可人要求变更行政许可事项的，应当向作出行政许可决定的行政机关提出申请；符合法定条件、标准的，行政机关应当依法办理变更手续。"该条便是法律对于行政许可变更所作的规定。所谓行政许可的变更，是指已经获得行政许可的行政许可相对人因为行政许可的具体内容发生改变而向行政机关提出申请，行政机关在对该申请进行审查核实之后准予修改的行政行为。在铁路行政许可实践操作中，客观环境的变化会使行政许可证书所载明的信息与现实情况不一致，例如企业名称和地址的改变、企业的破产与兼并，等等。在这种情况下，为了维护行政相对人的合法权益，法律准予行政相对人在不损害国家、社会和他人合法权益的情况下，向颁发行政许可的机关提出变更行许可的申请。行政机关对行政相对人的变更申请具有监督检查的职责,如果经核实发现该申请符合法定条件确属事实,应当依法作出准予修改的书面决定并送达当事人,反之则不予准予。同时,行政机关在对行政相对人进行例行检查的过程中,如果发现行政相对人确实存在超越行政许可范围的经营行为或者因其他原因确需变更行政许可而行政相对人未提出变更申请的,应当依法要求其提出变更申请,并对其警告、解释或者说明相关情况以及理由和依据。如果行政相对人不愿意提起变更申请依然继续从事超越行政许可范围的行为,行政机关可以依法撤销或者注销该行政相对人的行政许可。

(六) 延续

一般而言,行政许可具有一定的有效期限,即允许行政相对人从事某项活动的合法期限,也就是在该行政许可所标明的使用范围内进行有效活动的起止时间。如果行政相对人期望继续从事被许可的行为,其需要在行政许可的有效期之内向颁发该许可的行政机关申请行政许可延期。依据《行政许可法》第50条的规定,被许可人如果需要延续依法取得的行政许可有效期,其需要在该行政许可有效期届满30日前向作出该行政许可决定的行政机关提出申请。但是,法律、法规、规章另有规定的,依照其规定。行政机关应当根据被许可人的申请,在该行政许可有效期届满之前作出是否准予延续的决定;逾期未作出决定的,视为准予延续。

(七) 听证

铁路行政机关在实施行政许可的过程中,如果遇到法律、法规、规章规定应当实施行政许可的事项,或者行政机关认为需要听证的其他涉及公共利益的重大行政许可事项,应当向社会进行公告,并且举行听证。若行政许可直接涉及申请人与他人之间重大利益关系的,行政机关在作出行政许可决定之前,出于保障行政相对人以及利害关系人利益的考量,应当履行相应的告知义务,即告知行政相对人与有关利害关系人有申请听证的权利,允许他们向行政机关申请听证以维护自身的合法权益。同时,为了督促申请人与利害关系人行使自己的权利,法律规定了5日的行使期限,即如果行政相对人或者利害关系人未能在被告知听证权利之日起5日内行使申请听证的权利,申请人、利害关系人将失去通过申请听证维护自身权益的机会。行政机关应当在申请人、利害关系人提出申请之日起

20日内组织听证,并且应当在听证举行前的7日内将听证的时间、地点通知申请人、利害关系人,必要时予以公告。

听证程序原则上应当公开进行,除非涉及国家秘密、商业机密或者个人隐私,这种情况下可以不公开听证。[①] 听证程序在听证主持人的主持下进行。听证主持人的人选由行政机关指定,必须选取审核该行政许可工作人员以外的工作人员作为听证的主持人,防止因听证主持人存在先入为主的预断而影响听证结果的公正性。如果在听证过程中申请人与利害关系人认为主持人与该行政许可事项存在直接的利害关系,可以提出回避申请。在听证过程中,审核该行政许可的工作人员应当向听证主持人和申请人、利害关系人提供、出示相关的证据材料以及理由意见,申请人与利害关系人可以就上述证据材料和理由意见开展质证和辩论,并提供相关证据材料予以佐证。

整个听证过程需要以笔录的形式记录下来,需要听证参加人的确认无误并签名盖章,以确保其真实性和公正性。听证笔录具有排他性,即行政机关在作出行政许可决定时不可以依据听证笔录之外的事实和证据。

二、问题与反思

(一)铁路行政许可申请撤回程序有待改进

行政许可申请的撤回,是指申请人在向行政机关提交的行政许可申请已经被受理但是还未作出决定期间向行政机关表示终止该申请的意思表示并且行政机关准予的行为。从学理角度看,行政许可申请是申请人的一项合法权利,在不影响国家、社会公共利益以及他人合法权益的前提下,申请人处分自己的权利应当是被法律允许的。因而在许可申请被受理至决定未作出之前,申请人撤回自己的行政许可申请不应当被禁止。一般而言,申请人在行政许可过程中撤回行政许可申请有以下三种情况:

(1)作为申请人的自然人死亡或者作为申请人的法人或者其他组织终止,其继承人或者权利义务承受人申请撤回行政许可申请的。

(2)申请人不愿意继续该行政许可的申请工作因而提出撤回行政许可申请的请求。

---

① 参见王勇:《行政许可程序理论与适用》,法律出版社2004年版,第127页。

（3）行政机关受理申请人的申请后,在对其进行检验、检测或者现场勘验过程中,发现申请人不具备法定标准和条件且申请人一时无法达到这一标准和条件,申请人于是请求撤回行政许可申请,待符合条件和标准时再行申请行政许可。①

行政许可申请的撤回在《行政许可法》中没有明确的规定,但是在《国家铁路局行政许可实施程序规定》中有所体现,这不能不说是铁路行政许可制度的一大亮点。《国家铁路局行政许可实施程序规定》第9条规定:"行政许可申请受理后至行政许可决定作出前,申请人要求撤回行政许可申请的,可以撤回。受理部门收到申请人提交的书面撤回申请和受理凭证后,将行政许可申请材料退还申请人,行政许可办理程序终止。"该条规定了在铁路行政许可过程中申请人请求撤回申请的情况。然而仔细分析之后就会发现,该条文存在不甚周全之处。首先,该条文有关行政许可申请撤回时间要件的规定略显粗糙,条文中这一要件被描述为"行政许可申请受理后至行政许可决定作出前"。然而在实践中,从行政许可决定作出至行政许可决定被当事人知晓存在一定的时间差,当事人无法在决定作出的当时便知晓该决定的存在,需要将相关文书送达当事人之后这一决定才可以生效。笔者认为,出于方便当事人原则、弱化职权主义色彩的考虑,这一时间要件应当被修改为"行政许可申请受理后至行政许可决定生效之前"。其次,该条文对撤回行政申请程序的规定过于简略,即行政机关收到申请人提交的书面请求后,退还其之前提交的材料,行政许可程序便宣告终止。事实上,行政许可事项的审查涉及国家机关职权的行使,代表着公共利益,需要一定的持续性和稳定性以维护社会公共利益以及保护合理信赖利益,因而朝令夕改的行为是不应当经常发生的,这也是行政行为确定力的表现。② 另外,尽管撤回许可申请本质上系申请人处分自己的合法权利,但是行政机关出于公共利益的考量,需要对这一申请进行审查并作出决定,因而一份正式的行政决定书是必不可少的。因为其以书面形式将行政机关的意志固定化,一方面有利于日后纠纷的解决,另一方面也是对行政相对人合法权益的维护。所以,在条文中应当增加"将准予撤回许可申请的决定书与申请人提交的材料一并送回"这一内容。

---

① 参见罗良杰:《刍议行政许可申请的撤回》,载《中国医药报》2015年10月15日。
② 参见应松年主编:《行政法与行政诉讼法》,中国人民大学出版社2009年版,第136页。

(二)铁路行政许可送达制度有待充实

送达制度是指行政机关将行政公文依据一定的法定程序送至行政相对人或者其他利害关系人处使之发生法律效力的制度。送达是行政程序中十分重要的一个环节,因为如果行政机关没有依照相关规定将文书送达行政相对人或者其他利害关系人,那么这一行政决定将不会发生法律效力。

有关行政程序中送达制度的规定见于《中华人民共和国行政强制法》(以下简称《行政强制法》)第38条,即:"催告书、行政强制执行决定书应当直接送达当事人。当事人拒绝接收或者无法直接送达当事人的,应当依照《中华人民共和国民事诉讼法》的有关规定送达。"分析该条文可知,在行政强制程序中,催告书、行政强制执行决定书原则上必须以直接送达的方式送达当事人,只有在特殊情况下,也就是条文中所描述的"当事人拒绝接收或者无法直接送达当事人的"情况下,才可以依据《中华人民共和国民事诉讼法》(以下简称《民事诉讼法》)的相关规定,适用留置送达、邮寄送达、公告送达等非直接送达的方式。但是,有关送达的规定在《行政许可法》中并没有直接的规定,这就为行政许可的实务工作,包括铁路行政许可的实务工作,造成了一定的困扰。法律依据的缺失、多样化送达方式的缺乏,不仅增加了行政机关工作的负担和成本,也为申请人增加了诸多不便。因而,笔者建议,应当进一步细化铁路行政许可的送达制度,即参考《行政强制法》和《民事诉讼法》的相关规定完善有关行政许可公文送达的程序。

(三)铁路行政许可听证制度有待进一步落实

尽管听证制度在《行政许可法》中已经有了较为详尽的规定,但是在铁路行政许可程序中这一制度并没有得到很好的贯彻和落实,最直接的反映是,尽管《国家铁路局行政许可实施程序规定》中规定了必要时应当举行听证,但是关于听证程序启动的具体条件、听证的具体程序、听证主持人的遴选、听证案卷的效力等细节性和具体性的规定却没有列入这一文件中。众所周知,公众参与程度的提高是现代行政的显著特征和潮流趋势。在现今民众民主参与意识不断高涨和人权保护观念日益深入人心的情况下,行政系统必须对这一社会思潮作出相应的回应,即改造自身的决策程序和组织机构,允许公众越来越多地参与到行政决策的制定过程中,一方面有助于民意的通达,增强行政决定的合法性根基和民意基础,减轻行政决定实施的社会阻力以及民众的抗拒心理;另一方面也可以遏制行政机关内部一些暗箱操作、权钱交易等腐败现象的滋生和蔓延,促进行政系统的良好运转。因而,笔者认为,铁路行政许可规范性法律文件中不应缺失有关听证制度的规定,并且依据《行政许可法》第16条的规定,铁路行政许可听证制度应当在上位法的规定框架之内进一步具体化和细节化。

(四)铁路行政许可现场核实制度的具体化

现场核实是对行政许可申请进行实质审查过程中所采取的一种审查手段,目的是通过实地检验和调查,更好地确认申请人是否符合授予相应行政许可的法定条件和标准,使最终的行政决定更加准确。

《国家铁路局行政许可实施程序规定》第10条规定:"受理部门应当及时将受理的行政许可申请材料转送审查部门审查。需要对申请材料的实质内容进行现场核实的,审查部门应当指派至少2名工作人员进行核查。必要时可依法组织听证、检验、检测、鉴定及专家评审。"笔者认为,该条文的规定主要有三处不当:第一,该条文的第一句属于概括式规定,即对铁路行政许可过程中材料移送的环节以及不同部门之间的分工进行了规定;第二句属于对现场核实的专门性规定,规定了现场核实的流程和注意事项;第三句是对实质性审查的其他方式的规定。从上述分析中不难看出,该条文三句话分别规定了截然不同的内容,而将这三项内容杂糅于一个段落明显存在逻辑混乱之嫌。第二,条文中仅列明了现场核实程序,却没有规定现场核实程序的依据和实施条件。这一要素的缺失,既可能使行政职权的行使任意化,损害申请人的合法权益,造成公共资源的浪费,也可能使行政机关因为法律依据的缺失而无所适从,使得这一制度最终被束之高阁而失去其存在的价值和意义。第三,条文的最后一句用概括列举的方式将实质审查的其余方式列举出来,但是对于适用条件,仅用"必要时"三个字简单概括,未免显得简略。结合上文的论述可知,听证、专家评审、检测、检验等实质性审查模式都有自己独特的程序和方式方法,尽管它们确实都是行政机关在"必要时"所采取的措施,但采取的条件都不尽相同,甚至有很大的差异。以听证制度为例,依据《行政许可法》的规定,听证制度是一种类似审判制度的制度性听证模式,并且也是仅有的一种模式。尽管这种模式给予申请人、利害关系人与行政机关平等的法律地位,以及通过对行政机关所提供的证据和事实进行抗辩和反驳的权利,但是这样一场听证的筹备和举行需要很长的时间和巨大的成本。众所周知,在个人利益与国家、社会公共利益发生严重冲突的时候,公共利益应该优先被考虑。而作为公共利益的管理者和维护者,行政机关工作的效率和成本就显得十分珍贵。虽然我国长期存在行政机关忽视行政相对人以及利害关系人合法权益的现象,但是如果矫枉过正,将保护弱势一方的权益奉为绝对目标而忽视对于行政成本和效益的维护,对社会公共利益而言也是一种损害。因而,除非个人权益遭到了极为严重的侵犯,听证制度的启动应当十分慎重。相较于听证制度,检验、检测等措施对于行政机关工作的成本和效率的影响显然要小得多,其在启动条件和标准上与听证制度没有可比性。显然,将不同启动条件和标准的措施规定于一处是不适当的。

笔者针对该条文的修改提出如下建议:首先,将该条最后一句话剥离,细化为若干规定不同措施启动条件和标准的条款,并且相应地规定不同措施的依据和实施程序。其次,将第一句独立为一个条文,作为总起的概括条文,发挥这一章节逻辑起点的作用。最后,将现场核实部分单独成立一个条文,并进行相应的细化规定,尤其是有关现场核实的依据、条件、标准和程序的内容。

(五)铁路行政许可专家评审制度的完善化

《国家铁路局行政许可实施程序规定》第 11 条规定:"实施行政许可需要聘请专家评审的,应当组建专家评审组。所选专家应当具备审查事项相关领域的专业技术知识和从业经历,具有高级以上技术职称或同等专业技术水平,且与申请人无利害关系。"该条规定了铁路行政许可过程中专家评审的相关内容。由于铁路行政许可的实质审查具有高度的专业性和技术性,在行政机关仅凭借自身能力难以对一些实质内容进行审查时,专业人士的协助有助于行政许可审查工作的顺利进行以及保证最终行政决定的准确性和科学性。同时笔者认为,该条存在以下可以改进之处:首先,该条对于专家遴选制度未作全面规定。条文中仅对专家的资质进行了要求,同时还要求专家与申请人不存在利害关系,对专家人选的来源却没有说明,也没有规定专家遴选的程序,而这两点却是实践操作中十分重要的内容,它们的缺失,某种意义上使得这一制度失去了实务可操作性,助长了暗箱操作的可能。其次,条文中仅要求所选专家不得与申请人有利害关系,却没有规定申请人有申请回避的权利,这种不全面的规定使得申请人失去了维护自身合法权益的主动地位。因为对于专家是否与申请人具有利害关系完全出自行政机关的自我判断,申请人没有途径申请回避来主张自己的立场、提出自己的理由,使申请人的合法权益受到了损害;此外,掌握完全主动权的行政机关失去了来自申请人的制约与牵制,造成了权力滥用和腐败的可能。

笔者认为,有关专家评审制度的规定应在此基础上进一步细化,一方面,增加有关专家人选来源和遴选程序的规定,完善专家遴选程序;另一方面,赋予申请人申请回避的权利,以切实保障申请人的合法权益。

第五章 铁路行政许可的监管

铁路行政许可的设定和实施,必须依法进行,严格和持续的监管是保证行政许可实施机关依法行政,不以作为或不作为的方式滥用权力损害行政相对人或者社会公共利益的手段,也是确保行政相对人不弄虚作假,履行自身相应义务的方式。"行政许可的监管有广义和狭义之分:狭义的行政许可的监管主要是指作出行政许可的行政主体对被许可人是否遵守行政许可及相关法律法规从事活动进行监督管理;广义的行政许可的监管,不仅包括狭义的行政许可的监管,而且包括法定的监管主体对行政许可的设定和实施主体及其行为的监督和管理。从制度构成来看,行政许可的监管制度主要由监管主体、监管对象、监管措施、监管程序等部分构成。"[1]

本章采纳广义的行政许可的监管定义,分三节研究铁路行政许可法律制度的监管,即对铁路行政许可设定的监管、对铁路行政许可实施主体的监管、对铁路行政许可被许可人的监管,并对存在的问题进行反思。

第一节 对铁路行政许可设定的监管

一、监管对象

依据《行政许可法》第14、15、16、17条的规定,全国范围内的行政许可只有法律、行政法规、国务院的决定可以设立,在地方层面上,只有地方性法规、省级政府规章可以设定本行政区域内的行政许可,"其他规范性文件一律不得设定行政许可"。就设定行政许可的法定程序而言,《行政许可法》第18条规定:"设定行政许可,应当规定行政许可的实施机关、条

---

[1] 应松年主编:《行政许可法教程》,法律出版社2012年版,第229页。

件、程序、期限。"第 19 条规定:"起草法律草案、法规草案和省、自治区、直辖市人民政府规章草案,拟设定行政许可的,起草单位应当采取听证会、论证会等形式听取意见,并向制定机关说明设定该行政许可的必要性、对经济和社会可能产生的影响以及听取和采纳意见的情况。"

由此可见,对设定铁路行政许可的监管包含两方面内容:一是指对法律、规范性文件的立法内容进行监管;二是指对设定铁路行政许可的法定程序进行监管。对铁路行政许可的设定的监管对象范围非常广泛,包括中央与地方各级立法机构,以及没有相应立法权限却直接或者间接设定"变相"行政许可的社会组织、公民团体。

目前由国家铁路局实施的 8 项铁路行政许可,均有明确合法的设定依据,但对行政权力及其他一切社会权力必须怀有警惕性,方能保障自由不受侵犯。可能违反《行政许可法》对设定行政许可的相关规定的主体是非常多元和广泛的。

二、监管主体和程序

《行政许可法》第 71 条规定:"违反本法第十七条规定设定的行政许可,有关机关应当责令设定该行政许可的机关改正,或者依法予以撤销。"综合《行政许可法》第 17 条与第 71 条这两个条文来看,即"其他规范性文件"违法设定的行政许可,有关机关应当责令设定该行政许可的机关改正或依法予以撤销。但是《行政许可法》并没有规定法律、行政法规、地方性法规及规章违法设定行政许可,例如超越权限设定行政许可,或者未经法定程序设定行政许可应如何处理。对此,必须依据《宪法》《立法法》《国务院组织法》《地方各级人民代表大会和地方各级人民政府组织法》等法律的规定来处理。法律所设定的行政许可,只能通过民主决策机制,由全国最高立法机关通过修改或废止来进行监督。国务院以行政法规的形式违法设定行政许可的,全国人民代表大会常务委员会可以撤销;省级人民代表大会常务委员会违法设定行政许可的,省级人民代表大会可以撤销;省级政府规章设定行政许可违法的,省级人民代表大会及其常务委员会可以撤销。

因此,对立法行为以及设定社会普遍规范的行为的监督,必须依据法律规定,由代表民意的更高一级立法机关进行监督。此外,依据《宪法》第

41条第1款的规定:"中华人民共和国公民对于任何国家机关和国家工作人员,有提出批评和建议的权利;对于任何国家机关和国家工作人员的违法失职行为,有向国家机关提出申诉,控告或者检举的权利……"从该条规定可知,公民和其他社会组织也是监督主体。

第二节　对铁路行政许可实施主体的监管

一、监管主体

行政许可是行政主体作出的行政行为,也是行政机关的行政过程。铁路行政许可的实施主体负有依法行政的义务,对实施主体的监管,贯穿行政许可实施过程的始终。《行政许可法》第60条规定:"上级行政机关应当加强对下级行政机关实施行政许可的监督检查,及时纠正行政许可实施中的违法行为。"第69条规定:"有下列情形之一的,作出行政许可决定的行政机关或者其上级行政机关,根据利害关系人的请求或者依据职权,可以撤销行政许可:(一)行政机关工作人员滥用职权、玩忽职守作出准予行政许可决定的;(二)超越法定职权作出准予行政许可决定的;(三)违反法定程序作出准予行政许可决定的;(四)对不具备申请资格或者不符合法定条件的申请人准予行政许可的……"据此,实施行政许可的行政机关的上一级行政机关应当履行对下级行政机关的监督职责,实施主体自身也要履行对本部门工作人员的监督职责。

依据《宪法》《立法法》《国务院组织法》《地方各级人民代表大会和地方各级人民政府组织法》《行政复议法》和《行政诉讼法》等法律的规定,对行政许可实施的监管主体还包括对特定行政许可行为享有复议审查权的行政复议机关,以及享有司法审查权的人民法院。此外,各级人民代表大会代表对同级或下级行政机关享有监督权。

目前实行的各项铁路行政许可、审批办法及实施细则均未告知行政相对人申请行政复议,提起行政诉讼的权利,应当补充相关法律条文,明确行政许可实施机关的监督主体还应当包括公民、法人和其他社会组织。

二、监管内容及措施

对行政许可实施主体的监管,概括而言是要防止两种情形的出现:一是行政机关违反法律、法规的规定,损害申请行政许可的行政相对人的利益;二是行政机关违反法律规定,与申请行政许可的行政相对人合谋,为其谋取非法利益,从而对公众利益和社会经济秩序构成危害。此外,比较特殊的情形是,行政主体实施的行政许可不存在合法设定依据。对此,《行政许可法》规定,对于行政主体依据无权设定行政许可的法律规范性文件作出的行政许可,有关机关应当责令设定该行政许可的机关改正,或者依法予以撤销。

依据《行政许可法》第七章"法律责任"部分第72条的规定,行政机关损害行政相对人利益的情形包括:"(一)对符合法定条件的行政许可申请不予受理的;(二)不在办公场所公示依法应当公示的材料的;(三)在受理、审查、决定行政许可过程中,未向申请人、利害关系人履行法定告知义务的;(四)申请人提交的申请材料不齐全、不符合法定形式,不一次告知申请人必须补正的全部内容的;(五)未依法说明不受理行政许可申请或者不予行政许可的理由的;(六)依法应当举行听证而不举行听证的。"行政机关及其工作人员违反《行政许可法》的规定,存在上述情形之一的,由其上级行政机关或者监察机关责令改正;情节严重的,对直接负责的主管人员和其他直接责任人员依法给予行政处分。第73条规定:"行政机关工作人员办理行政许可、实施监督检查,索取或者收受他人财物或者谋取其他利益,构成犯罪的,依法追究刑事责任;尚不构成犯罪的,依法给予行政处分。"第75条规定:"行政机关实施行政许可,擅自收费或者不按照法定项目和标准收费的,由其上级行政机关或者监察机关责令退还非法收取的费用;对直接负责的主管人员和其他直接责任人员依法给予行政处分。对于截留、挪用、私分或者变相私分实施行政许可依法收取的费用的,予以追缴;对直接负责的主管人员和其他直接责任人员依法给予行政处分;构成犯罪的,依法追究刑事责任。"第76条规定:"行政机关违法实施行政许可,给当事人的合法权益造成损害的,应当依照国家赔偿法的规定给予赔偿。"上述内容都是关于行政机关及其工作人员损害申请行政许可的行政相对人或者在后续监督管理过程中损害被许可人利益的规定。

根据《行政许可法》第 74 条的规定,行政机关对不符合法定条件的申请人准予行政许可或者超越法定职权作出准予行政许可决定的;依法应当根据招标、拍卖结果或者考试成绩择优作出准予行政许可决定,未经招标、拍卖或者考试,或者不根据招标、拍卖结果或者考试成绩择优作出准予行政许可决定的,由其上级行政机关或者监察机关责令改正,对直接负责的主管人员和其他直接责任人员依法给予行政处分;构成犯罪的,依法追究刑事责任。第 77 条规定:"行政机关不依法履行监督职责或者监督不力,造成严重后果的,由其上级行政机关或者监察机关责令改正,对直接负责的主管人员和其他直接责任人员依法给予行政处分;构成犯罪的,依法追究刑事责任。"这两个条文是对行政机关危害公众利益的乱作为或者不作为作出的监管规定。

《国家铁路局行政许可实施程序规定》依据《行政许可法》的上述规定,对铁路行政许可实施机关的两类危害行为作了综合性的约束,如该规定第 21 条规定:"行政许可相关职能部门及其工作人员应当自觉遵守国家有关法律法规及相关工作制度、规定,严守工作纪律,依法履行职责,不得有下列行为:(一)违反法定程序、期限,受理、审查、作出及送达行政许可决定;(二)对不符合法定条件的申请予以受理、准予许可,或对符合法定条件的申请不予受理、不予许可;(三)接受申请人的明示或暗示,对相关检验、检测、鉴定及专家评审等工作及其结果实施不正当干预;(四)在监督检查中干预、妨碍被许可人正常的生产经营活动,或者发现被许可人的违法活动不依法作出处理;(五)利用职权和职务上的影响谋取不正当利益;(六)其他违反法定程序、超越法定职权、滥用职权实施行政许可的行为。"

《国家铁路局行政许可实施程序规定》第 22 条规定:"国家铁路局机关监督部门加强对行政许可相关职能部门及其工作人员履职情况的监督检查。对有违规违法情形的,责令相关部门改正;情节严重的,依法追究直接负责的主管人员和其他直接责任人员的责任。"该规定属于铁路局内部监督管理范畴。第 23 条规定:"公民、法人或者其他组织发现违法从事铁路行政许可活动,或者发现国家铁路局相关职能部门及其工作人员在实施行政许可过程中有违法违规行为的,有权向国家铁路局投诉举报。

认为铁路行政许可相关职能部门及其工作人员的具体行政行为侵犯其合法权益的,有权依法向国家铁路局提出行政复议申请或者直接向人民法院提起行政诉讼。国家铁路局建立网上投诉举报受理系统,公布投诉举报电话、邮箱,依法组织调查核实处理,查处违法违规行为。"该条是对铁路局外部监督管理的规定。

铁路局内部的监督管理是相对容易实施的,而公民、法人和其他组织的外部监督依赖政府信息公开制度方能实现,考验的是政府从行政许可申请人和被许可人处获得信息的能力以及向社会公众公开信息的力度。

现行各项铁路行政许可审批办法或实施细则中均规定了行政许可机构及工作人员的职责义务条款。例如,《铁路牵引供电设备生产企业审批实施细则》第 26 条规定:"行政许可工作人员应当严格依法履行行政许可受理、审查、监督检查及信息公开等职责。不依法履行职责的,对负有责任的领导人员和直接责任人员,依法给予处分。"《铁路机车车辆驾驶人员资格许可办法》第 20 条规定:"参与、协助、纵容考试舞弊或者为不符合申请条件、未经考试、考试不合格人员签注合格成绩或者核发驾驶证的,按照有关规定对责任人员给予处分;构成犯罪的,依法追究刑事责任。"《铁路机车车辆驾驶人员资格许可实施细则》第 44 条规定:"行政许可工作人员应当严格依法履行行政许可受理、审查和监督检查等职责。不依法履行职责的,对负有责任的领导人员和直接责任人员,依法给予处分。"《铁路运输企业准入许可办法》第 22 条第 2 款规定:"国家铁路局实施许可监督检查,不得妨碍被许可企业正常的生产活动,不得谋取非法利益,不得泄露被许可企业的商业秘密。"第 28 条规定:"国家铁路局工作人员办理行政许可、实施监督检查过程中滥用职权、玩忽职守、徇私舞弊、收受贿赂,构成犯罪的,依法追究刑事责任;尚不构成犯罪的,依法给予行政处分。"

国家铁路局在其官方网站上对每一项行政许可的审批流程都进行了公示,但监督管理环节相对薄弱,建议在"互动交流""网上办事"等栏目之外,增加链接"监督管理",突出监管的重要性,无论是对行政许可实施机关的监管,还是对被许可人的监管,都需要制定更为详细具体的法律规范。

第三节　对铁路行政许可被许可人的监管

一、监管主体

《行政许可法》第 61 条第 1 款规定："行政机关应当建立健全监督制度,通过核查反映被许可人从事行政许可事项活动情况的有关材料,履行监督责任。"因此,对被许可人的监管义务主要由实施行政许可的行政主体承担,依据法定职权履行监管责任。行政许可的实施机关对被许可人的监管应当积极、主动、持续地进行。《行政许可法》第 65 条规定："个人和组织发现违法从事行政许可事项的活动,有权向行政机关举报,行政机关应当及时核实、处理。"监管主体之外的公民个人、其他组织发现违法从事行政许可事项的活动,有权向行政机关举报,这是法律赋予公民的权利。

《国家铁路局行政许可实施程序规定》第四章"监督与管理"部分第 19 条规定："国家铁路局应当建立健全监督检查制度,制定监督检查计划,依法组织开展许可监督检查。被许可人应当配合监督检查并如实提供有关情况和材料。"该条规定是对《行政许可法》第 61 条的落实。《国家铁路局行政许可实施程序规定》第 23 条规定："公民、法人或者其他组织发现违法从事铁路行政许可活动,或者发现国家铁路局相关职能部门及其工作人员在实施行政许可过程中有违法违规行为的,有权向国家铁路局投诉举报。认为铁路行政许可相关职能部门及其工作人员的具体行政行为侵犯其合法权益的,有权依法向国家铁路局提出行政复议申请或者直接向人民法院提起行政诉讼。国家铁路局建立网上投诉举报受理系统,公布投诉举报电话、邮箱,依法组织调查核实处理,查处违法违规行为。"该条规定对《行政许可法》第 65 条的规定进行了细化。

交通运输部出台的各项行政许可实施办法和国家铁路局制定的相应实施细则均规定了"国家铁路局及其铁路监督管理机构"应当对铁路行政许可的实施情况进行监督检查,被许可企业应当配合监管部门的监督检查,如实提供相应材料,并且规定被许可企业应当向国家铁路局提供年度自查报告。由此可见,被许可企业也应当履行自我监督检查的义务。

国家铁路局实施许可监督检查,不得妨碍被许可企业正常的生产活动,不得谋取非法利益,不得泄露被许可企业的商业秘密。既要严格监管,又要维护行政许可实施机关的公信力,保护被许可人的信赖保护利益。

二、监管内容及措施

"对被许可人的监督,主要是监督获得行政许可的被许可人从事行政许可事项的活动是否合法以及未获得行政许可的公民、法人或其他组织是否违法从事需要获得许可方可从事的活动。"[1]这里存在两类监督对象,一类是获得行政许可的被许可人,另一类是未获得行政许可的公民、法人或者其他组织。依据《行政许可法》第65条的规定,对后一类对象的监管,大多依靠公民或者其他组织向行政机关进行的举报、检举,以及行政机关对不特定对象的检查。在此,主要论述对取得行政许可的被许可人的监管。取得行政许可并非获得了一劳永逸的市场通行证,行政许可本质上是对公民、企业具备某种资质的行政认可,如果这一资质无法持续保持,公民或者企业从事特定活动的资格也应当被取消。

(一)对被许可人监管的法律规定

1. 对铁路运输基础设备生产企业的监管及措施

《铁路运输基础设备生产企业审批办法》第15条规定:"监督检查的主要内容包括:(一)取得生产许可证应当具备条件的保持情况;(二)生产许可证使用情况。监督检查不合格的企业,应当进行整改,并在60个工作日内向国家铁路局提出复查申请。"《铁路牵引供电设备生产企业审批实施细则》第21条规定:"被许可企业应当配合监管部门的监督检查,提供相关材料,并按年度向国家铁路局提交企业产品质量保证和安全管理情况自查报告。自查报告应当包括以下内容:(一)申请取证条件的保持情况;(二)企业名称、住所、生产地址等变化情况;(三)企业生产状况及产品变化情况;(四)生产许可证使用情况;(五)产品质量监督抽查情况;(六)需要说明的其他相关情况。"

《铁路运输基础设备生产企业审批办法》第12条规定:"被许可企业

---

[1] 应松年主编:《行政许可法教程》,法律出版社2012年版,第229页。

生产条件发生较大变化(包括生产地址变化、生产线重大技术改造、委外加工企业变更等)时,应当向国家铁路局重新申请许可。"

《铁路牵引供电设备生产企业审批实施细则》第 15 条规定:"生产许可证有效期为 5 年。被许可企业需要延续已取得的生产许可证有效期的,应当在有效期届满 60 个工作日前向国家铁路局提出申请。申请企业的材料应当符合本细则第五条规定,并需提供企业前 5 年的产品质量状况、运用情况及相关许可条件保持或变化情况等方面的分析报告。"《铁路通信信号设备生产企业审批实施细则》和《铁路道岔设备生产企业审批实施细则》均有相同规定。

2. 对取得铁路机车车辆驾驶资格的驾驶人员及企业管理的监管

《铁路机车车辆驾驶人员资格许可办法》第 10 条规定:"驾驶人员执业时,应当携带驾驶证。驾驶证仅限本人持有和使用。"第 12 条规定:"驾驶证有效期为 6 年……驾驶证有效期满、需要延续的,应当在驾驶证有效期届满 60 日前向国家铁路局提出申请。驾驶证损毁、记载内容变化或驾驶证丢失的,应当及时向国家铁路局申请换证或补证。国家铁路局审核后认为符合条件的,予以换证或补证。"第 16 条规定:"有下列情形之一的,应当撤销驾驶证:(一)工作人员滥用职权、玩忽职守,致使不符合条件的人员取得驾驶证的;(二)以欺骗、贿赂、倒卖、租借等不正当手段取得驾驶证的;(三)法律法规规定的其他情形……"第 17 条规定:"有下列情形之一的,应当注销驾驶证:(一)驾驶证有效期届满未延续的;(二)驾驶证持有人不能继续驾驶铁路机车车辆的;(三)驾驶证持有人提出注销申请的;(四)法律法规规定的其他情形。"第 18 条规定:"企业发现本单位驾驶人员有违反本办法第十六条、第十七条情形的,应当及时报告国家铁路局。"第 19 条规定:"企业应当于每年 1 月底前将上一年度所聘用驾驶人员的情况汇总报国家铁路局。"

《铁路机车车辆驾驶人员资格许可实施细则》第 36 条规定:"驾驶人员和企业应当配合监管部门的监督检查,提供相关材料。监督检查的重点内容包括:(一)驾驶人员取得驾驶证应当具备条件的保持情况;(二)企业建立健全驾驶人员管理制度情况;(三)企业对驾驶人员的培训和管理,以及对聘用的驾驶人员的岗前培训情况。国家铁路局或地区铁路监督管理局对监督检查不合格的驾驶人员和企业作出整改决定并通知企业。企业应当按要求进行整改,并在60个工作日内向国家铁路局提出复查申请。"

3. 对铁路无线电台设置审批及电台频率的指配的监管

原铁道部1996年4月发布的《铁路无线电管理规则》第八章"无线电监督检查和通信纪律"对铁路无线电的监督管理进行了规定。该规则第37条规定:"铁路各级无线电管理机构应设立无线电管理检查人员。其主要职责是:监督检查本规则及国家有关无线电管理法规的贯彻执行,宣传无线电管理法规,发现违犯规定的行为应予制止,情节严重的,应依照有关处罚规定进行处理。"第38条规定:"无线电管理检查人员,由铁路局无线电管理机构推荐,铁道部无线电管理机构批准,授予国家统一制定的无线电管理检查证。"第39条规定:"无线电管理检查人员在其职权范围内进行监督检查时,有关单位和个人应积极配合,无条件地接受检查。"

原铁道部2005年印发的《铁路无线电台站设置和频率使用审核办法》第19条规定:"铁道部将对被许可人进行严格的监督检查。监督检查的内容包括:(一)设置铁路无线电台(站)和使用铁路通信频率的总体实施情况;(二)本办法规定义务的履行情况;(三)法律、法规规定应当实施监督检查的其他情形。"第20条规定:"铁道部监督检查时,被许可人及有关部门、单位和个人应当如实反映情况,提供必要的材料。铁道部可以根据需要,要求被许可人提供下列文件、资料或实物:(一)行政许可决定书或相关的文件;(二)无线电台(站)资料或无线电台(站)执照;(三)实物样品;(四)法律、法规规定应当具备的其他合法证明文件及资料。"第21条规定:"铁道部可对被许可人采用的无线通信设备进行抽样检查、检验、检测,不合格的,责令被许可人限期改正。在规定期限内仍未改正的,应当撤销行政许可。被许可人以欺骗、贿赂等不正当手段取得行政许可的,应当予以撤销。"第22条规定:"铁道部在监督检查时,发现铁路无线电台(站)和铁路通信频率直接影响铁路行车安全的,监督检查人员有权责令停止建造、安装和使用,并责令立即改正。"

4. 对铁路机车车辆设计、制造、维修、进口许可的监管

《铁路机车车辆设计制造维修进口许可办法》第20条规定:"型号合格证有效期为长期。制造、维修、进口许可证有效期为5年。有效期届满后,被许可企业需要延续已取得的行政许可证书有效期的,应当在有效期

届满 60 个工作日前向国家铁路局提出申请。"第 21 条规定："在行政许可证书有效期内,被许可企业名称或者制造、维修地址名称发生变化的,企业应当自变化事项发生后 30 个工作日内向国家铁路局提出变更申请,变更后的行政许可证书有效期不变。"第 22 条规定："变更制造、维修地址造成制造、维修许可条件发生变化的,被许可企业应当重新申请取得制造、维修许可。已取得型号合格证的产品发生重大变化时,应当重新申请取得型号许可。"第 23 条规定："国家铁路局及其铁路监督管理机构应当对被许可企业实施监督检查,监督检查时被许可企业应当配合检查并按要求提交相关材料。取得制造、维修许可证的企业应当按年度向国家铁路局提交企业产品质量管理及售后服务情况自查报告。"

《铁路机车车辆设计制造维修进口许可实施细则》第 31 条规定："国家铁路局制定年度监督检查计划,对被许可企业每 5 年按规定监督检查 1 次,通过随机摇号方式确定受检企业。当企业产品质量异常波动或连续出现故障时,可将该企业及时列入监督检查计划。企业获得设计、制造、维修等多种许可的,监督检查内容可合并进行。"第 32 条规定："国家铁路局应重点监督检查被许可企业以下情况:(一)持续满足取证条件情况;(二)质量管理体系有效运行情况;(三)专业技术人员情况;(四)设施、设备等生产能力情况;(五)技术管理情况;(六)产品质量情况;(七)售后服务情况。"第 33 条规定："取得制造、维修许可证的企业应当保证持续满足取证条件,保证产品质量稳定合格。自取得制造、维修许可证之日起,企业应当按年度向国家铁路局提交企业产品质量管理及售后服务情况自查报告(次年一月提交)。企业自查报告应当包括以下内容:(一)取证条件的保持情况;(二)企业名称、地址名称等基本信息变化情况;(三)企业生产状况及产品变化情况;(四)企业开展被许可业务情况及证明材料;(五)质量管理体系运行情况;(六)产品质量情况;(七)售后服务情况;(八)企业应当说明的其他相关情况。"

5. 对铁路运输企业的监管

《铁路运输企业准入许可办法》第 23 条规定："监督检查可以采取下列措施:(一)进入被许可企业有关部门、生产营业场所;(二)询问被许可企业有关工作人员,要求其对检查事项作出说明;(三)查阅、复制有关文件、资料;(四)纠正违反法律、法规、规章及有关标准、规范的行为。"第 24

条规定:"被许可企业应当于每年3月31日前,将上一年度企业运输年度报告报国家铁路局备案。运输年度报告备案内容主要包括本企业运输业务及公益性运输完成情况、运输安全状况及其他许可条件保持情况等。"第25条规定:"被许可企业不得涂改、倒卖、出租、出借或者以其他形式非法转让铁路运输许可证。"

《铁路运输企业准入许可实施细则》第29条对监督检查可以采取的措施补充了"要求被许可企业报送有关文件、资料""对违反法律、法规、规章及有关标准、规范的行为,予以纠正或者要求限期改正""对依法应当给予行政处罚的行为,依照规定作出行政处罚决定"三项规定。

(二)被许可人的信息披露义务

从上述规定可以看出,监管机构对被许可人的监管在很大程度上依赖被许可人所提供的信息,监管的有效性取决于监管主体对被监管主体的信息掌握程度,因此,应当确保监督机构获得信息的渠道和途径畅通、便捷、低成本。《行政许可法》第61条规定:"行政机关应当建立健全监督制度,通过核查反映被许可人从事行政许可事项活动情况的有关材料,履行监督责任。行政机关依法对被许可人从事行政许可事项的活动进行监督检查时,应当将监督检查的情况和处理结果予以记录,由监督检查人员签字后归档。公众有权查阅行政机关监督检查记录。行政机关应当创造条件,实现与被许可人、其他有关行政机关的计算机档案系统互联,核查被许可人从事行政许可事项活动情况。"这一规定不仅创新了政府获取被许可人信息的方式,同时规定了公众的知情权,从技术手段上予以保障。

(三)行政许可的注销

在关于铁路行政许可的审批、许可办法或实施细则中均可见到以下规定:"有下列情形之一的,国家铁路局应当依法办理有关行政许可的注销手续:(一)行政许可有效期届满未延续的;(二)被许可企业依法终止的;(三)行政许可依法被撤销,或者行政许可证件依法被吊销的;(四)因不可抗力导致行政许可事项无法实施的;(五)法律、法规规定的应当注销行政许可的其他情形。"该规定的依据是《行政许可法》第70条。行政许可的注销是行政机关对被许可人的监管在程序上的终点,也是行政许可依法被撤销或者被吊销行政许可证的法律后果。

第四节　问题与反思

本章主要梳理了现行法律、规章制度在对铁路行政许可的设定的监管、对铁路行政许可实施主体的监管、对铁路行政许可被许可人的监管方面的各项规定。

对铁路行政许可的设定的监管属于行政立法监管,《行政许可法》对此方面的规定比较完善。在铁路行政许可法律制度中,应当加强与《立法法》《行政复议法》《行政诉讼法》等法律的衔接。

对铁路行政许可实施主体的监管是行政法制监督的重要内容,主要指国家权力机关、国家司法机关、专门行政监督机关及国家机关系统外部的个人、组织依法对行政主体及其公务员、其他行政执法组织和执法人员行使行政职权行为和遵纪守法行为的监督。行政许可的实施主体应对其行政行为的合法性负责。国家铁路局实施行政许可的行为应当严格依据法律规定的条件、范围和程序。现行《行政许可法》和国家铁路局的相关行政许可实施程序办法虽然对公务人员的公职活动作了比较全面的禁止性规定,但是不够精细化,并且缺乏执行的力度。

对铁路行政许可被许可人的监督职责主要由铁路行政许可的实施主体承担。对被许可人的监督必须严格依据法律、法规的规定,保障市场安全与秩序,同时必须贯彻简政放权的原则,释放市场活力,实施科学、合理、有效的监管。在信息化时代,对被许可人的监管应当充分利用互联网的便捷、高效,节约监管成本,减轻企业负担,提高行政效率。企业主体不应当被要求提供对于监管不必要的信息,现行规章制度在此方面需要进行精简。

第六章 铁路行政许可的法律责任

铁路行政许可权作为一项关系公共安全、人身健康及生命财产安全的权力,是关乎公民切身利益的重要权力。在我国,《立法法》《行政许可法》均对行政许可有明确的规定。《铁路法》及国务院颁布的《铁路安全管理条例》是目前整个铁路行政许可体系的重要法律、行政法规,是具体针对铁路行政许可权的法律规定。但是,相关的部门规章中对铁路行政许可权的规制随着社会、经济的发展暴露出很多不足与缺陷,并且没有完整的铁路行政许可法律责任体系。虽然《行政许可法》对铁路行政许可制度作了原则性的规定,但这种规定较为笼统和不完善,难以达到完善规制铁路行政许可权的法律效果,这种情况将会损害公共安全、公民的合法权益,阻碍社会、经济的发展。权力机关有了铁路行政许可,必然需要相应的法律责任的规制。完善铁路行政许可的法律责任,一方面有助于完善我国的法律责任体系,另一方面也有利于对铁路行政许可的设定和实施加强制约。

法治国家的最重要的指标之一是依法行政,而依法行政的最重要的指标之一是行政主体行使职权在实体上、程序上有法可依,行政主体实施行政行为遵循和符合体现公开、公正、公平的正当法律程序,承担行为所引发后果的法律责任。

本章将在阐述法律责任基本原理的基础上,结合目前铁路行政许可的6项许可项目,分析铁路行政许可法律责任的具体含义、构成、类型。然后以主体分类为基础,以实施过程为线索,以具体责任形式穿插其中的方式对具体的铁路行政许可法律责任展开叙述,同时指出我国目前立法的不足之处,如在铁路行政许可法律责任的规定上,现有法律规定简单而不足,行政机关及行政机关工作人员的法律责任不明确,最终得出结论:草拟一部统一的铁路行政许可法或条例可以完善目前的铁路行政法律责任体系,明确铁路行政许可法律责任的范围、具体责任形式、责任后果等。完善铁路行政许可法律责任不仅是法治精神的要求,也是我国政治、经济和社会发展的必然选择。

第一节　铁路行政许可法律责任概述

法律责任的基本原理是铁路行政许可法律责任的基础,对法律责任原理的阐述有利于对铁路行政许可法律责任展开论述,为在逻辑层面和规范层面打通铁路行政许可法律责任制度的脉络,分析一个逻辑自洽的铁路行政许可法律责任机制,有必要从其本源概念及对法律责任的内涵及特点着手,并以其下位概念及对铁路行政许可法律责任的分析为重点,结合铁路行政许可的特殊性来研究。

一、法律责任与铁路行政许可法律责任分析

社会生活中,任何人都必须对自己的行为负责,这是一个社会现实秩序状态的基本要求。无论是公民个人、社会组织,还是国家机关,都毫无例外,因为它是一个社会赖以存在的基本条件。责任的含义比较复杂,通常的含义有两种:一是应做的分内之事,从某种角度、某种标准,人们应该从事某种行为,如道义责任、政治责任、岗位责任等;二是没有做好应该做的事,要承担的某种后果。从这个角度看,法律责任应该属于后者,所谓法律责任就是行为主体因为违法行为或违约行为,或仅仅由于法律规定而应承担某种不利的法律后果。① 从责任承担的角度看,法律责任是指,行为主体因违反法律义务的事实而应当承受的由专门国家机关依法确认并强制其承受的合理的负担。② 按照法律责任的内容不同,可以将责任分为民事法律责任、刑事法律责任和行政法律责任。相对来说,行政法律责任在行政法中的地位不如前两种责任形式在各学科领域受到的重视程度强,研究的成果亦没有前两者那样成熟和精细。按照私法责任和公法责

---

① 定义采用的是一种"后果说",凯尔森认为:"一人在法律上对一定行为负责,或者他在此承担法律责任,意思就是,如果作相反的行为,他应受到制裁。"参见〔奥〕凯尔森:《法与国家的一般理论》,沈宗灵译,中国大百科全书出版社1996年版,第73页。

② 这种定义采用的是"负担说",参见肖金明主编:《行政许可要论》,山东大学出版社2004年版,第284页。本书对铁路行政许可法律责任的阐述采用的是"负担说"。

任的不同逻辑,民法领域和刑法领域均已形成成熟的责任体系,而在行政责任领域远不及另两大领域。我国现行铁路行政许可法律责任就是在行政责任创制不足的情况下产生的,有着先天的不足之处。因为如此,在责任政府的理念下,研究铁路行政许可法律责任的重要性就更为凸显。

在《行政许可法》出台前,行政许可的设定机关在设定行政许可时不需要承担任何法律责任,直接导致行政许可的泛滥。《行政许可法》出台后,该法中设专章明确规定了相应的法律责任。《行政许可法》规定法律责任,对于立法目的——规范行政许可的设定和实施,保护公民、法人和其他组织的合法权益,维护公共利益和社会秩序,保障和监督行政机关有效实施行政管理——之实现具有十分重要的法律意义和社会意义。具体到铁路行政许可领域,法律责任该如何确定,法律责任体系该如何建立,仍应遵循法律责任的基本原理,并结合铁路行政许可的特殊性。

(一)法律责任的特点

1. 法律责任以违反法律义务为前提

对于法律义务,可以从多个角度认识违反法律义务的行为。如违反法律义务包括违反法定义务和约定义务;违反法律义务包括违反必须积极作为的义务以及违反必须消极不作为的义务;违反法律义务包括直接违反义务和不适当地履行义务、职责。在有些法律关系中可以表现为职责,即国家机关及其公职人员的义务。由于违反法律义务的性质和危害不同,违法者所承担的法律责任形式也不同,如刑事违法承担刑事法律责任、民事违法承担民事法律责任、行政违法承担行政法律责任、违宪承担违宪法律责任等。完善的法律体系要求对每种违反义务的行为都设定相应的、可操作的、适当的法律责任,避免只规定义务而不规定相关责任的状况。责任与权利、义务的统一性,从侧面说明了法律的国家强制性。

2. 法律责任表明侵害行为的应受谴责性

违法行为的应受谴责性是联系违反义务与不利负担的中介。行为的应受谴责性是责任的核心概念,它基于义务的违反,又是确定不利负担的基本依据,三者有前后相继的连贯性。三者相适应才能达到法律责任的功能,即谴责或惩罚已发生的损害行为,或补偿已发生的损害,又或预防新的损害与违法行为的发生。应受谴责性是对义务违反的反映,也是衡量行为人过错的性质及程度的基本范畴,法律义务性质和义务违反程度的不同,行为受到谴责的性质和程度也不同。

3. 法律责任是一种不利负担

法律责任对于担责主体而言是一种不利负担,即要使担责主体承担一定的损害或损失。但承担这种不利负担,正好表明国家和法律对这种行为的一种立场,即这种行为是被国家和法律否定并谴责的。这种负担有时表现为必须继续履行已有的义务,有时表现为要对已经造成的损失予以赔偿或者补偿,有时则表现为接受由国家所施加的人身惩罚。

(二)法律责任的分类

可以从不同的角度对法律责任作出不同的分类。从法律责任所涉及的法律关系的不同特点,将法律责任分为违宪责任、行政法律责任、刑事责任、民事责任等。这样分类能让我们更加全面地了解法律责任的种类,在铁路行政许可法律责任中多为行政法律责任和刑事责任。

1. 违宪责任

违宪责任是一种特殊的法律责任,它是指国家机关及其工作人员、各政党、社会团体、企事业单位和公民的言论或行为违背宪法的原则、精神和具体内容所应承担的不利负担。违宪通常是指有关国家机关制定的某种法律、法规和规章,以及国家机关、社会组织或公民的某种行为与宪法的规定相抵触。

2. 行政法律责任

从广义上说,行政法律责任指行政法律关系主体由于违反行政法律义务而应当承受的法律上的不利负担。行政法律责任的种类分两种:一是制裁性责任,包括通报批评,没收、追缴或责令退赔违法所得,行政处分;二是补救性责任,包括赔礼道歉、恢复名誉、返还权益、履行职责、撤销违法决定、行政赔偿。行政法律责任必须由有关国家机关依照行政法律规范,包括实行规范和程序规范所规定的条件和程序予以追究。本章中所述的铁路行政许可法律责任多数为行政法律责任。

3. 刑事责任

刑事责任是指行为主体违反刑事法律义务而引起的,由国家强制实施的,体现行为人应受谴责性的刑事负担。刑事责任是最严厉的一种责任形式,体现国家、社会对一定行为及相应行为人人格的最强烈谴责,它集中体现为一种道义性惩罚,通过惩罚犯罪表达社会正义观念、恢复社会秩序。本章中所述的铁路行政许可法律责任严重时常上升为刑事责任。

4. 民事责任

民事责任是指行为主体违反民事义务所应承担的不利负担。民事责任是保障民事权利和民事义务实现的重要措施,是民事主体因违反民事义务所应承担的民事法律后果,它主要是一种民事救济手段,旨在使受害人被侵犯的权益得以恢复。

(三) 法律责任的构成要素

法律责任的构成要素,说明的是在什么情况下,具备了什么样的条件或状况才能追究一个担责主体的法律责任。法律责任的构成要素同样也适用于对铁路行政法律责任的分析,可以从如下五个方面加以考虑。

1. 责任主体

责任主体是指因为违反法律义务或者出现特定法律事实而应当承担法律上不利负担的人。这里的人,包括自然人、法人或者其他社会组织(如非法人组织、国家等)。就自然人而言,承担法律责任的主体应该是达到法定责任年龄、具有法律责任能力的主体。如果没有达到法定责任年龄或者不具有法律责任能力,即便其行为违法并造成损害,也不能承担相应的法律责任。法人承担法律责任的情形,在我国刑法、民法通则中都规定了法人可以成为刑事责任、民事责任和行政法律责任的主体。除此以外,非法人组织包括个体工商户、农村承包经营户、合伙组织、法人分支机构和其他组织等也可以作为责任主体。

2. 违反法律义务的行为

违反法律义务的行为包括违法行为和违约行为。违法行为是指违反法律所规定的义务、超越权利的界限行使权利以及侵权行为的总称,一般认为违法行为包括犯罪行为和一般违法行为。违约行为一般为违反合同的行为。违反法律的行为必须表现为人的外在活动,单纯的思想意识活动不能构成违法行为。有一些特殊的法律责任,是基于一定法律事实而产生,并不以违反法律义务为前提。

3. 损害结果

损害结果是违法行为侵害社会或他人的合法权利和利益所造成的损失和伤害。损害结果包括人身伤害和财产损失,可以是直接结果,也可以是间接结果。损害结果在多数时候与侵害行为是可以分离的,但有时是不分离的,即行为本身就意味着一种现实的社会损害。

4. 过错

过错是责任主体在实施侵害行为时的一种主观心理状态。一种侵害行为之所以受到法律的谴责和非难,是因为侵害人在能够遵守法律义务时却选择了违反义务,这种违反法律义务的心理状态就是一种过错。过错一般划分为故意和过失两类。故意是明知自己的行为会发生危害社会或者他人利益的结果,并希望或者放任这种损害结果发生的心理心态。过失是指应当预见自己的行为可能发生危害社会或者他人利益的结果,因为疏忽大意而没有预见,或者已经预见但是轻信能够避免,以致发生这种损害结果的心理状态。不同的部门法中,对过错程度的具体要求不同,其中以刑法中的过错形式和程度对于责任的影响最为显著。在现代法律责任体系中,出现了一种特殊的法律责任,即无过错责任,即法律责任的构成不需要考量责任主体的主观过错,只要存在损害行为和损害后果以及二者之间有因果关系,就可以构成无过错责任。

5. 因果关系

因果关系即行为与损害之间的因果关系,它是存在于自然界和人类社会中的各种因果关系的特殊形式,是一种引起与被引起的关系。因果关系对于确定行为主体、认定责任主体和决定责任范围等都具有重要意义。① 关于不同法律责任的因果关系有着不同的标准,应当结合各部门法的具体特点具体认定因果关系。

(四)铁路行政许可中的法律责任

铁路行政许可的法律责任原理来自法律责任的原理,依责任形式划分,包括补正责任、履行责任、纠正责任、行政处分、行政处罚、行政赔偿、刑事责任。补正责任适用于行政机关作出的铁路行政许可决定或铁路行政许可相对人的许可申请有程序瑕疵的行为。履行责任适用于铁路行政机关实施行政许可时的不作为行为。纠正责任适用于铁路行政机关实施行政许可违法,并且该行为已经造成违法后果,铁路行政机关负有使其恢复合法状态的义务。行政处分是一种纪律责任,适用于

---

① 参见朱景文主编:《法理学》(第3版),中国人民大学出版社2015年版,第337页。

铁路行政机关工作人员实施行政许可过程中的所有违法行为、不当行为和不作为,由铁路行政机关、行政机关的上级机关及监察机关作出。行政处罚适用于铁路行政许可相对人通过违法但不构成犯罪手段获得行政许可的情况。铁路行政赔偿适用于行政机关及其工作人员因违法实施行政许可侵犯自然人、法人或者其他组织的合法权益的情形。刑事责任适用于行政机关及其工作人员违法实施行政许可构成犯罪或行政许可相对人通过违法手段以求获得行政许可构成犯罪的情形。依《行政许可法》的规定,法律责任的形式主要有责令改正、依法撤销、行政处分、行政赔偿、追究刑事责任等。

二、铁路行政许可法律责任的解读

从法律责任的基本原理的阐述到铁路行政许可法律责任的分析,主要在于铁路行政许可法律责任的特殊性。通观铁路行政许可法律责任制度全局,不难发现,与源远流长的法治学说相伴而生的社会契约理论、人民主权理论、权责统一理论、行政法治理论以及道德指引等理论即铁路行政许可法律责任的法理根基所在。铁路行政许可法律责任,即铁路行政许可主体因违反法律规定的义务而由专门国家机关依法确认并强制其承受一定法律负担从而使受到损害的法律关系得以恢复和平衡。铁路行政许可法律关系中包括两方,一方是作出铁路行政许可的国家机关,另一方是铁路行政许可相对人。铁路行政许可法律责任是在双方之间产生的,与一般的法律责任主体的不同在于,铁路行政许可法律责任的双方中有一方必然是国家机关。不论铁路行政许可法律责任体系是否完善,我们均应从现实情况入手,然后再分析具体构成及分类。

(一)我国目前铁路行政许可法律责任体系现状

目前,关于行政许可的法律责任由《行政许可法》第七章"法律责任"专章予以规定。[①] 关于铁路行政许可法律责任的现状,详见表6-1:

---

① 我国现行《行政许可法》第七章从第71条至第81条,共计11条规定了相应的法律责任。

表 6-1 铁路行政许可法律责任条款

序号	铁路行政许可项目名称	设定依据	具体实施规定颁布的时间、主体、名称	法律责任条款数量
1	铁路运输基础设备生产企业审批	《铁路安全管理条例》（国务院令第639号）第22条:"生产铁路道岔及其转辙设备、铁路信号控制软件和控制设备、铁路通信设备、铁路牵引供电设备的企业,应当符合下列条件并经国务院铁路行业监督管理部门依法审查批准……"	时间:2013年12月23日 主体:交通运输部 名称:《铁路运输基础设备生产企业审批办法》	3条
2	铁路机车车辆驾驶人员资格许可	《铁路安全管理条例》（国务院令第639号）第57条:"铁路机车车辆驾驶人员应当参加国务院铁路行业监督管理部门组织的考试,考试合格方可上岗。具体办法由铁路行业监督管理部门制定。"	时间:2013年12月24日 主体:交通运输部 名称:《铁路机车车辆驾驶人员资格许可办法》	7条
3	铁路无线电台设置审批及电台频率的指配	《中华人民共和国无线电管理条例》（国务院、中央军事委员会第672号令）第12条:"国务院有关部门的无线电管理机构在国家无线电管理机构的业务指导下,负责本系统(行业)的无线电管理工作,贯彻执行国家无线电管理的方针、政策和法律、行政法规、规章……"	时间:2005年1月13日 主体:原铁道部 名称:《铁路无线电台站设置和频率使用审核办法》	3条

（续表）

序号	铁路行政许可项目名称	设定依据	具体实施规定颁布的时间、主体、名称	法律责任条款数量
4	铁路车站和线路命名、更名审批	《地名管理条例》（国发〔1986〕11号）第6条："地名命名、更名的审批权限和程序如下：……（五）各专业部门使用的具有地名意义的台、站、港、场等名称，在征得当地人民政府同意后，由专业主管部门审批……"	无	无
5	铁路运输企业准入许可	《国务院对确需保留的行政审批项目设定行政许可的决定》（国务院令第412号）附件第131项"铁路运输企业设立、撤销、变更审批"。	时间：2017年9月29日 主体：交通运输部 名称：《铁路运输企业准入许可办法》	5条
6	铁路机车车辆设计、制造、维修或进口许可	《铁路安全管理条例》（国务院令第639号）第21条第1款："设计、制造、维修或者进口新型铁路机车车辆，应当符合国家标准、行业标准，并分别向国务院铁路行业监督管理部门申请领取型号合格证、制造许可证、维修许可证或者进口许可证，具体办法由国务院铁路行业监督管理部门制定。"	时间：2013年12月24日 主体：交通运输部 名称：《铁路机车车辆设计制造维修进口许可办法》	3条

(续表)

序号	铁路行政许可项目名称	设定依据	具体实施规定颁布的时间、主体、名称	法律责任条款数量
7	铁路工程建设消防设计审批	《国务院对确需保留的行政审批项目设定行政许可的决定》(国务院令第412号)附件第116项"铁路工程建设消防设计审批"。	时间:2009年5月19日 主体:原铁道部 名称:《铁道部关于印发铁路消防管理办法的通知》	3条
8	铁道固定资产投资项目审批	《国务院关于发布政府核准的投资项目目录(2016年本)的通知》(国发〔2016〕72号):"新建(含增建)铁路:列入国家批准的相关规划中的项目,中国铁路总公司为主出资的由其自行决定并报国务院投资主管部门备案,其他企业投资的由省级政府核准;地方城际铁路项目由省级政府按照国家批准的相关规划核准,并报国务院投资主管部门备案;其余项目由省级政府核准。"	无	无

通过表6-1可以看出,目前的铁路行政许可法律责任有四个方面的情况:第一,现有的铁路行政许可事项共计8项。该8项行政许可难以涵盖铁路运营工作的方方面面,虽然政府的理念是"简政放权",但是铁路运营关系着公共安全、人身健康及生命财产安全,如果不加以规范和管理,将对整个社会、经济带来一定的影响。第二,关于法律责任的规定较少。8项行政许可中,其中四项由交通运输部颁布的审批、许可办法和2项由原铁道部颁布的审核、管理办法,还有2项没有具体许可办法,8项关于法律责任的规定共计24条,平均每项不超过3条。6部办法的上位法是《行

政许可法》《铁路安全管理条例》及《中华人民共和国消防法》,除此之外可依据的法律、法规较少。尽管主管部门制定发布了《铁道部行政许可实施程序暂行规定》等 6 个行政许可配套制度和《铁路机车车辆设计生产维修进口许可管理办法》等 21 个行政许可实施办法,各铁路管理机构也都制定了行政许可工作程序①,但是,8 项铁路行政许可中有 2 项连具体的许可办法都没有,其他 6 项中只有 5 项有实施细则,但即使有实施细则的许可项目,每项许可办法的全部规定均未超过 50 条(《铁路消防管理办法》共有 98 条,关于铁路工程消防的内容只有 10 条),具体到法律责任条款,更是杯水车薪。第三,现行有效的部门规章中,颁布部门规章的主体已经被撤销。例如,在铁路无线电台设置审批及电台频率的指配这一铁路行政许可项目中,关于法律责任的规定仅在原铁道部颁布的《铁路无线电台站设置和频率使用审核办法》第 21 条予以规定。② 众所周知,铁道部已于 2013 年 3 月 16 日撤销,而该项铁路行政许可事项一直沿用已经被撤销的行政主体颁布的部门规章,这不符合依法行政、责任行政的原则。第四,每项铁路行政许可所依据的法律责任条款不统一、规定偏少,甚至有一项铁路行政许可事项无具体的实施依据。③ 关于铁路行政许可法律责任的规定没有在许可办法中作为单独的章节予以规定,即使在现有的责任体系中,相关的规定也显得不足。

(二)构成要件的特殊性

理清权利义务体系是分析铁路行政许可法律责任的前提,每一个铁路行政许可法律责任的产生即是无视义务的存在或对义务的违反而形成的。在铁路行政许可领域,行政主体承载着社会管理与服务的综合职能,其与行政相对人各自有着不同的权利和义务,铁路行政许可主体的权力既是一种职权又体现为职责,呈现权利义务为一体的特征。而行政相对

---

① 参见田根哲:《加强铁路法制建设 促进铁路跨越式发展》,载《中国铁路》2006 年第 8 期。

② 《铁路无线电台站设置和频率使用审核办法》第 21 条规定:"铁道部可对被许可人采用的无线通信设备进行抽样检查、检验、检测,不合格的,责令被许可人限期改正。在规定期限内仍未改正的,应当撤销行政许可。被许可人以欺骗、贿赂等不正当手段取得行政许可的,应当予以撤销。"

③ 关于铁路车站和线路命名、更名审批的铁路行政许可,没有具体的许可办法,只能参照国务院 1986 年颁布的《地名管理条例》。

人凭借法规的授权性规定或铁路行政许可主体的授益行为获得权利,基于法规的禁止性规定产生义务或因授益行为的公益性而产生附随义务,其权利的保障和实现又依赖于铁路行政许可主体职责的履行。铁路行政许可法律责任的设定在于追究法律责任,保障相关主体的合法权利,维护法律所调整的社会关系和社会秩序,其作用在于:一是惩罚与教育。违反法律,侵害权利,法律给予否定性评价,其中包含有惩罚成分,即强制因素,也含有教育惩罚,即说理因素,责任追究过程也是一个说理过程,其结论有正当理由的支持。二是通过惩罚与教育,达到预防违法的目的。预防有特别预防和一般预防,既预防违法行为人再次违法,也起到一般预防的作用。三是救济和恢复,救济被违法行为人侵害的合法权利,恢复被违法行为破坏的社会关系和社会秩序。

对构成要件的分析是探讨法律责任的逻辑起点,对铁路行政许可法律责任的分析亦不例外。对铁路行政许可法律责任构成要件的分析,应专注于铁路行政许可活动的现实而非置之于责任追究的活动中来考量。铁路行政许可作为一种授益性行政行为,其过程在法律关系的生成、演变方面表现为这样一种形式:自由——禁止(公权力的作用)——许可(公权力的作用)——自由的恢复。[①] 即行政许可的起点在于公权力对私法自治领域的普遍禁止,以此划定公权力涉猎的治理范围和前提,公权力的第二次作用即是将对社会普遍禁止的事项或资源转化为对特定个人或团体的权利赋予,以此创设公法上的权利义务关系,铁路行政许可法律责任即产生于公权力作用的铁路行政许可设定过程和实施过程,以及对前述行为进行监管的过程中。设定普遍性禁止义务表现为公权力职权的运用,并产生了行政相对人不作为的消极义务,解禁的过程则是创设行政主体具体职权与行政相对人公法上的请求权等一系列权利义务的过程,这是铁路行政许可法律责任产生义务的前提。铁路行政许可作为传统依法行政下产生的行政方式之一,其实现的过程首要且必须要受到行政法律规范的调整和约束,因此违法行为成为责任起因之一。在违法行为前提确定的基础上,铁路行政许可法律责任构成要件除去责任主体和责任起因外,还包括损害结果与因果关系两个要素。也就是说,上述行为未能实

---

① 参见刘恒主编:《行政许可与政府管制》,北京大学出版社2007年版,第2页。

现和维护行政相对人合法权益,给行政相对人造成了实际的损害,同时这种不利后果与行为之间有直接的因果联系,即不利后果是由上述行为直接造成的。铁路行政许可法律责任的具体构成:

1. 责任主体

在铁路行政许可法律责任中,责任主体可能是行政主体一方,也可能是行政相对人。例如,在铁路运输基础设备生产企业审批这一行政许可中,一方行政主体是国家铁路局,另一方行政相对人是在中华人民共和国境内生产铁路运输基础设备的企业。其法律依据的来源是《铁路安全管理条例》第22条的规定:"生产铁路道岔及其转辙设备、铁路信号控制软件和控制设备、铁路通信设备、铁路牵引供电设备的企业,应当符合下列条件并经国务院铁路行业监督管理部门依法审查批准……"在铁路行政许可的实施、监管过程中,行政主体及行政相对人都可能因其违反法律义务的行为而承担相应的行政许可法律责任。由此可见,责任主体的一方必然会有行政主体,责任的产生必然是在形成行政法律关系的过程中。

2. 违反法律义务的行为

违反法律义务的行为是构成铁路行政许可法律责任的前提条件。对于行政主体一方来说,行政主体及其工作人员必须依照法律规定行使行政职权和履行职责,一旦这些主体在行使行政职权过程中不履行或者不正确履行法定的职责或者在客观上违反了法律上确定的义务,即构成行政违法或者行政不当,此种情况下行为主体就要承担相应的法律责任。对于行政相对人来说,应当依照法律的规定申请铁路行政许可,当行政相对人在申请过程中及实施过程中有隐瞒相关情况或者提供虚假材料或者有其他违法行为的,就应当承担相应的法律责任。在法律责任的构成要件分析中,我们可以看到法律责任的构成可能是违反法律义务的行为,也可能是违约行为。但是在铁路行政许可的法律责任中,一定是违反法律义务的行为,这一点是与铁路行政许可的性质相关的。

3. 损害结果

损害结果这一条件在铁路行政许可法律责任中相对复杂,因为损害结果是相对于法律责任的性质来说的。铁路行政许可法律责任中,假使因为某一项行政许可不符合法定条件而被赋予行政许可的资格,这一错误行为所能造成的法律后果难以估计,因为铁路行政许可关系着公共安全、人身健康及财产安全。损害结果中,如果因行政主体的违法行为而需承担相应的行政责任,造成的损害结果可能要轻于因行政主体或行政相对人的违法行为需要承担的相应的刑事责任。

4. 过错

从法理学上讲,责任的构成要件一般都需要具有过错要件。当然,对不同的违法主体、不同的违法行为,过错的要求是不同的,正如德国法学家耶林所言,"不是损害而是过错使侵害者负有赔偿义务",过错是违法者承担责任的基础,铁路行政许可法律责任的特点在于只要发生违法或者不当行为,责任追究无须主动证明行为人主观过错的有无,过错的有无由违法或者不当行为所产生的状态进行推定,但是不能因此就否认过错作为责任要件的地位,因为推定过错只是判断有无过错的一种方法,只要违法者能够证明自己没有过错,一般情况下,可能无须承担行政责任,但由此产生的民事责任仍需要承担。

5. 因果关系

在铁路行政许可中,责任方承担法律责任的依据是法律规定,没有法律规范的规定,也就无法认定因果关系。法律责任是一项法律制度,其性质、内容、范围、条件、种类、限制、确认、程序、执行由法律所规定,它是一种由法律产生并依照法律展开的机制,缺乏法律规范,法律责任无从谈起,至多只是一种道义责任。

(三) 分类

为清晰和细致地界定违反铁路行政许可前提义务的各种行为及其应承担的法律后果,进行分类研究是进入铁路行政许可法律责任体系内部的不错选择。铁路行政许可的法律责任是一个多元化的范畴,选择恰当的分类标准来契合研究径路是首要任务。铁路行政许可法律责任按照不同的标准大致有以下四种。

(1) 从主体上看,可将铁路行政许可法律责任分为铁路行政许可主体及其公务员的法律责任与行政相对人的法律责任。行政主体的法律责任是外部责任追究方式,其主要形式是补正、改正、撤销等行政方式。行政机关公务人员的法律责任是由公务人员的过错所导致的内部责任追究方式,其责任形式主要是行政处分,甚至上升到刑事责任。行政相对人可能因为隐瞒真实情况、伪造资料或其他违法行为被追究刑事责任。

（2）从过程上看,可将铁路行政许可法律责任分为铁路行政许可设定中的法律责任、铁路行政许可实施中的法律责任、铁路行政许可监管中的法律责任。其中设定过程产生的是抽象行政行为的法律责任,这是铁路行政许可法律责任的一大特色,而许可实施和监管过程中产生的多是具体行政行为的法律责任。在具体行政行为中产生的法律责任多为行政责任和刑事责任。

（3）从责任的形式上看,可将铁路行政许可法律责任分为补正责任、履行责任、纠正责任、行政处分、行政补偿、行政赔偿、刑事责任等类型。如果说民事责任是一种财产责任,刑事责任是一种人身责任,那么铁路行政许可法律责任体现的则是一种兼具人身性和财产性的综合责任。从现行的铁路行政许可中看,法律责任主要为行政责任和刑事责任。

（4）从行为性质上看,可将铁路行政许可法律责任分为违反铁路行政许可义务规范引发的法律责任和特定法律事件引起的行政补偿责任,前者又可分为作为和不作为的责任。对于作为和不作为责任的区分主要是针对行政主体一方而言的,行政相对人在铁路行政许可的实施过程中也有作为的义务,一旦违反也应当承担相应的法律责任。

同时,在铁路行政许可设定、实施和监管过程中,行政主体对铁路行政许可资格的确定、对行政相对人的选择、对铁路行政许可实施条件的认定等事实皆拥有自由裁量的空间,这也是现代行政权力扩张致使自由裁量权使用机会日益增多的必然后果。在这一过程中,不可避免地会产生法律责任,总之,在以行政相对人权益实现和维护为前提构建的铁路行政许可法律责任制度中,随着现代行政职能的扩张与多元化行政方式的出现,铁路行政许可中的行政主体与行政相对人的权利义务体系即行政法律责任发生的义务总量和内容不断充实、变化和调试,对铁路行政许可法律责任的研究亦会是一个开放和包容的范畴,行政违法行为、行政不当行为、违约行为以及特定法律事件仅是对既存条文和现实的归纳,不足以涵盖其全部内容。

从上述几点分析可以看出,铁路行政许可法律责任体系的薄弱,颁布一部统一的铁路行政许可法或条例,建立一个完整的法律责任体系任重而道远。下文将摆脱实体法的不足,进一步探讨铁路行政许可法律责任的具体类型,本书将选择以主体分类为基础,以实施过程为线索,以具体责任形式穿插其中的方式展开叙述,希望能对建立完整的铁路行政许可法律责任体系有一定的益处。

第二节 铁路行政许可机关及工作人员的法律责任

权力一旦失去制约就容易导致恣意扩张,腐蚀败坏,因而权力需要制约。历史实践证明,制约权力的唯一有效防范就是以法律的形式为权力的行使设定规则,并凭借国家强制力迫使违规者承担相应的法律责任。在铁路行政许可法律关系中,行政主体在权责一致的要求下承担着规范、良好实现许可活动的职责,并以此对应和保障铁路行政相对人合法权益的实现,行政相对人仅因铁路行政许可的公共性而被给予相应的附随义务。相比而言,铁路行政主体职责在铁路行政法律观的义务体系中更为凸显和重要,铁路行政主体法律责任成为责任体系探讨的中心自然无可厚非,这亦是权力与责任同在之法治原则的根本要求。同时,抽象的铁路行政许可设定、实施、监管权必须由具体的个人来行使,铁路行政许可活动中,公务人员实则与国家建立起一种行政职务关系,其实质体现为:公务人员基于他的行政职务而与国家构成的权利和义务关系。①

我们不能期许公务人员扮演毫无自由意志的权力行使工具,在铁路行政许可实现的过程中也会因过错而"失责"。由于其仅是权力运行的载体而非权力主体,不会因其过错直面行政相对人,仅需对权力机关承担内部责任,但这并不妨碍将此内部责任置于法律规范的调整中使之上升为法律责任。本节将铁路行政机关分为设定、实施、监管三个阶段具体分析相应的法律责任,其中穿插公务人员的法律责任,最后提出具体的建议与设想。

一、铁路行政许可设定主体的法律责任

铁路行政许可的设定是国家机关依照法定权限和法定程序创设行政许可规范、领域以及具体类型的活动,科学合理的铁路行政许可设定即是

---

① 参见胡建淼:《行政法学》,法律出版社2003年版,第118页。

行政效率与社会活力间达致基本平衡的关键因素。《立法法》《行政许可法》以及一些单行法律规范对行政许可的事项范围、许可主体及权限、程序等皆作了严格的规定,违反此类规定即产生设定许可的法律责任。铁路行政许可亦是如此,铁路行政许可应当在铁路行政许可的范围内设定相应的许可,否则应承担法律责任。

(一)违法情形

第一,超越法定权限。超越法定权限可以分为两种情形:一是无铁路行政许可设定权的主体行使了许可设定权。《行政许可法》规定,只有法律、行政法规、国务院决定、地方性法规以及省级地方政府规章可以设定行政许可,除此之外,国务院部门规章以及依法不享有规章制定权的地方人民政府和其他机关的规范性文件一律不得设定行政许可,违反许可设定权限而实施的设定许可行为无效。比如国家铁路局下属的广州铁路监督管理局擅自设定铁路行政许可,而该主体无权设定许可。行政主体本身不具备这一权限而为之的行为,应当承担相应的法律责任。二是拥有铁路行政许可设定权的主体超越职权范围设定许可,原则上,对公民具有一定程度的限制,应当由法定的国家机关行使,而铁路行政许可的设定机关不应涉及此类。

第二,超越许可事项。《行政许可法》中划定了公权力行使的范围,对于可以不设定许可的事项应尽量交由社会和市场进行自主管理和控制,防止行政许可权力泛滥、市场活力不足等情形出现。在2004年国务院办公厅发布的《关于保留部分非行政许可审批项目的通知》中,对国家铁路局的铁路基本建设项目审批这一许可项目予以取消,这说明铁路行政许可的设定范围是一个动态的过程,对已经设定的许可事项,若因客观事实及条件发生变化,则应通过相应的方式予以及时清理。

第三,违反铁路行政许可设定程序。程序和公开是规范权力恣意运行的有效工具,这亦体现在铁路行政许可的设定中。设定铁路行政许可应满足两个层面的程序要求:一是法律关于行政许可设定的一般性程序要求,即作为抽象行政行为,许可的设定要满足对应行政法律规范的立法程序。二是铁路行政许可的设定还应满足与许可事项相适应的特殊程序要求,即是否需要通过听证会、论证会等各种形式,并向制定机关说明该行政许可的必要性、对经济和社会产生的影响以及听取和采纳意见的情况。

第四,铁路行政许可形式违法。有权设立铁路行政许可的机关只能遵循法定的形式要求设定许可,国务院只能颁布行政法规,交通运输部只能颁布部门规章,国家铁路局只能发布规范性文件。就铁路行政许可而言,国家铁路局可以发布关于铁路行政许可的实施细则,否则就违反了形式合法的要求。

(二)具体的法律责任

违法设定铁路行政许可将导致的后果包括:一是有权机关责令许可设定机关自行改正。追责机关包括设定铁路行政许可的上级行政机关,也包括对其享有监督权的权力机关。二是有关机关撤销违法设定许可的行政规范性文件。三是追究公务人员的责任。

(三)存在的问题

对铁路行政许可设定主体的法律责任的分析,是建立在有一部统一的铁路行政许可法或条例的基础上。对铁路行政许可设定环节的追责仍有几个问题:首先,目前抽象行政行为尚不能纳入司法审查的范围,司法权尚不能对铁路行政许可的设定进行有效规范,而仅仅依靠行政机关内部的监督系统对其追责,不足以建立切实可行的有效制约机制,尤其是在责任主体和惩罚主体合一的情形下,比赛规则的制定者和裁判者难以公正地行使权力。其次,许可设定环节的义务前提与责任体系尚不统一,使得一些违反前提义务的行为没有对应的责任形式。仅依靠责令改正和撤销文件的责任形式尚不能满足违反许可设定义务的行为要求,而在公务人员个人责任体系的建立上也出现了严重缺失。

二、铁路行政许可实施主体的法律责任

行政许可实施行为的本质表现为"公民、法人和其他组织是否符合法定权利资格和具备取得权利的条件进行审查核实后的一种结论"[1]。在铁路行政许可实施过程中,双方主体皆会因违反铁路行政许可的前提义务而导致法律责任的产生,而享有实施权的行政主体在许可活动中产生法律责任的违法情形和具体内容如下:

---

[1] 张树义主编:《行政许可法简明读本》,国家行政学院出版社2004年版,第163页。

(一)违法情形

第一,铁路行政机关实施行政许可行为违法。铁路行政机关实施行政许可行为即可能程序违法,也可能实体违法。首先,程序正当是实体公正的基本保证,对铁路行政许可的实施来说程序公正尤为重要。国家铁路运营是关系到公共安全的垄断性行业,对于铁路行政许可相对人来说,行政机关的任何程序违法行为都可能影响到其申请行政许可的后果。程序性违法的情形主要有:对符合法定条件的铁路行政许可申请不予受理;不在办公场所公示依法应当公示的材料;受理、审查、决定铁路行政许可程序中,未履行法定告知义务;未一次性告知申请人必须补足的全部内容;未依法说明不受理铁路行政许可申请或者不予铁路行政许可的理由和依据;依法应当举行听证而不举行听证;等等。其次,铁路行政许可实施行为的本质表现为公民、法人和其他组织是否符合法定权利资格和具备取得权利的条件进行审查核实后的一种结论。铁路行政许可实施机关违背审查活动的宗旨皆可归于实体违法的情形。实体性违法的情形主要有:对不符合法定条件的申请人作出准予或不准予铁路行政许可或超越法定职权作出准予或不准予铁路行政许可决定的行为;擅自取消或停止实施法定许可项目;擅自实施已取消或者停止实施的铁路行政许可项目;擅自改变已生效的铁路行政许可;等等。最后,铁路行政许可实施机关违反廉政要求的行为。原则上不允许铁路行政许可实施机关收取任何费用,只有在法律、行政法规有明确规定的情况下才可收取,如果铁路行政许可实施机关擅自收费,不按照法律、法规规定的标准收费或依法收费后不及时上交国库,皆属于违反廉政要求的行为。

第二,铁路行政机关实施行政许可行为不当。行政自由裁量权广泛且被需要地穿梭于行政行为的存续中,这是一个不争的事实,即使被当作技术程序的行政许可实施过程亦不例外。由于客观现实中铁路行政许可管理事务的多样性以及许可法律规范的抽象性、概括性,铁路行政许可的申请、审查、决定过程中行政自由裁量权的出现在所难免,即使为审查程序,行政主体也需要作出优胜劣汰的裁量。然而行政裁量权的不当行使会对行政相对人及相关人的权益造成损害。

第三,特定法律事件的出现。法律事件是产生、变更、消灭法律关系的合理原因之一,本不应导致责任后果的产生。但在公法领域,比如铁路行政许可受诚信政府与信赖保护原则的制约,由客观因素主导的法律事件会导致行政补偿责任的产生。《行政许可法》第8条第2款规定:"行政许可所依据的法律、法规、规章修改或者废止,或者准予行政许可所依据的客观情况发生重大变化的,为了公共利益的需要,行政机关可以依法变更或者撤回已经生效的行政许可。由此给公民、法人或者其他组织造成财产损失的,行政机关应当依法给予补偿。"

(二) 具体的法律责任

与违法设定铁路行政许可相比,行政主体在铁路行政许可实施过程中的违法情形更为复杂,不仅有实体违法、程序违法,也有行政不当行为等。因其导致的后果不一,有的对行政相对人产生实际的损失,有的仅对行政相对人的合法权益造成轻微影响,尚可补救。具体来说可以分为以下四类:

第一,补正责任。如果铁路行政许可实施机关作出的许可决定违反一般性程序义务,即存在程序瑕疵的情形所应当承担的责任。这种补正责任在于不直接影响铁路行政许可决定的正确性。

第二,履行责任。履行责任主要适用于铁路行政机关实施许可中的不作为行为。例如,铁路行政机关不答复是否受理许可或受理许可后不作出是否准予的决定,需要明确的是不作为仅在法律、法规明确规定的情形下才构成违法行为。

第三,纠正责任。纠正责任包括实施机关的自行纠正和铁路行政许可监管机关外部纠正两种方式。就自我纠正责任而言,实施机关负有使受到损害的法律关系恢复到合法状态的义务,且行政主体在纠正已作出的行政许可决定时,应当最大限度地使公共秩序恢复到原有的状态。就监管机关而言,可以决定撤销该铁路行政许可并要求行政主体不得再以与原决定相同的理由作出与原决定相同的行为。

第四,行政赔偿责任。铁路行政机关违法实施行政许可,给当事人的合法权益造成损害的,应当依照《中华人民共和国国家赔偿法》(以下简称《国家赔偿法》)的规定给予赔偿。行政赔偿责任作为对行政相对人或其他相关人的财产性弥补措施,可以与其他责任形式共同适用。

(三) 存在的问题

对铁路行政许可实施主体的法律责任的规定过于简单,没有一部统一的铁路行政许可法或条例,每一种法律责任都零星地存在于各个部门规章的规定之中,不足以承载铁路行政许可本身所应承担的责任。在铁路行政许可实施过程中,可能出现的违法情形前述已作了具体分析,如果仅凭几部许可办法及实施细则、几条法律责任的规定及与上位法不紧密的联系,无法满足实际的需要,一旦违法情形发生后,对违法情形的责任追究就会成为一件难事,这本身与铁路行政许可的主旨是相违背的。值得注意的是,现行的铁路行政许可法律对出现何种情形应当承担补正、履行、纠正、赔偿责任几乎没有规定。比如在铁路运输企业准入许可中,《铁路运输企业准入许可办法》中没有关于行政主体程序违法的情形及应如何承担法律责任的规定,该许可办法全文仅31条,涉及法律责任的条款仅有5条,而其中关于被许可企业的法律责任仅有1条。如此简单的规定与铁路运输企业准入行政许可实际地位不相符,更无法满足铁路行政许可实际操作中的需要。

三、铁路行政许可监管主体的法律责任

铁路行政许可的监管,是指国家铁路局对依法实施的行政许可事项进行了解、检查、监督以及纠正的活动,其法律责任即是行政主体因其实施的铁路行政许可监管行为违反铁路行政许可监管法律规定的义务,构成行政违法或行政不当,致使国家、社会或公民的利益受到损害时,承担的否定性法律后果。

(一)违法情形

第一,消极违法行为。监管主体的消极违法责任主要是针对铁路行政许可监管的不作为,即在监管过程中不依法履行监管责任,或在监管过程中发现问题不及时处理、不依法予以处理的行为。如因不依法履行监管职责,而未发现取得铁路行政许可的行政相对人已不再具备行政许可条件,或发现后仍不撤销原行政许可,造成严重后果的,均应承担法律责任。

第二,积极违法行为。监管主体的积极违法行为主要是指监管主体虽然履行了监管职责,但履行职责不符合法律规定的情形。比如监管权限违法、监管的内容违法、监管程序违法、违反廉政规定等。

(二) 具体的法律责任

铁路行政许可监管主体对消极违法行为的责任承担形式主要为履行职责,即当铁路行政许可监管主体不履行或者拖延履行其监管职责构成违法时,有权机关则会要求其依法履行法定职责。主要有以下四种:

第一,补正责任。监管行为的程序不当未必构成撤销的理由,行为人对轻微的程序违法可以进行补正,或者有权机关要求行为人进行纠正。

第二,停止违法的监管行为,指行政主体的违法监管行为具有继续性的情形下,应当停止违法监管。

第三,撤销违法的行政行为。如果监管行为严重违法,例如在监管过程中违法撤销或终止符合法定条件的行政许可,则要通过撤销监管行为来恢复许可实施的状态。

第四,行政赔偿。监管过程中如因监管行为侵犯公民、法人、其他组织的合法权益并造成损害的,依照《国家赔偿法》的规定对受害人予以赔偿。

(三) 存在的问题

通过对责任的梳理我们发现,目前铁路行政许可责任制度中几乎没有对上级行政机关的监管责任的规定。对于行政许可监管主体的法律责任的规定仅在上位法《行政许可法》中有所涉及,对于铁路行政许可监管责任的追究和铁路行政许可实施责任一样都没有受到相应的重视,而作为铁路行政许可活动实施活动的保障,建立合理、规范、有力的监管责任追究机制势在必行。

四、铁路行政许可机关工作人员的法律责任

公务人员承担法律责任的基础在于与国家间形成的职务委托关系,其归责性体现为公务人员在铁路行政许可实施中没有依法履行职责,即以过错为归责原则。公务人员的违法的具体形式均体现在上述铁路行政许可的设定、实施、监管过程中,所有这些责任的形成,均由具体的人作出,而具体的人则是指公务人员,公务人员承担的法律责任是对内法律责任。具体的责任形式有以下三种:

第一,行政处分,是指铁路行政许可机关工作人员对其违反规定义务但尚未构成犯罪的行为应当承担的行政纪律责任。广义的行政处分包括

行政机关内部规范所规定的纪律处分,如责令纠正并作出书面检查、通报批评、调离工作岗位以及考核扣分。狭义的行政处分是指国家行政法律、法规规定的责任形式,具体是指行政机关依照行政隶属关系对内部违法失职的工作人员给予的惩戒,包括警告、记过、记大过、降级、撤职、开除六种形式。在铁路行政许可中,行政处分适用于行政机关工作人员在铁路行政许可的设定、实施、监管过程中所有的违法和不当行为,而追责主体一般是上级机关以及监察机关。

第二,刑事责任。公务人员在铁路行政许可的设定、实施、监管过程中可能导致的刑事责任有三种:一是违反廉政要求,构成受贿罪。在铁路行政许可设定、实施、监管过程中,工作人员办理铁路行政许可,如果利用职务上的便利,索取他人财物的,或者非法收受他人财物,为他人谋取利益的,即符合《刑法》第385条关于受贿罪的构成要件,根据受贿所得数额及情节,依照《刑法》第383条的规定处罚。二是公务人员滥用职权、玩忽职守构成犯罪。三是在收费行政中,不按规定收费,或不按规定处理所收费用的,可能会构成挪用公款罪或者贪污罪。

第三,行政追偿责任。《国家赔偿法》第16条第1款规定:"赔偿义务机关赔偿损失后,应当责令有故意或者重大过失的工作人员或者受委托的组织或者个人承担部分或者全部赔偿费用。"该规定为铁路行政许可的行政追偿责任的建立提供了法律依据。

但是,我国现有的法律、法规对行政许可自由裁量权缺乏有效的监督,而具有行政许可职能的公务人员是行政许可自由裁量权的直接行使者,目前的铁路行政许可法律责任中关于对具体公务人员的责任规定严重不足。尽管上位法《行政许可法》第65条规定了个人和组织发现违法从事行政许可事项的活动有权向行政机关举报,但是具体到铁路行政许可法律责任中,这种举报没有具体的制度规定,很难对公务人员滥用行政许可自由裁量权的行为起到约束作用。因此,完善铁路行政许可权在实施过程中的法律规制,应该重视制约行政权力主体的实际主体,即对人的制约。

五、完善时需要遵循的原则

对铁路行政许可法律责任的追究不仅是一个操作性和程序性事项,亦是关乎整个铁路行政许可制度是否合理与正义的问题。因此,从铁路行政许可法律责任的设定、责任的确认到责任的承担都应遵循一定的价值和原则,从而有利于形成协调统一、合乎争议的法律责任机制。具体而言,贯穿始终的原则包括以下五点:

第一,责任法定原则①,即有关的铁路行政许可的义务前提都是由行政许可法律规范和一般法律原则所确定,追责的主体、对象、条件、程序以及责任的确定、承担等都应严格按照法律规范的规定进行,这是依法行政的内在要求以及责任制度本身的国家强制性与惩罚性所决定的。

第二,统一性原则,即要求铁路行政许可法律责任与铁路行政许可义务体系相对应且形成一个和谐自洽的结构,其应采取谨慎的态度与其他社会调控方式如道德责任、纪律责任相匹配,又要求体系内部,即行政责任、刑事责任、民事责任间亦要相互衔接。

第三,比例原则,即要求铁路行政许可法律责任的设定及确认应当与违反义务行为的程度、造成损害的事实后果等因素价值相当,并与之分配相应的责任形式。

第四,公正原则,是对责任法定原则的补充,即要求铁路行政许可法律责任的实现既要实体公正,也要程序公正。具体来说,实体上要求行政机关应当准确认定事实,正确适用法律,使处理结论与案件情节相适应,程序上要求行政主体及其工作人员办事公道,不徇私情,平等对待不同的行政相对人。

第五,《宪法》第 33 条第 3 款确立了国家尊重和保障人权原则。在铁路行政许可领域,这一原则要求,行政机关及其工作人员在行使行政权时,应充分尊重行政相对人的人格。行政机关应积极履行职权,切实保障公民的各项基本自由。行政主体及其工作人员在实施行政行为时不得侵犯公民的各项政治权利。行政主体及其工作人员应注重保护行政相对人的财产权。在行政许可中,国家设定的行政许可应充分考虑公众利益,以公民的基本人权为出发点,在铁路行政许可权的实施过程中,行政机关不能损害行政相对人的利益,否则铁路行政许可权就会被滥用。在遵循上述原则的基础上将这些原则贯穿到铁路行政许可的法律责任中,形成一个完备的法律责任体系,是当务之急。

---

① 此处的法应作广义的解释,包括法律、法规、规章或者其他对外公开的作为行政机关处理行政许可行为的标准的文件。参见张兴祥:《中国行政许可法的理论和实务》,北京大学出版社 2003 年版,第 266 页。

第三节　铁路行政许可相对人的法律责任

"有权必有责,用权受监督"通常用来规范和制约行政权力的行使。实际上,在铁路行政许可中,行政相对人的权利也存在被滥用的可能,尤其是随着"福利行政"理念的兴起和推广,授益性行政活动日趋增多,行政相对人的权益范围也在不断扩张,如果法律不对行政相对人的义务和责任加以明确,那么,行政相对人滥用权利的可能性将会大大增加。因此,无论是行政主体,还是行政相对人,只要存在违法的情形,就必须承担相应的法律责任,这是行政法治原则的内在要求和应有之义。另外,由于深受"福利行政"理念的影响,行政活动的手段和方式也发生了重大转变,一种强调"公私合作"的合作行政模式开始显现。在合作行政模式下,行政行为已不再是行政主体单方意志的产物,现在的行政过程已演变为行政法律关系主体双方沟通、协商和合意的过程。行政权的合法、合理运行不仅需要行政相对人在自身行为方面予以积极配合,而且在义务和责任方面更要有所担当。就铁路行政许可行为而言,作为一项重要的授益性行政活动,行政许可权能否有效运行以及许可目的能否真正实现都有赖于法律对行政相对人义务和责任的规定是否明晰和确定。为此,我国《行政许可法》就行政许可相对人的法律责任进行了明确规定,同时,交通运输部对铁路行政许可中的行政许可相对人的法律责任进行了细化,作为行政相对人一方的公民、法人或者其他组织在申请铁路行政许可或者其他与行政许可相关的活动中存在违法情形的,有关机关应当依法追究其相应的法律责任。铁路行政许可的行政相对人的法律责任,一般产生在许可的实施和监管过程中。

一、铁路行政许可申请人申请行政许可过程中的违法行为及法律责任

铁路行政许可行为是一种依申请的行政行为,铁路行政许可实施机关必须以行政相对人提出的申请为前提行使职权,履行职责。基于这个特点,《行政许可法》要求所有的行政许可相对人必须保证其所提供的申

请资料的真实性,以避免行政机关在确认申请材料的真实性上耗费过多的资源,包括人力、物力、财力和时间。铁路行政许可亦是如此。由于铁路行政许可中对行政许可的申请资格以及授予条件等方面都作了规定,而作为铁路行政许可相对人的申请人可能会基于逐利的考虑而不择手段来规避相应的规定,以此从行政机关那里获得行政许可资格。依据相关规定,在铁路行政许可活动中,申请人承担的法律责任存在三种类型或幅度:行政处罚、刑事处罚以及申请资格的限制责任。

(一)铁路行政许可申请人隐瞒有关情况或者故意提供虚假材料申请行政许可的法律责任

根据《行政许可法》的规定,行政机关在收到行政许可申请人的行政许可申请后,发现行政许可申请人违法真实陈述义务,存在隐瞒与申请资格、授予条件密切相关的重要情况或者故意提供虚假材料的行为,行政机关应当不予受理。而对于在受理了申请人的行政许可申请后才发现申请人隐瞒了有关情况或者故意提供虚假材料的情形,行政机关应当不授予行政许可。

从目前 8 项铁路行政许可来看,铁路行政许可的相关规定在这方面的规定略显不足。其中只有四个类型的行政许可,即铁路运输基础设备生产企业审批,铁路机车车辆驾驶人员资格许可,铁路机车车辆设计、制造、维修或进口许可,铁路运输企业准入许可,规定了需要承担的法律责任,其中只有铁路机车车辆设计、制造、维修或进口许可、铁路运输企业准入许可中区分了警告和 1 年内不得再次申请该行政许可两种法律责任。这样的规定过于简单、轻微,对于铁路行政许可来说,申请人申请的许可事项直接关涉公共安全、人身健康以及生命财产安全,如果申请人存在欺骗行政机关的违法行为,那么行政机关应当加重对申请人的处罚力度以及申请资格的限制。

(二)铁路行政许可申请人以欺诈、贿赂等不正当手段取得行政许可的法律责任

这一法律责任较之通过隐瞒有关情况或者故意提供虚假材料申请行政许可的行为来说更为严重,不但有行政法律责任,还有刑事责任。一是申请人通过不正当手段获得了行政许可,后果更严重,对他人合法权益及社会公共利益的损害更大,因而规定了更重的法律责任;二是被许可人再

次申请该行政许可的资格被剥夺后不应再次授予;三是构成犯罪的,要承担相应的刑事责任。这一法律责任是与铁路行政许可的行政主体一方相关联的,对这一方的责任追究的严重程度也会影响行政主体一方的法律责任。

遗憾的是,根据我国目前的铁路行政许可的相关规定,每一项行政许可的规定中均没有将这一法律责任作为一个单独的条款予以规定。对铁路行政许可的法律责任规定的明确程度、细化程度决定了铁路行政许可实施后的好坏,如果每一项行政许可没有相应的法律责任予以支撑,申请人可能会忽视行政许可带来的法律责任,从而可能危及公共安全、人身健康以及生命财产安全。在中国这样一个重实质理性的社会,"纸面上的制度"与"现实中运作的制度"往往存在背离。笔者认为,铁路行政许可的法律责任连"纸面上的制度"都未能完全建立起来,又如何有"现实中运作的制度"呢?如果能够有一部统一的铁路行政许可法或条例,从而将相关的法律责任悉数予以规定,那么对于保障铁路行政许可中的主体、许可的申请、实施均有很大的益处。

二、铁路行政许可申请人取得许可后的违法行为及法律责任

在铁路行政许可申请人在申请行政许可过程中的违法行为及法律责任部分,已经提到了目前规定的不足之处。目前 8 项行政许可中有的没有具体的实施许可办法,其中关于申请人取得许可后违法行为的规定简单而不足,根据《行政许可法》的规定,笔者认为被许可人违法从事铁路行政许可事项活动的法律责任应包括以下情形。

(一)涂改、倒卖、出租、出借铁路行政许可证件,或者以其他形式非法转让铁路行政许可的

铁路行政许可领域,尤其涉及铁路无线电、机车制造、运输企业准入等事项的,这些事项均关系着公共安全、人身健康以及生命财产安全,在这些许可事项中一旦出现上述违法行为,影响的可能不是某一个人的安全,而是一部分人或财产,会严重破坏目前的铁路行政许可的管理秩序,给国家、社会及公民权益带来现实及潜在的危险,更使铁路行政许可的目的难以实现。对上述违法行为,行政机关应当依法给予行政处罚,构成犯罪的,应依法追究刑事责任。因此,建议铁路行政许可机关在法定的前提

下进行自由裁量,而所要承担的刑事责任则是依据《刑法》第 280 条的规定。①

(二)超越铁路行政许可范围进行活动的

铁路行政许可关系到铁路安全,铁路安全关系到人身安全和财产安全,一旦被许可人有超越铁路行政许可范围进行活动的行为,那么危险性将会增大。为此,应当对各类铁路行政许可范围予以明确的设定,并规定一旦被许可人超越该范围的,行政机关应当依法给予行政处罚,或者由司法机关追究刑事责任。

(三)向负责监督管理的铁路行政机关隐瞒有关情况、提供虚假材料或者拒绝提供反映其活动情况的真实资料的

为了实现铁路行政许可的目的,也为了保证铁路行政许可权利能够合法行使,铁路行政机关需要肩负监督检查的职责。行政权的合法、合理运行需要行政相对人在自身行为方面予以积极配合,如果被许可人违反法定义务,向负责监督检查的铁路行政机关隐瞒有关情况、提供虚假材料或者拒绝提供反映其活动情况的真实材料的,不仅会阻碍铁路行政机关履行监督职责,侵害铁路行政许可管理秩序,而且将会受到行政处罚和刑事制裁。

(四)法律、法规、规章规定的其他违法行为

纵观法律的发展历史,任何想要用法律涵盖一切社会关系的想法注定是要失败的,法律不可避免地具有自身缺陷。另外,囿于法律的稳定性,其滞后性也是与法律相伴而生的。8 项铁路行政许可中关于法律责任的规定不足,被许可人可能违法从事铁路行政许可活动的形式多种多样,即使有一部统一的铁路行政许可法也不可能穷尽所有的违法情形,所以铁路行政机关应当依照有关法律、法规、规章的规定,给予被许可人相应的行政处罚或者移送司法机关追究被许可人的刑事责任。

---

① 《刑法》第 280 条规定:"伪造、变造、买卖或者盗窃、抢夺、毁灭国家机关的公文、证件、印章的,处三年以下有期徒刑、拘役、管制或者剥夺政治权利,并处罚金;情节严重的,处三年以上十年以下有期徒刑,并处罚金。伪造公司、企业、事业单位、人民团体的印章的,处三年以下有期徒刑、拘役、管制或者剥夺政治权利,并处罚金。伪造、变造、买卖居民身份证、护照、社会保障卡、驾驶证等依法可以用于证明身份的证件的,处三年以下有期徒刑、拘役、管制或者剥夺政治权利,并处罚金;情节严重的,处三年以上七年以下有期徒刑,并处罚金。"

三、其他行政相对人的违法行为及法律责任

其他行政相对人虽然不是铁路行政许可行为的相对人,但确实是由铁路行政许可事项引起的行政监督行为的相对人,因此与铁路行政许可相对人的法律责任一并提及。其他行政相对人的违法行为主要是针对一些公民、法人或其他组织未经铁路行政许可,擅自从事依法应当取得铁路行政许可的活动的。铁路行政许可事项大多包含一定的经济利益,所以驱使那些未提交铁路行政许可以及提交铁路行政许可后并未取得许可的行政相对人就有可能擅自从事依法应当取得行政许可的活动,既严重扰乱了铁路行政许可监管秩序,并对他人或者社会的利益造成损害,还有可能危及公共安全、人身健康以及财产安全。比如未经许可的企业进行铁路运输机车的零件制造,制造的零件可能不能到达相应的要求,从而对铁路运营安全构成威胁。因此,针对未经铁路行政许可,擅自从事依法应当取得铁路行政许可活动的公民、法人或其他组织,铁路行政机关应当依法进行相应的规范和整治。

第四节 问题与反思

通过对铁路行政许可法律责任的分析,不难看出,我国目前铁路行政许可法律责任的不足,归根结底还是关于铁路行政许可制度的不足。铁路行政许可法律责任之所以要得到完善的法律规制,是与铁路行政许可权的重要性分不开的。铁路行政许可与公民的生活息息相关,是公民评价国家机关职能的一个窗口,其完善具有重要的现实意义。

一、问题分析

关于铁路行政许可法律责任中存在的问题已在上述三节中加以分析,主要问题存在于铁路行政许可的设定、实施、监管全过程中。同时,在公务人员个人责任体系的建立上也出现了严重缺失。我国行政许可权法律规制的完善有以下现实依据:

第一,铁路行政许可的地位举足轻重。铁路行政许可制度涉及国家

宏观经济调控、市场竞争、公共安全、环境保护等众多领域,行政许可权起到维护社会公共利益、促进经济发展、保护生态环境和保障消费者合法权益的作用。因此,根据铁路行政许可的重要性,我国必须完善铁路行政许可的法律规制,以充分发挥其对国家宏观调解和公民切身利益的重要作用。

第二,铁路行政许可人治色彩较浓。我国是一个人情社会,铁路行政许可权的实施会受到社会风气、价值观念的影响,尤其是国务院和省级政府既是行政许可的设定者,又是行政许可的实施者。因此,在铁路行政许可制度中,铁路行政许可权的法律规制可以促进行政许可法治化,减少行政许可中违法行为的发生。

第三,法治的飞速发展。近年来,随着我国经济的发展,法律也在飞速地发展和完善。法律发展得越完善,权力就越得到制约。我国的行政许可制度中,随着《行政许可法》的制定和颁布,行政许可权得到了明确的法律规制,但仍不完善,这种不完善使我国铁路行政许可制度滞后于现代法制与社会经济的实际要求,因此,完善我国铁路行政许可权的法律规制,是我国法治进步的必然要求。

二、关于改进的思考

如何完善铁路行政许可法律责任是我们研究和思考的重点,笔者认为可以改进之处有六个方面。

第一,坚持依法行政原则。《宪法》第2条第1款明确规定"中华人民共和国的一切权力属于人民"。行政机关行使行政权力不能背离人民的意志,人民代表机关通过制定法律来限制行政权力。行政固然应受法律的直接拘束,但因法律是受到宪法的约束的,因此行政行为应该在宪法的制约下进行。因此,行政权力的行使的一个重要原则便是依法行政。行政机关违法行使行政权力的,必须承担相应的法律责任。行政许可权是行政权的重要组成部分,其运用必须受到法律约束。因此,在依法行政原则的要求下,我国行政许可权必须得到完善的法律规制。具体表现为:行政许可范围法定、行政许可设定权法定、行政许可实施权法定、行政许可程序法定。而这些法定要求正是我国铁路行政许可权法律规制不完善的地方。由于有关目前有关铁路行政许可的法律、法规不足,所以在铁路行政许可的行政活动中"依法行政"显得"依法"不足,所以应当从源头上解决这一问题,坚持依法行政原则的同时,不断完善铁路行政许可的相关规定。

第二,坚持责任原则。铁路行政许可机关在行使一项许可权力的同时,也规定了其应当承担的责任和义务,权利与责任是互为前提而存在的。在国务院2004年发布的《全面推进依法行政实施纲要》中,"权责统一"作为行政法基本原则之一,被赋予了丰富的含义:行政机关依法履行经济、社会和文化事务管理职责,要由法律、法规赋予其相应的执法手段。行政机关违法或者不当行使职权,应当依法承担法律责任,实现权力和责任的统一,依法做到执法有保障、有权必有责、用权受监督、违法受追究、侵权须赔偿。根据目前存在的问题,铁路行政机关承担许可的责任时,没有将整体责任落实到具体部门的具体人员身上,出现了没有人承担责任或互相推诿的现象。只有责任具体落实,才能从根本上提高行政机关承担责任的能力和意识。在铁路行政许可过程中,分清责任的归属、明确责任制度是我们迫切需要改善的地方。应建立健全铁路行政许可的责任制度和完善过错追究制度。铁路行政许可责任追究制度应以行政许可利益与责任挂钩为宗旨,按照谁设置许可谁就有义务承担责任的原则,清楚地界定许可人员的权力和责任,对违反规定设置许可,甚至滥用许可权并谋取不正当利益的行为,应先追究许可部门的主管领导和直接责任人的责任。同时,监督机构必须按照法律规定对铁路行政许可部门和人员的许可行为进行检查和监督,没有履行监督和监督力度薄弱的监督机构,应承担相应的法律责任。

第三,建立违法行为补正制度。在铁路行政许可实施过程中,部分申请人为获取行政许可,采用的欺骗等不正当手段除本书上述所列之外,还有其他多种表现形式。一般认为,只要申请人提交的申请资料和陈述的事实存在虚假,且主观上存在故意,则其行为属于欺骗性质,获得的行政许可属于以欺骗等不正当手段获得的行政许可。只要被许可人以欺骗等不正当手段取得行政许可的,依据《行政许可法》第69条第2款的规定,应当予以撤销。这意味着属于此类情形的行政许可,应一律予以撤销处理。笔者认为,在实际工作中,申请人采取的欺骗手段有轻有重,有多有少,涉及的内容和影响的结果各不相同。当前法律的这一规定,并未考虑到千变万化的社会现实,盲目地按该规定执行,缺乏合理性,应建立相应的铁路行政许可违法行为补正制度。在铁路行政许可中,许可申请人提供的虚假材料或隐瞒的客观事实,在从事实际经营活动时并不存在或将来也不会产生影响铁路运营安全的潜在风险的,允许行政许可申请人在一定期限内对原不当行为进行改正,而不对原行政许可进行撤销处理。为保证铁路行政许可工作的严肃性,对当事人的行为应进行除撤销许可证以外的其他类别的行政处罚,如警告、通报批评、罚款、责令停业整顿等。如许可申请人提供的虚假材料或隐瞒的客观事实可能存在或发生影响质量安全的,则予以撤销许可证处理。然而,我国行政法学理论对行政行为的补正制度关注较少,往往仅限于对国外立法实践的简单介绍,由于理论上的忽视造成了立法上的滞后。因此,为进一步实现行政许可法的法律效果和社会效果相统一,保障法律执行结果的合理性,建议立法机关对违法行为的补正制度进行充分思考和研究,在将来予以完善。

第四,充实铁路行政许可法律责任规定。在铁路行政许可的实施过程中,要防止某些部门和人员从个人或小团体的利益得失考虑,以各种方式变相保留、巩固甚至强化和扩大行政许可,或者消极应付铁路行政许可的实施。在这一过程中,有时会由于行政管理动力不足或其他因素导致行政机关或执法人员的消极不作为。如应履行行政许可监督检查职责的机关不去履行,接到群众举报后不去核实、处理,需要立即纠正和制止的违法行为不去纠正和制止,等等,这些情形往往会导致行政相对人的利益受损。法律责任作为一种正义的分配结果总是偏于应然层面的,要将其真正落实到具体的人,就需要通过法律救济的途径,铁路行政许可的法律救济正是扮演着这种分配和实现法律责任的角色。充实铁路行政许可法律责任需要在铁路系统范围内进行实证研究,根据铁路行政许可的主体要求进行改善。

第五,对与铁路行政许可相关的部门规章、规定进行清理。铁道部已于2013年3月16日被撤销,但仍有以铁道部为主体的沿用至今的部门规章及相关规定。按照依法行政原则的要求,行政机关行使行政权力,管理公共事务,必须由法律授权,并遵守法律规定。结合铁路行政许可的现实情况,原行政主体已被撤销,应当对与铁路行政许可相关的部门规章、规定进行一次全面的清理,从体系上、内容上进行审查、分析和整理,并作出继续适用,需要修改、补充或废止的决定,并在此基础上全面了解目前铁路行政许可法律责任的薄弱之处。

第六,适当时机出台统一的铁路行政许可法或条例。在统一的基础上,将铁路行政许可法律责任单章列出,将目前的6项铁路行政许可的法律责任统一按责任的轻重、类别分别予以规定,并对可能出现的新型铁路行政许可产生的法律责任予以预留,作出不划分的统一规定。这样,铁路行政许可的法律责任体系将得以完善,铁路行政许可法律关系的双方将有法可依,有责可追。

第七章 铁路行政许可的评估

为贯彻落实党的十八届三中全会决定和国务院关于转变职能、简政放权,减少和规范行政审批的一系列部署要求,国家铁路局 2013 年组织对原铁道部行政审批项目进行了全面清理和分类研究处理,最大限度减少政府对企业微观生产经营活动的干预,落实政企分开要求。对社会投资者有积极性,市场机制能够有效配置资源、发挥作用的事项,坚决不再搞行政审批,进一步调动社会投资建设经营铁路的积极性,释放市场活力;对企业内部安全生产管理事项,由企业负责安全审查把关,进一步落实企业安全生产主体责任;对直接关系公众生命财产安全和社会公共利益、依法设定的行政审批,严格规范管理。经清理审核并报请国务院批准,先后取消 11 项审批项目。[1] 这些措施的实施,其实正是铁路行政许可评估的体现。为了系统总结铁路行政许可评估的标准和程序,本章从理论和实践两方面展开论述。

第一节 铁路行政许可评估概述

一、铁路行政许可评估的基本含义

《行政许可法》第 20 条规定:"行政许可的设定机关应当定期对其设定的行政许可进行评价;对已设定的行政许可,认为通过本法第十三条所列方式能够解决的,应当对设定该行政许可的规定及时予以修改或者废止。行政许可的实施机关可以对已设定的行政许可的实施情况及存在的必要性适时进行评价,并将意见报告该行政许可的设定机关。公民、法人或者其他组织可以向行政许可的设定机关和实施机关就行政许可的设定

---

[1] 参见《国家铁路局关于公开取消和保留的铁路行政审批事项的通知》(国铁科法〔2014〕12 号)。

和实施提出意见和建议。"

这是国家首次从立法层面确立了行政许可评估制度,也是我国在立法当中第一次引入了"日落条款"①。"日落条款"具有自动定期清理的评估与修订功能,这种即时性的自我审视有利于立法者分析法律等各种规范性文件中各项制度设计的合法性、操作性和针对性,有利于更好地总结立法工作经验,发现立法工作的不足,以便有针对性地改进立法工作,不断提高立法质量。

这也是铁路行政许可评估的来源所在,从中可见,铁路行政许可评估是铁路行政许可立法活动的延续,是对已设铁路行政许可的立、改、废,与铁路行政许可的清理有共同之处。法律清理是专门由立法机关或经授权的其他机关实施的,依据一定的标准与程序,按规定的时间、范围和要求对规范性法律文件进行审查、清理等,并重新确立其法律效力的活动。②铁路行政许可的清理就是对其他关于铁路行政许可规定的规范性法律文件进行清理,对不符合《行政许可法》规定的内容予以修改或废止。由此看出,铁路行政许可清理与铁路行政许可评估在立法层面上有共同之处,不过它们之间的差异也是显著的。首先,从时限上看,铁路行政许可清理应该在《行政许可法》实施以前进行(在逻辑意义上来讲),这样就可以保证有关铁路行政许可的其他规定与该法的规定相一致③;而铁路行政许可评估则必然是在铁路行政许可实施之后对铁路行政许可进行的评估;其次,从对象上看,铁路行政许可清理针对的是所有与铁路行政许可有关的规范性法律文件;而铁路行政许可评估的对象仅仅限于《行政许可法》和铁路法律、法规中规定的行政许可种类;最后,从标准上看,铁路行政许可清理是对没有法定设定权限的机关设定的铁路行政许可进行的修改或废止;而铁路行政许可评估是对那些不必要行政审批的,能够通过其他方式进行规范的行政许可,作出予以修改或废止的评判。因此,铁路行政许可评估制度就是根据一定的标准,由有权的评估主体对已设定的行政许可本身及其实施情况进行审查,并结合当前社会环境、经济条件的变化情

---

① 参见赵咏梅:《行政许可法六大亮点》,载《福州党校学报》2004年第6期。
② 参见马怀德:《中华人民共和国行政许可法释解》,中国法制出版社2003年版,第279页。
③ 参见张武扬:《行政许可法释论》,合肥工业大学出版社2003年版,第235页。

况,评估已设定铁路行政许可的存在是否必要和合理,以此来决定已设定的铁路行政许可是继续存在还是修改或废止的一种制度。

二、铁路行政许可评估的价值和功能

(一)铁路行政许可评估的价值

铁路行政许可评估的价值体现为利益、秩序、效率等方面,其中,利益价值又是重中之重。表面上,铁路行政许可可以看作是将普遍禁止的事项对另一部分人的开放,然而,铁路行政许可的实质是对公益与私益的一种平衡。但是实践证明,在现实生活中,个人利益的最大化与公共利益的最大化二者之间有时会相互冲突,两种利益并不能实现完全的统一。那么,铁路行政许可就需要在公益与私益之间寻找一个平衡点,既维护公共利益又保障个人的正当权益,保障个人权益的同时又使公共利益得到最大限度地实现。但是,二者之间这种相互兼顾又此消彼长的关系并不是固定不变的,在社会经济不断发展的时期,二者之间的关系也是在不断发展变化的。铁路行政许可的评估就是旨在通过不断地修改和完善行政许可关系,以最终实现利益的动态平衡。

秩序价值是铁路行政许可评估的价值构成中比较显而易见的。铁路行政许可本身是一种行政机关对市场主体的管理,使其在遵守一定秩序的情况下在法律规定的范围内运营。但这种秩序不是一成不变的,是随着市场经济的发展而不断完善和改变的。铁路行政许可作为管理市场经济的手段之一,如果固步自封就可能阻碍市场经济的前行。所以,需要通过铁路行政许可评估来分析已设立的铁路行政许可是否过期,铁路行政许可对市场的管理是否达到预期目标,是否产生最佳的社会效果,等等。对这些秩序的有效性、效益性作出判断,从而使铁路行政许可评估能够随着社会关系的不断变化而变化,不致失去它的秩序价值。

效率也是铁路行政许可评估中一项十分重要的法律价值构成。效率价值在铁路行政许可评估中可以体现在两个方面:一是通过对铁路行政许可的评估,可以对社会现状有一个更加准确的认识,可以将社会资源进行重新整合,把有限的社会资源更加合理地分配给市场中最佳的主体,实现资源的重新分配,提高社会效率以实现价值的最大化。二是铁路行政许可评估的效率价值还体现在铁路行政机关自身的行政效率上。铁路行政许可评估是检验铁路行政许可设定和实施的效果、效益、效率和适应性的基本途径，是决定铁路行政许可的延续、调整、终止的重要依据。[①] 只有通过铁路行政许可评估，才能确定铁路行政许可存在的科学性和合理性，对其作出去劣存优的选择；只有通过铁路行政许可评估，进而建立健全的评估制度和体系，才能不断提高立法工作科学化，不断提高铁路行政机关的工作效率。

(二) 铁路行政许可评估的功能

1. 监督功能

行政机关实施行政许可通常都缺乏强有力的监督，缺乏有效的制约机制来限制行政许可权。因此，行政机关往往容易走入滥用许可权的歧途，同时也很容易产生贪污腐败的现象。这样一来，对铁路行政许可权的限制就显得十分必要。对已设定的铁路行政许可进行评估，就是对铁路行政许可的一种有效监督，是对铁路行政许可权的一种强有力的制约。铁路行政许可评估对于行政系统内部的监督体现为，定期对铁路行政许可进行评估可以发现已设定的铁路行政许可中可能存在的违法、滥用职权或者不合理行为，可以使铁路行政机关及时纠正违法的铁路行政许可，并对滥用职权、违反法定程序等情形下作出的铁路行政许可予以撤销。当然，铁路行政许可评估的监督功能是全方位的，不仅是对铁路行政许可的设定和实施机关的一种监督，以避免权力的滥用、腐败的滋生，同时也是对被许可人从事许可事项的活动进行监督，以此来看许可是否到达预期的目标，对经济、社会是否产生了有利的影响。督促被许可人按照许可的规定有序地实施生产经营活动。对于被许可人未依法履行义务的，应责令限期改正，被许可人在规定期限内不改正的，行政机关应依法律的规定予以处理。

2. 平衡功能

在现代法治社会中，法律最重要的功能之一就是在一个利益多元化的社会中，平衡各种不同的利益，体现出社会的公正与公平。在铁路行政许可中，既需要注重铁路行政机关的利益，同时也要注意对行政相对人利

[①] 参见陈柳裕：《行政许可评价问题研究——以〈行政许可法〉第 20 条的实施为中心》，载《当代经理人》2005 年第 1 期。

益的保护,而且还要兼顾其他间接与行政许可发生法律关系的社会公众的利益。首先,铁路行政许可评估是对公益和私益的平衡。行政机关行使行政权是为了维护社会公益,但是在不加限制的情况下,行政机关通常会不断地扩大其行政管理的范围,强化自身的行政权。相对的,行政相对人为了维护自身的利益,通常都会要求扩大自主决定的范围,并且严格控制行政权。铁路行政许可评估是根据当时的历史环境,对公益与私益的重新分配、平衡。铁路行政许可是以一般限制为前提条件的,因此,如果设定一项铁路行政许可也就是对公民的经营自由行为首先进行一个限制,那么,这种限制必须有合理性,但是这种合理是需要随时进行评估来修正的。铁路行政许可评估使行政机关可以避免陷入滥设滥用行政许可怪圈,使得铁路行政许可对公民的干预既规范又不过度,使得铁路行政许可权对权利的干预保持合理、恰当的状态,既规范许可行为,又保障了行政相对人的权利。另外,铁路行政许可评估也是对被许可人的利益与其他利害关系人的利益的一种平衡。铁路行政许可对被许可人的利益产生影响的同时,也会直接或者间接地对其他利害关系人的利益产生影响。铁路行政许可评估是铁路行政机关对已设定的许可进行审查,发现可能会损害其他利害关系人重大利益的行政许可,并对这些已经不合时宜的铁路行政许可及时地进行修订或者废止。

第二节　铁路行政许可评估的标准与方法

一、铁路行政许可评估的标准

科学、规范、具有可操作性的评估标准是评估活动顺利开展的有力保证,也直接决定着评估的方向和评估结论的实际效果。《行政许可法》第11条规定了设定行政许可的具体标准,同时也是行政许可的评估标准:"设定行政许可,应当遵循经济和社会发展规律,有利于发挥公民、法人或者其他组织的积极性、主动性,维护公共利益和社会秩序,促进经济、社会和生态环境协调发展。"这一规定明确行政许可评估过程应重点遵循必要性、公益性和实效性三项要求,显然铁路行政许可评估的标准也应该遵循这三项要求。

(一)必要性

从理论研究的角度看,有学者认为,行政许可必要性的判断标准有三个:一是不越位,不该政府管的事一定不要管;二是不缺位,该政府管的事一定要管好;三是不扰民,该政府管的事,在保证管好的前提下,其手续、程序越简单越好。①

从立法政策学的角度看,行政许可可分为社会规制和经济规制两种类型,前者为涉及公共安全和公共秩序的许可,由政府规制甚为必要,后者为涉及经济准入的许可,可以委任给市场机制。② 行政许可有必要不断地适应社会形势的变化,并致力于减轻公民负担、简化行政事务、提高行政效率、激发社会活力。从法律规定的角度看,《行政许可法》第6条规定:"实施行政许可,应当遵循便民的原则,提高办事效率,提供优质服务。"同时,《关于〈中华人民共和国行政许可法(草案)〉的说明》中就设定行政许可方面提到:"设定行政许可还要坚持合理的原则,可以设定行政许可的事项,也并不是都要设定行政许可。"

从《国家铁路局关于公开取消和保留的铁路行政审批事项的通知》可以看出,目前国家铁路局作为国家铁路监管部门,从行政许可必要性的角度出发,大范围地削减了铁路行政许可的种类和数量。

(二)公益性

公益性要求评估机关充分论证该许可事项是否在公共利益和私人利益之间实现了平衡。公益性是政府干预社会经济生活的正当性基础,也是设定许可的目的所在。任何行政活动都必须以维护公共利益,提供公共服务为目的。③ 只有基于公共利益需要,必须加强市场监管,否则就会损害他人、集体或国家的利益时,才能认可设定许可的必要性。如果现有制度足以保证个人合法权益的行使,那么就不必要通过设定许可的方式

---

① 参见杨建顺:《行政规制与权利保障》,中国人民大学出版社2007年版,第342—343页。
② 美国在进行政府规制改革的过程中采用了这种分类方法。关于社会规制,一般认为,其目标是正当的,大多由于市场失灵,规制是不得已而为之,也就是基于成本效益分析的规制管理成为必要。关于经济性规制,一般认为,规制的根据已经不够明确,相反,高水平的收费及非效率的服务供给等由于限制竞争而出现的弊端更加显著,因此,该类规制基本上应该委任给市场机制。参见杨建顺:《规制行政与行政责任》,载《中国法学》1996年第2期;杜钢建:《反思审批制度》,载《中国经济时报》2001年4月24日。
③ 参见王太高:《行政许可条件研究》,载《行政法学研究》2007年第2期。

加大监管力度。这样不仅可以保持市场活力,而且可以为个人权利的充分行使提供一个宽松的社会环境。因此,评估机关应当充分衡量许可事项的公益性,并以此作为评估的重要标准。公益性的标准贯穿于铁路行政许可的评估中,尤其是在实行政企分开之后,作为铁路行政许可机关的国家铁路局其目的就在于以公益为基础,促进整个铁路行业的发展。

(三)实效性

实效性是铁路行政许可评估的目的导向。对已经设定的铁路行政许可进行事后评估,是为了更好地实现法律条文的实际效果。在这个意义上,成本收益的分析方法具有借鉴意义。成本收益分析方法在我国目前法律、法规和规章的制定过程中并没有得到充分运用。尤其是在地方立法过程中,还普遍存在过分追求立法速度和数量、忽视立法质量的问题,在立法之前缺少必要的调研和评估,成本投入不足,专家、学者参与度较低。由这样的法律、法规所设定的许可,在实施过程中会遇到许多问题。当铁路行政许可已经实施一段时间之后,评估机关应当在评估过程中引入成本收益分析的方法,对其实施效果作出评估,有利于考量立法成本和立法收益的关系,在确保立法成本固定的基础上实现立法收益的最大化。

值得注意的是,虽然《行政许可法》第 13 条详细列举了可以不设行政许可的事项①,但是该条并不适合作为评估标准。第 13 条的表述是"可以不设行政许可",这意味着也可以设定行政许可。在可设可不设的情况下,既然立法者选择了设定,那么事后评估不宜再以此作为评估标准。但是第 13 条仍然可以作为评估的参考,因为有些事项立法时基于一些原因将其设定为许可,但是到了评估之时可设可不设,或者应当不设。铁路行政许可的评估机关可以对许可事项分两步进行审视:第一步,判断其是否符合《行政许可法》第 11 条的设定标准,若符合,则建议继续将其设定为许可;若不符合,则进入第二步,判断该许可事项是否属于《行政许可法》第 13 条规定的可以不设许可的事项,若不属于,那么仍将其作为许可;若属于可以不设许可的事项,则通过立法程序对设定该许可的法律、法规的相关条文进行修改或者废止。当然,上述标准只是一个柔性的原则规定,

---

① 包括公民、法人或者其他组织能够自主决定的;市场竞争机制能够有效调节的;行业组织或者中介机构能够自律管理的;行政机关采用事后监督等其他行政管理方式能够解决的。

在实践中还需要探讨形成一个科学、规范的量化标准来作为铁路行政许可评估活动的直接依据。

二、铁路行政许可评估的内容

(一)评估的主体

铁路行政许可评估的主体包括:铁路行政许可的设定机关,铁路行政许可的实施机关以及社会公众。铁路行政许可的设定机关可以在行政许可实施一段时间以后,定期对其所设定的行政许可进行评估。根据《行政许可法》第14、15条的规定:法律、行政法规、国务院决定、地方性法规和省、自治区、直辖市人民政府规章有权设定行政许可。所以,设定评估主体应该包括:全国人民代表大会及其常务委员会,国务院,省、自治区、直辖市的人民代表大会及其常务委员会,以及较大的市(省、自治区的人民政府所在地的市,经济特区所在的市和经国务院批准的较大的市)的人民代表大会及其常务委员会,省、自治区、直辖市人民政府。就铁路行政许可而言,设定评估主体则是全国人民代表大会及其常务委员会和国务院。铁路行政许可的实施机关可以在铁路行政许可的实施过程中对已经设定的铁路行政许可的总体实施情况以及该许可是否还有继续存在的必要进行一种适时的评估。根据《行政许可法》第22、23、24条的相关规定,实施行政许可评估的主体包括:具有行政许可权的行政机关、法律法规授权实施行政许可的组织以及具有行政许可权的行政机关依法委托的其他行政机关。目前而言,铁路行政许可的实施机关主要包括交通运输部和国家铁路局。

另外,社会公众也参与到了行政法律关系之中,不仅仅是被动的行政管理客体,社会公众的评估也是铁路行政许可评估制度中不可或缺的。《行政许可法》赋予社会公众就行政许可的设定与实施向行政许可的设定机关和实施机关提出意见和建议的权利。因此,应当将社会公众纳入铁路行政许可评估的主体范围,使社会公众同样享有评估权。

(二)不同评估主体的评估内容和方式

根据《行政许可法》第13、20条所确立的精神,铁路行政许可评估的内容主要包括:对于已经设定的行政许可的实施情况进行评估;对已经设定的行政许可是否适当、是否有继续存在的必要性进行评估。

第一,设定评估。根据《行政许可法》第20条第1款的规定:"行政许可的设定机关应当定期对其设定的行政许可进行评价;对已设定的行政许可,认为通过本法第十三条所列方式能够解决的,应当对设定该行政许可的规定及时予以修改或者废止。"由此可见,设定铁路行政许可是一种立法行为,同时,对铁路行政许可的评估结果也会直接导致铁路行政许可的修改或者废止等,这些也是属于立法行为。因此,设定机关的评估必须是有立法权的机关来进行的,设定评估同时也是一种直接的评估。这是一种"应当"进行的评估。

第二,实施评估。《行政许可法》第20条第2款规定:"行政许可的实施机关可以对已设定的行政许可的实施情况及存在的必要性适时进行评价,并将意见报告该行政许可的设定机关。"这跟设定评估的规定不一样,实施机关的评估并不是"应当定期"的评估,而是"可以适时"进行评估。对"适时评价"应该理解为,铁路行政许可的实施机关在实施过程中如果发现铁路行政许可有不适当或存在的不必要时可以进行评估,但是铁路行政许可的实施机关的评估并不能直接导致该铁路行政许可的修改或者废止,而仅仅是由铁路行政许可的实施机关将评估的意见形成报告交由铁路行政许可的设定机关,作为设定机关对铁路行政许可进行进一步评估的一种参考。所以,实施评估是一种间接评估。

第三,公众评估。《行政许可法》第20条第3款规定:"公民、法人或者其他组织可以向行政许可的设定机关和实施机关就行政许可的设定和实施提出意见和建议。"公众评估包括对铁路行政许可的设定评估和对铁路行政许可的实施评估,因此,公众应当将其评估的结果分别向铁路行政许可的设定机关和实施机关提出意见和建议。公民、法人或者其他组织作为社会公众,在对铁路行政许可进行评估时其身份状态可能会有所不同,可以是铁路行政许可申请人、利害关系人或者非利害关系人。但是,无论以哪种身份所作出的评估,公众评估都拓宽了铁路行政许可评估的信息收集渠道,便于铁路行政许可的设定机关和实施机关对铁路行政许可进行更加科学合理、及时的调整。

三、铁路行政许可评估的方法

在启动了评估程序,确定了评估标准之后,铁路行政许可评估机关可以根据该项许可实施的具体情况制订评估方案。由于铁路行政许可的"利益相关者"是多方面的,评估主体也应采用多元化的评估方式,确保全面、完整地收集信息,并作出客观、真实的评估。信息收集的对象主要包括铁路行政许可的实施机关、行政相对人、其他相关的行政机关和组织以及该领域的专家、学者等。结合我国立法后评估的经验,铁路行政许可的评估可以采用以下方式来收集信息。

(一)实地调研

由铁路行政许可评估机关牵头组织铁路行政许可评估专题调研组,选取具有典型意义的地区展开调研。如果该项许可的实施地域及于全国,可以抽样调查或者选择在实施过程中问题比较突出的地区进行调研;如果该项许可的实施地域是一种特定的区域,可以就该地区范围内许可事项的设定必要性和实施状况进行调研。

(二)问卷调查

由于铁路行政许可的评估主体是全国人民代表大会及其常务委员会及国务院,而铁路行政许可的实施机关有所分散,且通常是由各铁路监管分局负责实地部分情况的核实,采用问卷调查是一种简捷便利的方式。同时,设定机关与实施机关之间通常是领导或者监督的关系,因此发放的问卷一般会得到认真填写。但是问卷调查毕竟是一种书面的方式,没有当面访谈直观和灵活,因此,在设计问卷时需要做好前期准备工作,全面设想该许可事项实施过程中可能存在的问题,并据此设计出科学、全面的问卷,既要保证问卷调查结果的有效性,提高评估的效率,又要防止由于问卷设计不规范而出现大量废卷的可能。尤其是对公众意见和建议的征求,问卷调查发挥的作用更大。

(三)座谈走访

铁路行政许可评估机关可以多方邀请利益相关者积极参与,并通过民主、规范的程序设计,引导参与者围绕铁路行政许可各抒己见,提出切实的建议和意见。举行座谈会之前应当通过政府官方网站、电视新闻、报刊媒体等方式发布公告,广泛宣传,并通过组织推荐、群众推举、个人自荐、网络推选等方式选出与会代表。同时要做好座谈会的组织保障工作,配备专门人员对座谈现场与会人员发表的各项意见作出详细记录,为之后的铁路行政许可评估工作提供依据。座谈可以分为专家座谈、公众座谈和被许可人座谈,这样有针对性地分类,可以取得预期有效征求意见的结果。同时,铁路行政许可评估机关还可以组织人员,选取具有典型意义的实施机关、行政相对人,登门走访,按照事先设计好的问题,询问他们对该许可实施情况的意见,作深度个案访谈、质性研究。

(四)网络平台

随着网络的普及和网络技术的提升,公民的网络话语权和影响力在逐渐上升。与此同时,公民通过网络表达利益诉求的愿望和权利意识也越来越强烈。近年来,微博逐渐发展成为一种新兴的网络交流平台,通过微博这种新媒体,人们可以迅速、及时、广泛地分享信息、传播信息、获取信息。为了适应新形势下政府信息公开的需要,自2010年以来,许多地方政府和行政部门开通了自己的官方微博,这一新媒介方式为政府的政务公开工作提供了新平台、新渠道、新手段,使得政府能够及时公布关系人们生产生活的重要信息,同时也加强了政府和群众之间的良性互动,增加了群众对政府的亲密感和信任感,政府的公信力得到提升。铁路行政许可的评估活动也可以借助网络平台,加强评估机关信息网络机制建设,将铁路行政许可机关的官方网站、电子邮箱、官方微博等打造成收集信息的关键平台。通过以上方式收集到信息后,铁路行政许可评估机关应当首先对各类信息加以梳理和汇总,运用科学的分析方法,借助专业的分析软件对调查数据进行比较分析和评估。在此基础上,铁路行政许可评估机关应当就该事项组织讨论会或论证会,还可以邀请相关领域的专家、学者,就该许可的必要性、公益性和实效性进行充分论证,最终形成翔实的评估报告。

第三节 铁路行政许可评估存在的问题和完善建议

一、铁路行政许可评估存在的问题

(一)评估主体的单一化

从《行政许可法》第20条的规定来看,不管是铁路行政许可设定机关的直接评估还是铁路行政许可实施机关的间接评估,归根结底还是铁路行政许可设定机关自身的一种内部评估。而且,这种评估大多数时候都是体现为铁路行政机关内部上下级之间的评估,没有一个完全独立的、处于中立地位的第三方来对铁路行政许可进行评估,也没有专门的铁路行政许可评估机构。仅仅是铁路行政许可设定机关自身的评估,很难保证评估结果的公正合理,不能准确体现立法意旨。那么,铁路行政许可的设定机关,是否在任何情况下都可以公正地评估自己作出的行为?人们是不是可以合理地怀疑该设定机关因为惰性或者涉及自身利益而疏于对已经设定的行政许可进行评估呢?

铁路行政许可的设定机关和实施机关无法同时掌握关于铁路行政许可方面的问题所需要的各种门类的知识。因此,社会对于铁路行政许可评估的重要性就十分突出,铁路行政许可设定机关和实施机关应该广泛吸收社会对于铁路行政许可的各种相关意见和建议,以更好地促进行政决策向科学合理的方向发展。《行政许可法》关于公众参与行政许可评估过程的规定的立法意图十分明确,就是要让公民亲自参与到行政许可的立法与执法过程中,充分体现民众的主体意识。《行政许可法》所规定的评估主体中当然也包括社会公众,社会公众对于铁路行政许可的评估也是十分重要的一个方面。然而,现行立法对于社会公众参与行政许可评估,以及所拥有的评估权如何行使等方面只有原则性的大体规定,在现实中无法具体操作。而且,社会公众的个体差异明显,政府无法将接收到的信息进行很好地整合,对于整合信息也缺乏完整的操作规范和程序规定。在这种情况下,《行政许可法》所规定的社会评估机制完全没有发挥其应有的作用,形同虚设。

(二)评估内容不具体

《行政许可法》第11条规定的行政许可的设定原则,是行政许可评估的首要内容。第20条规定了把第13条的四种情形作为行政许可评估的内容。这些规定都过于原则、笼统,不利于实际操作。评估内容规定不具体、不全面、不科学、不统一,使行政许可评估缺乏科学的评估指标体系,导致评估主体片面或绝对地把经济业绩等同于行政官员的"政绩",把经济指标如GDP增长放在首要位置,很少考虑民众的愿望和利益诉求以及自然、环境等因素,从而使我国出现不少"形象工程""政绩工程"①。笔者认为,从铁路行政许可实施机关的角度看,应该对铁路行政许可评估的内容加以统一的规定,从实施情况、有效性、效益性、公平性等方面进行评估。

(三)评估时间过于笼统

《行政许可法》规定,行政许可设定机关应当定期对其设定的行政许可进行评估,行政许可实施机关可以适时地进行评估,而"定期""适时"究竟是多长时间并没有具体确定。此外,社会公众提出建议和意见的时间也未明确。少数规定了评估时间的地方性法规,也只是限定作出评估结果的期限,对于启动时间未加以规定。"行政时效是对行政法律关系的双方主体给予一定的时间限制,来确保行政效率,并且实现对当事人合法权益有效保障的程序制度。"②由此可见,行政时效的作用是不言而喻的。笔者认为,应当对铁路行政许可评估规定具体的时间,给予明确的规定。

(四)评估程序不够完善

我国行政许可评估制度的程序设置不够完善。法律仅对评估结果的处理作了原则性规定,但对评估的提起、受理、实施和处理的具体程序以及实施机关的报告程序和公众参与程序均未作出规定,也没有具体明确是否适用或参照立法程序来开展评估工作。③

(1)铁路行政许可设定机关的具体评估操作规范存在缺失:立法评估究竟由设定机关的哪个部门进行,没有明确规定;评估活动如何组织、如何开展也没有具体的规定。作为法定评估义务机关,评估制度的规定如此笼统,是对法定评估义务的不认真履行,这样一方面导致了自身行政许可评估工作的停滞,另一方面架空了行政许可实施机关以及社会公众针对行政许可设定信息反馈的机制,严重阻碍了行政许可评估制度整体的有效运行。④

---

① 参见张冲:《略论行政许可评价制度》,载《大众科技》2008 年第 2 期。
② 杨海坤:《中国行政程序法典化》,法律出版社 1999 年版,第 160 页。
③ 参见万强:《关于建立和完善地方性法规行政许可评价机制的思考》,载《时代主人》2010 年第 10 期。
④ 参见付越:《民族地区行政许可评价制度:问题与对策》,载《黑龙江民族丛刊》2009 年第 1 期。

(2)铁路行政许可实施机关作为法律执行机关,对自己实施情况的评估具有天然的惰性,若在程序上不加以强行规定,实施评估就会流于形式,不会起到实质性的效果。目前,我国部分地方性法规对实施评估作了有关具体程序方面的规定,不过各地方的规定不太统一,不利于行政许可评估体系的统一与完善。即使是有程序规定的地方性法规,仍然存在程序方面的缺陷,比如,评估如何提出、对公众意见的处理如何反馈等方面的规定还不够完善。实施评估是实施机关对自己的评估,而实施机关作为行政许可实施工作的直接参与者,也可能是既得利益的获得者,天生不具有中立性,这就需要用完善的程序设置来保证评估的公正透明。在后续出台的铁路行政许可评估规范中,应该吸取这些地方立法的经验与教训。

(3)社会公众对铁路行政许可的评估,是以提出意见和建议的方式进行的,法律对此规定得很抽象,没有规定切实可行的操作程序。无论是铁路行政许可设定机关还是实施机关,其决策者的认识能力都是有限的,这就需要吸收和接受各方的意见,在综合信息的基础上作出有效的评估。社会公众就是最广泛的意见群,他们最了解铁路行政许可实施的具体情况,对铁路行政许可修改或存废问题最有发言权,为了保证公众的评估权能够得到有效行使,需要在程序上进行细致的规定,使公众的评估行为受到法律的规范与保障。

二、铁路行政许可评估程序的完善

(一)明确铁路行政许可评估的主体

1. 强化铁路行政许可设立机关的评估义务

权力与义务是同时存在的,拥有权力就要承担一定的责任。铁路行政许可设定机关有权力设定铁路行政许可,就有责任对自己设定的铁路行政许可定期作出评估,设定机关的评估是法定评估,是法律规定的强制性义务,设定机关必须履行。设定机关的评估,在铁路行政许可评估体系中起着至关重要的作用,因为设定机关才是评估结果的最终决定机关,铁路行政许可实施机关和社会公众对行政许可的评估作用,远不及设定机关的评估效果明显。设定机关是在综合分析社会经济、环境等各方面条件的基础上,设定的符合一定阶段社会发展状况的铁路行政许可,在设定新的铁路行政许可之前对有关信息作了相应的收集整理,因此,更清楚铁路行政许可设定当时与目前的社会发展状况有哪些区别,铁路行政许可实施之后是否达到了预期的社会效果,在目前的状况下某项铁路行政许可是否有继续存在的必要。并且在作出评估之后,能够直接根据评估结果决定铁路行政许可的存废。

设定机关有评估的义务和能力,能够对铁路行政许可作出最有力的评估。笔者认为,应该明确设定机关的评估义务,强化设定机关对自身评估义务的认识,把评估工作纳入日常工作中,认真贯彻落实,切实做好铁路行政许可评估工作;完善铁路行政许可设定机关评估的具体操作规范,使设定机关的评估活动规范化、日常化,通过具体的规范来约束设定机关的行为,实现公众对设定机关的监督,保证设定机关认真有效地履行评估义务,及时发现立法中存在的不足,推动立法体系的科学化、民主化。

但是,在铁路行政许可运行中可以发现,让铁路行政许可的设定机关全国人民代表大会常务委员会和国务院承担具体的评估操作又是非常困难的,因为没有那么庞大的人力、物力去设定种类繁多的行政许可,铁路行政许可仅仅是其中微小的一部分。所以,现实中比较可操作的方案,就是让铁路行政许可实施机关定期提交铁路行政许可评估报告,进行审查,并结合国民经济的发展情况予以取舍。

2. 建立专业的行政许可评估机构

设定机关作为立法机关,对自己设定的铁路行政许可进行评估,从法理上讲其客观性也难以保证,会引起人们的怀疑,一定程度上会影响评估制度的规范性、权威性;实施机关作为法律执行机关,往往是铁路行政许可的主体,实施行政许可的过程中可能会涉及自身利益,更不愿危及自身利益来对铁路行政许可进行评估,否定自己作出的行政行为;社会公众由分散的个体组成,各自都有自己的利益需求,对铁路行政许可的评估也会缺乏客观公正性。鉴于各评估主体都存在评估的缺陷,这就需要建立专业的铁路行政许可评估机构,保持其在评估活动中的中立性,利用专业知识理性地对铁路行政许可作出科学的评估,保证评估结果的客观公正。比如,《重庆市行政许可评价暂行办法》规定,评价组织可以委托其他组织以评价组织的名义开展评价工作。委托的其他组织可以是其他行政许可评价机构,不过这里的其他组织只能以评价组织的名义开展工作,行为的后果由评价组织承担,受委托的组织独立性不强,依附于评价组织,处理结果的最终决定权仍为评价组织所具有。作为理论探讨,应该设立独立、专门的行政许可评价机构,培养专业的评价员,引入专家学者、实践丰富的行政人员以及关系到切身利益的行政相对人,以专业的铁路行政许可评价员为主导,综合分析各方主体提供的信息,充分听取各方意见,最后由评价机构作出科学合理的处理决定。

3. 增强公众参与的积极性

一切权力拥有者都容易滥用权力,立法机关和行政机关都是权力的拥有者,它们对铁路行政许可进行评估,难免会为了维护自身的权力和利益,作出有利于己方的判断和处理,这种不公正会严重损害到公众的利益,会打消公众政治参与的积极性,不利于铁路行政许可评估制度的有效运行。社会公众是最广泛地参与国家管理的主体,也是意见最不统一的分散群体,政府需要采取措施最全面地了解民众意见。虽然政府鼓励民众多提意见,也开展了电子政务,但是只有部分民众参与,可能是由于评议政府的方式不便捷。这就要求政府针对不同的群体,推行不同的切实可行的评议方式,方便广大人民群众参与评议。铁路行政许可评估机关应该将评估过程透明化,将评估信息向公众公开,评估结果向社会公示,把收集到的民意作为重要的参考依据,根据对公众意见的综合分析作出评估决定,向公众展现一个公平、公开、公正的服务型政府,让公众意识到自己的重要性,这样才能从根本上增强公众参与评估活动的积极性,有效地监督权力机关的评估行为,实现评估结果的客观公正。

(二)明确铁路行政许可评估内容和标准

依据《行政许可法》及各地方行政许可评价暂行办法的相关规定,结合行政许可评估制度的制度价值,分析得出铁路行政许可评估的内容如下:

1. 铁路行政许可实施的总体情况

对实施该项铁路行政许可的基本情况或总体状况进行评估主要包括:该项铁路行政许可的具体实施情况和是否有必要继续实施,设定铁路行政许可的目标是否达成,铁路行政机关达成行政许可目标方案的科学性、实施主体的能力和实施手段的有效性,以及社会和行政管理相对人对该铁路行政许可的认同度、铁路行政许可实施的监督约束机制等。① 从总体上全面反映了被评估的铁路行政许可在设定实施以后的整体概况以及其在具体的行政管理过程中所发挥的作用。对实施的总体状况进行客观、恰当地评估,有助于全面把握该项具体行政许可实施的情况,避免"只见树木不见森林"。

2. 铁路行政许可继续存在的必要性

铁路行政许可在实施中是否可行有效,有无其他方式可以替代,比如许可的事项能够由社会主体相互之间协商决定,能够被自由的市场竞争机制有效地调节,或者可以由"第三部门"即中介机构或自律组织加以解决的,就不需要设定铁路行政许可。还有些事项属于普遍的简单日常活动,没有达到需要设定铁路行政许可的高度,也不必设定铁路行政许可,如果出现了违规行为,则可以通过事后监督来加以解决。能够不设定铁路行政许可的事项,尽量通过其他方式解决,这样既能节约行政资源,又能提高行政效率,使铁路行政机关集中力量进行有效管理。

3. 铁路行政许可对社会、经济发展所产生的影响

这里主要是从社会效益和经济效益两方面进行评估的。一个铁路行政许可设定后,对于调动社会大众的积极性是否可以产生积极的促进作用,这方面的问题往往不能用经济利益来进行衡量,例如,"铁路机车车辆设计、生产、维修、进口许可"和"铁路机车车辆驾驶人员资格许可",该许可的准入条件对于维护公共秩序,保护人民群众的生命、财产安全是很有好处的。

关于经济效益的评估,则主要是从经济上分析、评估实施铁路行政许可的成本与收益。评估铁路行政许可的成本主要是看在铁路行政许可实施过程中所投入的资源数量以及资源的使用和分配状况。例如,如何使用政府财政资金,如何调配物资,在实施该铁路行政许可过程中所投入的工作人员以及工作人员所花费的工作时间。这是实施铁路行政许可所需要的最直接的成本,另外还应该把间接成本也考虑在内,比如,实施该铁路行政许可是否给社会大众带来额外的经济负担,是否给政府财政造成一些不必要的间接损失,是否延缓了社会经济的发展而在时间上造成损

---

① 参见陈柳裕:《行政许可评价问题研究——以〈行政许可法〉第20条的实施为中心》,载《当代经理人》2005年第1期。

失,等等。实施该铁路行政许可的经济收益,主要是指通过行政许可的实施,规范经济活动,各项经济指标产生变化。经济收益包括基本收益和派生收益。基本收益即铁路行政许可实施的主要效果,如实施铁路运输企业准入许可,使得铁路运输市场的能力和活力得到释放的经济收益。派生收益即实施铁路行政许可的附带效果,如实施铁路运输企业许可后限制了一批规模小、运输设备差的企业进入市场,从而使经济秩序得到更好地规范所产生的经济收益。

4. 行政许可预设目标的实现程度

该项内容主要是看所评估的铁路行政许可有没有达到最初设定时所期望的目标,该目标实现的程度如何,以此作为所评估铁路行政许可能否继续存在的标准。评估时需要判定铁路行政许可实施后所产生的效果与预期目标之间是否达成一致,铁路行政许可实施后的结果有无偏离、背离起初设定的目标及其偏离、背离的程度。一般来说,铁路行政许可设定时的预期目标都是良性目标,但在许可的实施过程中所产生的客观效果可能会不尽如人意。评估除了要正确区分铁路行政许可实施的正效应和负效应外,还要充分考虑负效应对正效应的抵消作用。

(三)规范铁路行政许可评估的程序

1. 铁路行政许可评估启动的方式和期限

铁路行政许可设定机关在设定行政许可之后,应当定期对所设定的铁路行政许可进行评估,应该设立专门的部门,监督设定机关的行为,并由专人启动评估程序。实施机关在实施铁路行政许可一段时期之后,应该对铁路行政许可的实施状况进行评估,并将评估意见报告给专门的评估组织,再由评估组织决定是否启动评估程序。在铁路行政许可的实施过程中,行政相对人对实施机关的铁路行政许可行为所依据的规范性文件有异议的,也可以直接向评估组织提出,评估组织应当受理。除了行政相对人,普通公众对铁路行政许可设定机关和实施机关的铁路行政许可设定和实施行为有异议的,也可以向评估组织提起申诉,但是要由评估组织来决定是否受理。设定机关的评估时间如何确定,法律没有具体规定。《行政许可法(征求意见稿)》中曾规定,行政机关要每两年对自己设定的许可事项进行评价,如果不需要保留的,就应当废止。但是在后来的常委会讨论中,考虑到可行性问题,就放宽了对行政许可评估时间的规定,最终只规定了"定期"进行评价。①

实施机关的评估只规定了"适时",对社会公众的评估时间未作规定。既然统一规定具体的评估时间不太可行,这就需要各地方根据自己的实际情况作出具体的规定。我们可以借鉴国外的制度规定,在行政许可实施1年之后,就对其进行效益评估,并且每年都要对5年内所有的铁路行政许可制度进行全面评估,决定铁路行政许可的存废。实施机关提起评估的时间,可以借鉴《福建省交通行政许可实施评价制度》的规定,行政许可实施满1年后的3个月内,实施机关对行政许可的实施情况进行评价,并向有关部门提交评价报告,以后的评价工作每隔两年进行一次。评价机关根据需要要求实施机关提交评价报告的,实施机关应该在接到通知后的20天内完成评价工作,提交评价报告。② 公民、法人、其他组织可以随时向评价组织提出启动评价程序的请求,再由评价组织决定是否受理。

2. 铁路行政许可设定机关的评估程序

铁路行政许可设定机关主动提起的评估,专门评估机构应当启动评估程序,在评估活动开展的5日前,先将评估事项向社会公示,再组织听证会或论证会,并通过网络、座谈会、抽样调查等多样化的形式向社会收集信息,再对信息进行甄选整理,在定性与定量分析的基础上得出评估结论。评估活动一般应在两个月内完成,但因特殊情况需要延长的,可报评估组织负责人批准,延长1个月。③ 笔者认为,根据评估结果作出的处理决定应向社会公示1个月,广泛听取各方主体的意见,确保立法评估的合理公正。铁路行政许可的存废实质上还是立法活动,应由立法机关进行。评估组织仍应将评估意见报告给铁路行政许可设定机关,再由设定机关通过立法程序对铁路行政许可作出立、改、废的决定。

3. 铁路行政许可实施机关的评估程序

铁路行政许可实施机关对铁路行政许可的实施情况及其存在的必要性进行评估,并将评估报告提交给评估组织,评估组织在对评估报告进行分析之后,决定是否启动评估程序。评估组织决定对铁路行政许可实施机关提起的铁路行政许可进行评估的,参照设定机关的评估程序进行。

---

① 参见赵咏梅:《〈行政许可法〉的六大亮点》,载《福州党校学报》2004年第6期。
② 参见《福建省交通行政许可实施评价制度》第4条。
③ 参见《重庆市人民政府关于印发重庆市行政许可评价暂行办法的通知》。

4. 公众的评估程序

可以把社会公众分为行政相对人和一般公众,分别规定他们的评估程序。在铁路行政许可实施过程中,行政相对人对铁路行政许可的事项存有异议的,可直接向评估组织提起评估申请,评估组织应当展开评估活动,程序上参照设定机关的评估程序进行。一般的公民、法人和其他组织对铁路行政许可的设定和实施有异议的,也可直接向评估组织进行申诉,但应对异议作出书面的合理说明,评估组织经过审查之后再决定是否受理,是否展开评估,评估活动仍参照设定机关的评估程序进行。

铁路行政许可评估制度的建立,对铁路行政许可制度的完善具有重要的意义。可以说铁路行政许可评估制度是铁路行政许可立法的延续,是对铁路行政许可的又一次设立。为了充分发挥铁路行政许可评估制度的作用,我们应该有效解决我国铁路行政许可评估制度中存在的缺陷与不足,借鉴发达国家的先进制度,从评估主体、评估内容、评估标准、评估程序、评估原则等方面进行完善,把我国有关铁路行政许可评估的原则性规定加以具体化,明确操作规范,使评估主体的评估活动有法可依、有章可循,特别要对公众的评估权利加以保障,充分体现民主行政,构建"服务型政府"和"阳光政府"。

(四)重视司法监督,实现铁路行政许可评估与行政诉讼的互补

铁路行政许可评估制度的性质决定了铁路行政许可的评估工作具有立法性质,铁路行政许可的设定机关作为最终评估主体,产生的主要影响是已经设定的铁路行政许可的继续实施与否,以及铁路行政许可实施的相关规定的修订,包括法律、行政法规、国务院决定。2014年修正的《中华人民共和国行政诉讼法》第53条第1款对于对部分抽象行政行为提出审查要求的诉讼作出了明确规定:"公民、法人或者其他组织认为行政行为所依据的国务院部门和地方人民政府及其部门制定的规范性文件不合法,在对行政行为提起诉讼时,可以一并请求对该规范性文件进行审查。"因此,在开展铁路行政许可评估工作时,既要保障作为具体实施主体的评估积极性,又要注意铁路行政许可实施机关和设定机关的衔接,既发挥实施主体的信息优势和专业优势,又要发挥设定主体的职能优势。此外,行政复议中的审查是基于个案,具有明显的救济性和滞后性,相比之下,一方面,行政许可评估通常不针对个案,其影响范围非常广泛,包括受铁路

行政许可设定和实施影响的行政相对人以及其他主体,其评估的角度和眼光应当具有广泛性。此外,铁路行政许可评价虽然作为一种事后评价或称设定后评价,实际上是基于已经发生的事实以及预见到的未来的情况,对今后设定和实施行政许可作出的调整,评价工作的进行必须具有前瞻性。① 另一方面,针对涉诉铁路行政许可的统计,也可以作为铁路行政许可评估中的一个指标来进行考量。例如,2014 年因退票被收取 20% 服务费,律师董某某要求国家铁路局公开定价信息和退票成本信息遭拒起诉对方。经过北京市第一中级人民法院初审,国家铁路局败诉,被判对原告公开这份政府信息。这个案件涉及的铁路行政许可"铁路客货运杂费项目和收费标准审核",虽然在国家铁路局的网站中是暂列,就说明该类行政许可一旦遭遇更多的行政诉讼,就有必要在铁路行政许可的评估中予以充分的重视,是收还是放,予以全面考虑。

---

① 参见潘丽霞、陈伯礼、张冠华:《裁量控制视角下的行政许可评价制度研究》,载《中国行政管理》2015 年第 3 期。

参考文献

一、著作

1. 王勇:《行政许可程序理论与适用》,法律出版社2004年版。
2. 〔日〕谷口安平:《程序的正义与诉讼》,王亚新、刘荣军译,中国政法大学出版社1996年版。
3. 〔日〕室井力等主编:《日本行政程序法逐条注释》,朱芒译,上海三联书店2009年版。
4. 张树义主编:《行政程序法教程》,中国政法大学出版社2006年版。
5. 罗文燕:《行政许可制度研究》,中国人民公安大学出版社2003年版。
6. 章剑生:《行政程序法基本理论》,法律出版社2003年版。
7. 杨解君主编:《行政许可研究》,人民出版社2001年版。
8. 应松年主编:《行政法与行政诉讼法》,中国人民大学出版社2009年版。
9. 〔奥〕凯尔森:《法与国家的一般理论》,沈宗灵译,中国大百科全书出版社1996年版。
10. 肖金明主编:《行政许可要论》,山东大学出版社2004年版。
11. 朱景文主编:《法理学》(第3版),中国人民大学出版社2015年版。
12. 刘恒主编:《行政许可与政府管制》,北京大学出版社2007年版。
13. 胡建淼:《行政法学》,法律出版社2003年版。
14. 应松年主编:《行政许可法教程》,法律出版社2012年版。
15. 舒国滢主编:《法理学导论》(第2版),北京大学出版社2012年版。
16. 王周户主编:《行政法与行政诉讼法教程》,中国政法大学出版社

2013 年版。

17. 胡建淼、江利红:《行政法学》(第 2 版),中国人民大学出版社 2014 年版。

18. 张树义主编:《行政法学》(第 2 版),北京大学出版社 2012 年版。

19. 胡建淼主编:《中国现行行政法律制度》,中国法制出版社 2011 年版。

20. 中国法制出版社编:《行政许可法一本通》,中国法制出版社 2005 年版。

二、论文

1. 邓秀华:《论我国〈行政许可法〉在行政许可程序上的主要创新与不足》,载《法治研究》2009 年第 2 期。

2. 骆梅英:《行政许可标准的冲突及解决》,载《法学研究》2014 年第 2 期。

3. 罗良杰:《刍议行政许可申请的撤回》,载《中国医药报》2015 年 10 月 15 日,第 A02 版。

4. 王克稳:《论变更、撤回行政许可的限制与补偿》,载《南京社会科学》2014 年第 1 期。

5. 许跃辉、张兄来:《论行政许可中的听证制度》,载《国家行政学院学报》2005 年第 1 期。

6. 王青斌:《论行政许可实施程序完善》,载《长沙理工大学学报(社会科学版)》2006 年第 3 期。

7. 应松年:《中国行政程序法立法展望》,载《中国法学》2010 年第 2 期。

8. 胡传亮:《铁路行政许可评价研究》,载《法制与社会》2015 年第 12 期。

9. 王太高:《论行政许可注销立法之完善》,载《法学》2010 年第 9 期。

10. 王太高:《论行政许可变更》,载《南京大学学报(哲学·人文科学·社会科学)》2013 年第 5 期。

11. 王太高:《行政许可条件研究》,载《行政法学研究》2007 年第 7 期。

12. 王太高:《论行政许可标准》,载《南京大学学报》2008年第6期。

13. 田根哲:《加强铁路法制建设　促进铁路跨越式发展》,载《中国铁路》2006年第8期。

14. 顾爱平:《行政许可制度改革研究——〈行政许可法〉实施后的思考》,苏州大学2005年博士论文。

15. 梁晓娜:《中美行政许可制度比较研究》,西北大学2012年硕士论文。

16. 胡建淼、汪成红:《论行政机关对行政许可申请的审查深度》,载《浙江大学学报》2008年第6期。

17. 宋华琳:《行政许可审查基准理论初探——以国内航线经营许可领域为例证》,载《浙江学刊》2010年第5期。

附录一　铁路行政许可评估汇总

铁路运输企业准入许可事项评估

【基本评估意见】属于直接关系公共安全事项、社会管控事项,满足行政许可评估的必须性、公益性和实效性的要求,建议保留。

【铁路运输企业准入许可定义】在中华人民共和国境内依法登记注册的企业法人,从事铁路旅客、货物公共运输营业的,向国家铁路局提出申请,经审查合格取得铁路运输许可证的法律行为。

【评估标准】

(一)必要性评估

1. 保障国家经济安全的需要

中国的铁路运输,尤其是目前正在重点推进的高铁运输,直接关系国家发展战略与中国反恐格局。与美国地广人稀,重点发展城市支线航空和公路网络不同,与欧洲密集的城际列车和公路网络也不同,铁路在中国社会经济发展中的作用与欧美国家中的作用存在根本的差异。铁路发展作为我国的战略重点,决定了对铁路运输企业监管是整个铁路监管的核心所在。既要保证铁路运输能够满足国民经济发展的需要,又要做到铁路运输能够随时服务于国家的安全战略和反恐形势的需要。

目前,我国通过行政许可等监管方式,对铁路运输企业的准入采取监管,符合加入世界贸易组织的承诺,尤其是2017年6月发布的《外商投资产业指导目录》(2017年修订)仍将"铁路旅客运输公司(中方控股)"列在限制外商投资产业目录中,对铁路旅客运输外商投资尚未全面放开。如果全面放开外商投资铁路旅客运输,和世贸承诺中我们全部放开货运一样,那么,在铁路运输企业准入方面必须加强铁路运输企业准入许可,并进一步完善事中和事后的监管,才能准确和及时地掌握关系国计民生和国家安全的铁路运输。可以说保留铁路运输企业准入许可,对国家经济安全有着非常重要的作用。

2. 保障人民生命财产安全的需要

铁路运输直接关系公众生命财产安全。铁路运输包括调度指挥、行车组织、客货运组织以及机车车辆;线桥隧涵、牵引供电、通信信号等设备设施的运用和养护维修等,线上线下各专业间高度联动,运输安全管理的专业性、系统性、规范化等要求高。从事铁路运输经营的企业,必须具备相应的安全保障能力,特别是从事高铁运输的企业,对其安全管理等方面的要求更高。

铁路运输企业运营之前应具备相应的安全管理机构、人员、制度,具备安全管理能力,避免"带病运营"。因为铁路运输安全管理的专业性、系统性、规范化等要求高的特点,仅靠事中、事后监管难以解决先天不足的问题。保留铁路运输企业准入许可,有利于运输安全的源头控制。

加强铁路运输企业准入许可,和"从根本上改变审批经济"精神并不矛盾,一方面通过减少该项许可的材料和程序来达到搞活铁路经济、吸引资本的目的,另一方面通过准入许可的审查从根本上保障铁路运输中的公众人身和财产的安全。

(二) 公益性评估

保障铁路运输公共服务功能实现的需要。在世界范围内,无论轨道系统是国家所有还是私人所有,都存在一个压倒性的公共利益,即确保重要的客运和货运的公共服务持续存在。在铁路行业完全市场化的背景下,作为市场主体的铁路运输企业,在本质上是追求效益和利润最大化的私主体。在任何一个国家,不可能存在任何地区的任何一个铁路线路的运输都是有利润可赚的。尤其是中国,地域广阔,各地区发展不平衡,这种无利润可赚的线路更是明显地存在。作为追求利润最大化的私有铁路运输企业,在根本上是不可能愿意在无利润可赚的线路上从事铁路运输。这样,在铁路运输完全市场化的背景下,就可能存在下列情形:所有铁路运输企业都愿意在有利润可赚的线路上从事铁路运输,所有铁路运输企业都不愿意在无利润可赚的线路上从事铁路运输。那么,如何保证所有铁路线路或轨道系统所承担的公共服务功能的实现呢? 只有通过铁路运输企业准入许可制度,保持合理数量的铁路运输企业,才能既可以保证铁路运输的充分竞争,又可以保证铁路运输所承担的公共服务功能的实现。

(三)实效性评估

保障铁路运输市场有序、均衡、公正发展的需要。随着我国人口政策的调整、人口红利的消失,中西部到东南部的人口流动和物质运输将更加频繁。中国铁路在东南和西北两个出口的"走出去",相伴的是人口和物资的巨大流动。在此前提下,未雨绸缪,以许可的形式监管不同区域的铁路运输企业的准入情况,会在很大程度上提高社会管控的效率,防止区域内和跨区域的铁路客运和货运的乱象,促进社会平稳发展。铁路运输在我国社会经济发展中具有重要的地位和作用,关系国计民生,不仅要严格准入制度,与之一体两面的还有退出制度。完善的准入和退出制度是保障社会公共利益和保障社会生产生活秩序的有力手段。在国外,对于申请进入者,通常要求其就所申请开展的业务出具切实可行的经营计划,并在技术装备、安全保障、人员配备等方面达到一定标准,监管部门对符合条件的申请者发放营业执照(如英国对铁路客运业务实施特许经营制度,任何公司想要获得特许经营权,必须取得铁路管制署颁发的营业执照,然后通过竞标获得铁路客运特许署颁发的特许经营执照,才能从事特许经营)或业务许可证(如日本铁路客运市场的准入基准为"该可行性计划在经营上是否可行;该可行性计划在运输安全上是否可行;在企业运营上要有可行的计划;在企业运营上自己要具有相当的能力")。对于申请退出者,也有严格的限制,一般要求满足三类前提条件:一是提前申请,如日本要求申请者至少提前1年提出请示;二是给出充分、合理的说明,如美国要求运营商提供退出线路的理由、出售线路或获得财政补贴继续运营的可行性分析,以及运营商是否愿意通过出售或补贴的方式继续经营;三是不得损害公众利益,监管部门大多要求运营商提前以公开渠道将可能停运或废弃线路的信息广泛告知公众、货主、托运人等利益相关方,以确认运营商退出不会影响公众出行和货物运输的便利性。

铁路运输基础设备生产企业审批事项评估

【基本评估意见】属于直接关系公共安全事项、社会管控事项,满足行政许可评估的必须性、公益性和实效性的要求,建议保留。

【铁路运输基础设备生产企业审批定义】在中华人民共和国境内生产铁路运输基础设备的企业,向国家铁路局提出申请,经审查合格取得"铁路运输基础设备生产企业许可证"的法律行为。

【评估标准】

(一)必要性评估

1. 保留铁路运输基础设备生产企业审批事项是我国铁路行业迅猛发展的客观需求

铁路基础设备的质量和安全性对于铁路运输行业运营和发展的重要性不言而喻,尤其是在当代我国铁路运输行业蓬勃发展的大背景下更是如此。根据《中长期铁路网规划》的统计数据,截至2015年年底,我国铁路运营里程达到12.1万公里,其中高速铁路1.9万公里,预计到2020年,我国铁路网规模将达到15万公里,其中高速铁路3万公里,将覆盖80%以上的大城市。如此迅速的发展形势,倘若没有安全合格的铁路基础设备支持是很难实现和维系的。保留铁路运输设备生产企业审批,有利于有效监控铁路运输设备的设计、实验与制造过程,这种防患于未然的做法能够有效减少因设备性能与质量的不合格而对行业发展带来的负面效应,减少行业发展的阻力,降低铁路行业发展的成本,从而实现促进行业发展的终极目的。

2. 当下我国还不具备取消铁路运输基础设备生产企业审批事项的条件

从法律的角度看,该领域目前仍然缺乏完整的规范性法律文件体系,相关事中与事后的监管依据与制度缺失;如果贸然取消对于铁路运输设备生产企业的审批事项,完全采取事后监管的办法来规范之,那么监管真空的现象将不可避免,监管的效果将被严重折损,而这将不仅会对我国铁路运输事业的发展造成消极影响,更会严重威胁到千万公民的生命财产安全。从社会现状的角度看,我国目前还不具备发达完备的行业协会监管体系,这一点与欧美的实践形成明显的对比,在美国,北美铁路协会(AAR)代表政府对铁路运输牵引供电、通信信号等产品实施认证与许可;在欧盟,如果铁路运输牵引供电、通信信号等设施没有得到欧盟 EC 安全评估的认证,将被禁止装配到铁路运输系统之中。反观我国,目前具有铁路产品认证资格的社会组织仅有一家,相关领域的社会力量仍然处于初创起步的状态,难以成为铁路运输基础设备生产监管的适格主体,因而对于铁路运输基础设备生产的相关事宜的审批严重依赖政府的情况便不可避免。在这种缺乏多元的监管主体与模式、高度单一的监管模式之下,单方面削弱政府的介入力度而忽视对于社会组织监管功能的培育,实质上是一种未得要领的激进做法,而如此改革的结果必然与改革的初衷背道而驰。

(二)公益性评估

保留铁路运输基础设备生产企业审批事项是公共安全的需要。铁路运输具有速度快、运量大、范围广等特点,这是铁路运输相较于其他运输方式的优势所在,也正是凭借这些优势,铁路运输在国民经济发展过程中扮演了极为关键的角色。但是凡事均具有两面性,铁路运输所具有的上述优势同时也导致了铁路运输安全事故的严重危害性,例如,2011 年 7 月 23 日,发生在浙江甬温线的特大铁路安全事故便是因两列高速列车追尾相撞所造成的,此次事故共造成超过 40 人死亡,200 多人受伤,事故之惨烈举国震惊。铁路运输设备是铁路运输过程中基本而关键的一环,整个铁路运输流程的运行离不开质量合格、性能优良的设备;如果在设备这一环节欠缺有效的监管,无法从源头有效排除造成事故的风险,就会造成极大的铁路运输隐患,进而对公民的人身财产安全造成严重威胁,例如前述的甬温线重大铁路安全事故之所以发生,经官方调查,与铁路信号系统故障具有直接的关联性。可见,加强对铁路运输设备的监管对于公共安全保障具有重要性。

(三)实效性评估

对铁路运输基础设备生产企业的有关事项进行审批,不仅有助于公益性目标的达成,同时也是对行政相对人权益影响最小的行政行为。依据行政法法理,行政主体在实施行政行为时,不仅要具有目的的正当性,还要具有手段的正当性。目的的正当性要求行政主体实施行政行为必须紧紧围绕保障公共利益这一中心来展开,不能利用所掌握的行政权力行以权谋私、假公济私之举;手段的正当性,就是要求行政主体所实施的行政行为必须是所有可行的行政监管方式中对行政相对人损害最小的一种,并且这一行为对行政相对人所带来的不利影响应当小于行为本身对公共利益与行政相对人合法权益带来的益处。铁路运输设备具有结构复杂、技术工艺要求高、制造周期长、制造难度大等特点,这些特点决定了铁路运输设备成本的高昂性。有意见认为,对于铁路运输基础设备生产企业的监管,通过设立行业标准,并采取随机抽查、受理投诉等监管方式完全可以实现有效的管理,然而这一观点忽视了铁路运输设备生产活动本身的特质。如果这一观点得以实践,即在相关领域的监管活动完全采取行业标准与事后监管相结合的管理模式,一方面,在当下法规建设难以有效跟进的情况下会出现监管真空的不利局面,另一方面,由于铁路运输设备涉及制造过程的长周期、高工艺以及高成本的特点,一旦生产企业被发现存在违法违规之情况并被责令承担法律责任,那么企业的正常生产活动必然会受到影响,一些设备的生产周期将不得不被中断,这不仅会给生产企业造成巨额的经济损失,也会因为铁路运输设备无法按时完成组装运用而对公共利益造成一定的负面效应。由此看来,所谓的行业标准与事后监管相结合的管理模式,看似增加了生产企业的生产自主性、减轻了企业的负担,实则增加了生产企业的运营成本与风险,由此所带来的消极因素要大于积极因素。反之,如果采取事前监管的模式,坚持预防为主的方针,就能够在企业实际开始生产活动之前实现有效的监督管理,在实现安全合规生产的情况下避免巨额经济损失的产生,从而能够更好地实现立法目的。

铁路机车车辆设计、制造、维修或进口许可事项评估

【基本评估意见】属于直接关系公共安全事项、社会管控事项,满足行政许可评估的必须性、公益性和实效性的要求,建议保留。

【铁路机车车辆设计、制造、维修或进口许可定义】设计、制造、维修或者进口新型铁路机车车辆,分别向国家铁路局申请领取型号合格证、制造许可证、维修许可证或者进口许可证的法律行为。

【评估标准】

(一)必要性评估

铁路运营是一个具有产业经济特性的特殊行业,政府应当根据铁路运输市场具体情况对铁路机车车辆设计、制造、维修或进口适当管制,以保护公共利益。《铁路安全管理条例》第21条第1款规定:"设计、制造、维修或者进口新型铁路机车车辆,应当符合国家标准、行业标准,并分别向国务院铁路行业监督管理部门申请领取型号合格证、制造许可证、维修许可证或者进口许可证,具体办法由国务院铁路行业监督管理部门制定。"《铁路机车车辆设计制造维修进口许可实施细则》第3条规定:"设计、制造、维修或者进口新型铁路机车车辆,应当分别向国家铁路局申请领取型号合格证、制造许可证、维修许可证或者进口许可证。设计新型铁路机车车辆,设计企业应当取得型号合格证;已取得型号合格证的产品,制造企业在投入批量制造之前,应当取得制造许可证;承担铁路机车车辆整机性能恢复性修理(即'大修')的维修企业在维修样车投入运营前,应当取得维修许可证;进口新型铁路机车车辆,在该产品投入运营前,国内进口企业应当取得进口许可证。"这一铁路行政许可应当予以保留,原因如下:

1. 保障公共安全的需要

铁路运输安全事关人民群众的生命和财产安全,事关社会稳定大局。目前随着经济社会的发展,我国铁路运输发展迅速、列车的速度提高、密度加大、重量增加,对铁路运输安全提出了新的挑战,因此贯彻执行《铁路法》和《铁路安全管理条例》以及相关法规、条例,依法维护铁路运输安全

尤其重要。铁路运输安全行政执法的主要法律依据是《铁路法》和《铁路安全管理条例》。用于铁路工程建设和铁路维修、抢险、检查和铁路物资运输的轨道车辆及大型养路机械作为铁路机车车辆中的一类,对铁路运输安全的作用与铁路机车车辆是相同的。因此,产品设计、生产、维修和进口必须与机车车辆一样实行严格的许可准入制度。《铁路安全管理条例》第21条规定:"设计、制造、维修或者进口新型铁路机车车辆,应当符合国家标准、行业标准,并分别向国务院铁路行业监督管理部门申请领取型号合格证、制造许可证、维修许可证或者进口许可证,具体办法由国务院铁路行业监督管理部门制定。铁路机车车辆的制造、维修、使用单位应当遵守有关产品质量的法律、行政法规以及国家其他有关规定,确保投入使用的机车车辆符合安全运营要求。"该项许可实际是对机车车辆实行的一整套准入制度,包括五个方面的规定:第一,国内厂家设计出新型机车车辆,需通过技术鉴定,并取得型号合格证;第二,取得型号合格证的产品,在投入批量生产之前,要取得生产许可证;第三,从事机车车辆维修业务,要取得维修合格证;第四,进口新型机车车辆,在正式签订供货合同之前,要取得型号认可证;第五,无论是新造车、维修车还是进口车,在上道投入使用之前,都要经铁道部验收合格。这五个方面的规定,涵盖了铁路机车车辆设计、制造、维修、进口、上道使用的全过程,而且全部由铁道部直接管理,实行严格的准入制度。这对强化机车车辆生产维修企业责任,解决目前机车车辆质量存在的突出问题,尽快提升铁路运输装备水平,具有十分重要的作用。如果对铁路机车车辆设计、制造、维修或进口不加以适当规制,而是完全市场化管理,可能会加大公共安全的风险,无法保证在没有政府许可的情况下铁路机车的安全性,同时铁路机车车辆的设计与国家对铁路线路的布局安排息息相关,如果政府对此不加以行政管理,可能会影响到公共安全。纵观美国、德国、日本、俄罗斯等发达国家对其本国的铁路机车车辆的设计、制造、维修等都规定了准入政策,不是随便一个企业都可以参与铁路运营,而是设定了较高的条件。结合我国的实际情况,虽然政府要求简政放权,但是对于铁路行政许可的事项来说,不是应当"放权",而是应当"扩权",加大对铁路行政许可事项的管理,这关系到公共安全、人身健康及生命财产安全,如果不加以规范和管理,将对整个社会、经济带来一定的影响。

2. 事中、事后监管不可能完全保证铁路运输设备的安全

行政许可审查办法的实施,能够及时发现问题并使之整改,对完善企业质量管理、规范市场和企业行为、强化质量管理意识和行业管理水平、提高生产或维修产品质量,具有很大的促进作用。如果取消了事前许可制度,仅仅保留事中、事后监管是不足以保证铁路运输安全的。所以,在行政许可的过程中,通过现场的检查和与员工的直接交流,能够发现企业生产或维修过程的实质问题,加深企业对行政许可工作的认识和理解,了解控制产品质量的要求和方法。通过审查和交流,促使企业管理部门学习相关法律、法规及相关文件,提高质量管理意识。审查的内容和基本要素,以及所反映的问题,令企业既能学到知识又能查出质量管理中存在的关键问题。多年的生产或维修过程形成了许多不良工作习惯,生产和维修往往凭经验和习惯进行,通过审查和交流,使操作者普遍认识到在生产或维修过程中严格按照规定要求操作的必要性。事中监督中,对申请企业存在的问题均开具不符合报告,一般要求 1 个月整改,涉及硬件、工艺等较严重不符合项的,限期 3 个月整改。通过事中监督,可以使存在问题的企业对不符合项认真进行分析,查找原因,制定整改措施,起到了完善质量管理体系、加强员工培训、强化质量意识、规范各项管理程序的作用。由此可见,行政许可及事中、事后监督既是国家对企业符合要求的能力规制,又促进了企业增强市场竞争力,必将给企业带来良好的经济效益。

(二)公益性评估

就目前而言,无论是客运需求还是货运需求,都严重依赖铁路运输。在我国的统一运输网中,铁路运输担负着客运总量的 1/3、货物运输量的 1/2 以上。而煤炭、石油、钢铁、粮食、棉花等重要物资的运输量始终在五种运输方式中居于首位,因此,可以说铁路运输在我国运输体系中居于主要地位。它连接城市,深入乡村,遍布于国土之上,铁路线路成为国民经济发展的动脉血管,密切联系着亿万旅客和货主,这不仅对于社会经济生活,而且对于人民群众的生命、财产安全都有着最迅速、最直接、最广泛的影响,而机车车辆则是铁路运输的核心要素之一。另外,我国幅员辽阔、地形气候复杂,从青藏高原的恶劣气候到北方冬季的极端严寒、从西北地区的风沙弥漫到西南地区的地质灾害频繁,对铁路机车的性能和质量提出了很高的要求和巨大的挑战。为了满足全国各地客货的流通需求,必

须通过设置行政许可对机车的设计、制造、维修和进口实行准入机制,不断提升铁路机车车辆的综合性能、适应不同的地形地貌和复杂气候,保障铁路运输的正常运行。该行政许可项目的实施,起到了促进铁路轨道车辆发展和保障铁路运输安全的作用。对铁路机车车辆的设计、制造、维修或进口的行政许可是市场与政府的共同作用,对该项行政许可的保留是以增进社会福利为目的,并在此基础上追求资源配置的高效率和社会公平。

(三)实效性评估

可持续发展,是目前各行各业所倡导的发展策略,铁路运输运营行业也不例外。我国的铁路运营行业,尤其是高铁运输设备生产行业在世界上具有一定的竞争力。中国最高领导层亲自化身"高铁推销员",在各种出访场合提及这张"中国名片"。高铁"走出去"更具国家意义——推动产业的升级换代,作为中国工业国际生产竞争力的一个符号,以及消化国内过剩的产能。2014年7月25日,由中国土木工程集团有限公司承包建设的连接土耳其首都安卡拉和最大城市伊斯坦布尔的高速铁路二期工程历时11年终于通车,这也是中国完成的第一条海外高铁工程。

由此可见,在完全市场化和全球化的背景下,我国铁路运营行业不仅面临国内竞争问题,作为一个行业,还面临着日本、法国、德国等国家的相同行业的竞争问题。同时,高铁是国家目前倡导的"一带一路"倡议中的一种支柱性行业。所以,必须保证本国的铁路运输设备生产行业可持续发展。对铁路机车车辆设计、制造、维修或者进口许可的首要问题是技术指标,比如高铁的基建方面,主要涉及勘察、设计、施工、验收及其他相关的建设规范和标准。西方国家得益于先发优势,西方标准至今在全球高铁领域占据主导地位。在这样的情况下,我国政府应当保留铁路机车车辆的设计、制造、维修或者进口的行政许可,这样才能更好地应对市场化和全球化的发展。

铁路机车车辆驾驶人员资格许可事项评估

【基本评估意见】属于直接关系公共安全事项、社会管控事项,满足行政许可评估的必须性、公益性和实效性的要求,建议保留。

【铁路机车车辆驾驶人员资格许可定义】在中华人民共和国境内的铁路营业线上,承担公共运输或施工、维修、检测、试验等任务的铁路机车、动车组、大型养路机械、轨道车、接触网作业车驾驶人员(以下简称"驾驶人员"),向国家铁路局申请驾驶资格,并取得相应类别的铁路机车车辆驾驶证的法律行为。

【评估标准】

(一)必要性评估

《铁路安全管理条例》第 57 条规定:"铁路机车车辆的驾驶人员应当参加国务院铁路行业监督管理部门组织的考试,考试合格方可上岗。具体办法由国务院铁路行业监督管理部门制定。"

铁路机车车辆驾驶人员是铁路的特殊工种,工作责任大、技术性强。驾驶人员技能素质的高低,直接关系铁路行车安全,特别是高速铁路的驾驶人员。我国对飞机驾驶人员、汽车驾驶人员和船舶驾驶人员,均实行驾驶证管理,也就是驾驶资格许可。长期以来,为了加强对特殊工种、关键岗位人员的管理,铁路也对机车车辆驾驶人员实行了资格考试,这也是世界各国通行的做法。为此,2013 年 12 月 16 日经第 13 次部务会议通过,交通运输部发布了《铁路机车车辆驾驶人员资格许可办法》(交通运输部令 2013 年第 14 号),对该项行政许可的条件、程序等作了具体规定。该办法自 2014 年 1 月 1 日起施行。

如上所述,因为对铁路机车车辆驾驶人员实行资格许可意义重大,所以对其发放许可的程序要严格按照行政许可的法定程序进行。

(二)公益性评估

国家建立健全职业资格准入和职业资格管理制度,尤其是与交通行业相关的职业准入和管理制度,初衷是提高驾驶员的业务素质,从而使得他们达到职业准入的标准。在铁路运输行业这一关系公共安全、人身健康、人民生命财产安全的关键行业实行职业资格准入和职业资格管理制度意义重大。因此,不仅要严格准入资格,还要在发放许可后,对已经发放的许可进行评估和清理,从而完善铁路机车车辆驾驶人员资格许可业资格制度体系,有效发挥其对从业人员管理的作用,做到事前监管和事后监管的结合。

(三)实效性评估

我国现有铁路内燃、电力机车约 2 万台,CRH 系列动车组约千组,包括大型养路机械、轨道车、接触网作业车在内的自轮运转车辆约 4.5 千辆(组)。全国共有铁路机车车辆驾驶人员近 15 万人。铁路运营里程特别是高速铁路里程的不断增加,对机车车辆驾驶人员数量和技术水平要求进一步提高。铁路发展突飞猛进,对机车车辆驾驶人员的录用、考核、管理等方面的工作也提出了新的要求。一是增加了动车组准驾类型,并对申请条件作出了一些特殊规定。如申请人必须经动车组驾驶适应性测试合格。二是对高速列车驾驶人员和相关企业,要求加大监督检查力度。三是要求相关企业为驾驶人员学习培训提供条件,聘用取得驾驶证的人员,还应进行岗前培训,合格后方可上岗。同时,为落实简政放权、规范管理、便民利民的行政审批制度改革要求,需要进一步精简合并准驾类型,由此前的 21 类减少到 9 类。如考试通过获得 J1 类驾驶资格的,可准驾动车组和内燃机车、电力机车;如考试通过获得 L1 类驾驶资格的,可准驾大型养路机械和轨道车、接触网作业车;单司机、重载列车司机无须再单独申请驾驶资格。考试科目也进一步精简,由原来的 6 项精简为 4 项。取消了驾驶证年审制度,改为用人企业每年一次将所聘用驾驶人员的情况书面报告所在地区铁路监督管理局。通过加大落实铁路机车车辆驾驶人员资格许可实施的具体措施,不断提高办事效率。

铁路无线电台设置审批及电台频率的指配事项评估

【基本评估意见】无线电频谱资源属于国家所有,是关系到国家安全、公共安全以及社会经济发展的重要稀缺资源,需要统一管理、科学管理,建议取消国家铁路局的审批权限,由工业和信息化部无线电管理局统一管理。

【铁路无线电台设置审批及电台频率的指配定义】铁路运输企业和铁路专用通信运营企业设置无线电台(站)和使用铁路通信频率,经原铁道部批准,原铁道部行政许可管理机构负责受理申请和送达行政许可决定,原铁道部运输局负责审查的法律行为。

【评估标准】

(一)必要性评估

无线电管理的重要性。进入信息化时代之后,无线电管理在促进国家经济建设、国防建设和社会稳定方面具有相当重要的作用,无线电技术在各行各业的不同专业领域都得到广泛应用,成为生活中不可或缺的一部分。然而无线电频谱资源是有限的,需要政府职能部门进行科学规划、统一配置,加强无线电台(站)和设备的管理,有效维护空中电波秩序,保障各类无线电业务按照不同的频率各行其道、互不干扰。作为政府部门,应当取消部门条块分割和重叠的职能设置,把无线电台的设置及电台频率的指配交由专门的无线电管理机构进行统一集中管理,提高频谱资源的利用率,引入市场机制,有偿付费使用频谱资源。

(二)公益性评估

铁路无线电台(站)的保护及排除频率干扰对铁路机车车辆的正常行驶和铁路运行秩序的保障具有重大的意义,而这需要各地方无线电管理机构的合作,并非铁路监管部门一家就能妥善解决。《铁路安全管理条例》第74条规定:"禁止使用无线电台(站)以及其他仪器、装置干扰铁路运营指挥调度无线电频率的正常使用。铁路运营指挥调度无线电频率受到干扰的,铁路运输企业应当立即采取排查措施并报告无线电管理机构、铁路监管部门;无线电管理机构、铁路监管部门应当依法排除干扰。"例如,2014年6月18日,武汉至黄石的城际铁路大冶北站GSM-R频段遇到不明强信号干扰,湖北省无线电管理委员会办公室黄石市管理处接到铁路管理部门的举报后,进行现场排查,发现该干扰信号来自武九铁路线的一个GSM-R基站。经过铁路部门内部协调,较好地解决了干扰问题。①

(三)实效性评估

无线电管理局对民航、铁路无线电专用频率的保护和建立长效工作机制是取消铁路管理部门无线电行政许可的有力保障。2016年8月工业和信息化部发布了《国家无线电管理规划(2016—2020年)》,以"管资源、管台站、管秩序,服务经济社会发展、服务国防建设、服务党政机关,突出做好重点无线电安全保障工作"为总体要求,聚焦频谱资源管理核心职能,着力完善监管体系建设,是无线电管理机构履行职能的重要依据,是引领未来5年我国无线电管理事业发展的纲领性文件。

---

① 参见李建武、李庆:《快速排除城际铁路无线电通信干扰》,载《中国无线电》2014年第9期。

铁路车站和线路命名、更名审批事项评估

【基本评估意见】铁路车站和线路命名、更名不属于直接关系公共安全的事项,也不属于社会管控和资源限制事项,建议取消。

【铁路车站和线路命名、更名定义】铁路部门使用的具有地名意义的台、站、港、场等名称,在征得当地人民政府同意后,由铁路主管部门审批的法律行为。

【评估标准】

(一)必要性评估

原铁道部自该行政许可项目设定起,从未按照行政许可审批实施。铁路站名、线名始终处于有效管理中,未影响到铁路运输和铁路安全,未影响到社会秩序。铁路政企分开改革后,铁路总公司负责原铁道部管辖的铁路的运输和组织管理,统筹管理站名、线名,具备取消该行政许可的客观条件。该行政许可审批项目不在《行政许可法》第二章规定的可设定行政许可的事项之列,可以取消铁路行政主管部门的审批权限,由公民、法人或其他组织自主决定,当地人民政府同意即可。

(二)公益性评估

铁路车站和线路的名称是铁路运输系统中重要的非物质组成部分,随着政企分离、铁路市场化的发展,铁路机车车辆、铁路车站和线路的命名也蕴藏着丰富的市场价值。例如,随着中国铁路总公司自2014年开始对各铁路局列车冠名权的放开,各种"冠名号"列车开始在火车站扎堆出现,"好想你号""QQ星号""松花湖号""伊斯佳号""西柏坡号"等冠名列车纷纷出现。由此可见,铁路车站、线路的命名和更名很大程度上也是一种市场化、地方性的事务,与铁路运输安全没有多大的关联。

(三)实效性评估

火车站站名是某个区域内重要的地理标识,也是展示地区文化的载体。火车站站名和铁路线路的命名,只要具有科学性、合理性、规范性,能够保证铁路调度的准确性,对于铁路运输而言并没有达到行政许可的程度,不应成为铁路行政许可的内容。

铁路工程建设消防设计审批事项评估

【基本评估意见】为贯彻政企分开原则,建议取消该项行政许可项目。

【铁路工程建设消防设计审批定义】铁路公安机关消防机构依法实施铁路建设工程消防设计审核、消防验收和备案抽查的法律行为。

【评估标准】

(一)必要性评估

铁路工程建设消防设计属于铁路建设工程安全设计的一部分,铁路建设企业应当承担安全生产主体责任,对工程建设项目的安全性进行严格检验和评估。铁路行政监管部门可以通过制定铁路工程建设消防设计标准规范实施监管,没有必要设置行政许可。

(二)公益性评估

铁路工程建设消防是铁路消防的重要一环,对预防火灾事故、减少火灾危害、保障铁路运输生产、基本建设和人身、财产安全具有一定的意义。而铁路公安机关消防机构力量有限,实践中难以发挥相应的作用,铁路消防工作也应当由公安机关消防部门统一监督管理。

(三)时效性评估

《铁路消防管理办法》由原铁道部于2009年依据《中华人民共和国消防法》制定。《中华人民共和国消防法》第4条规定:"国务院公安部门对全国的消防工作实施监督管理。县级以上地方人民政府公安机关对本行政区域内的消防工作实施监督管理,并由本级人民政府公安机关消防机构负责实施。军事设施的消防工作,由其主管单位监督管理,公安机关消防机构协助;矿井地下部分、核电厂、海上石油天然气设施的消防工作,由其主管单位监督管理。县级以上人民政府其他有关部门在各自的职责范围内,依照本法和其他相关法律、法规的规定做好消防工作。法律、行政法规对森林、草原的消防工作另有规定的,从其规定。"原铁道部不属于国务院公安部门,铁路又和军事、矿井、核电厂、海上石油、森林和草原等特殊领域无关,由此可见,作为上位法的《中华人民共和国消防法》并没有明确授权铁路部门对消防工作进行监督管理。

铁道固定资产投资项目审批事项评估

【基本评估意见】铁道固定资产投资项目存在重复审批现象,建议将其从暂列国家铁路局名下的审批项目中取消。

【铁道固定资产投资项目审批定义】原铁道部对利用国外贷款的铁路项目立项审批、铁路建设项目立项审批、国家铁路大中型建设项目、限额以上更新改造项目和铁道部指定的项目初步设计、变更设计及总概算审批的法律行为。

【评估标准】

(一)必要性评估

《国务院关于发布政府核准的投资项目目录(2016年本)的通知》(国发〔2016〕72号)规定:"新建(含增建)铁路:列入国家批准的相关规划中的项目,中国铁路总公司为主出资的由其自行决定并报国务院投资主管部门备案,其他企业投资的由省级政府核准;地方城际铁路项目由省级政府按照国家批准的相关规划核准,并报国务院投资主管部门备案;其余项目由省级政府核准。"铁道固定资产投资项目由国务院投资主管部门或省级政府核准,建议将其从暂列国家铁路局名下的审批项目中取消。

(二)公益性评估

近年来,中国铁路事业的发展成绩斐然。"十二五"期间,全国铁路固定资产投资完成3.58万亿元。到2015年年底,全国铁路营业里程达到12.1万公里,居世界第二位,其中,高速铁路1.9万公里,居世界第一位。[①] 但是,铁路市场化改革之后,中国铁路总公司作为市场主体之一不应享有决定铁路建设的权力,铁道固定资产投资项目应当由国家发展和改革委员会或其他行政机关批复和决定。

(三)实效性评估

中国铁路总公司作为财政部出资监管,交通运输部和国家铁路局行

---

① 参见《铁路总公司:2015年铁路建设任务超额完成》,载 http://finance.ifeng.com/a/20160101/14145285_0.shtml,访问日期:2016年6月23日。

业监管的由中央管理的国有独资企业,其职责包括但不限于:负责拟订铁路投资建设计划,提出国家铁路网建设和筹资方案建议。负责建设项目前期工作,管理建设项目。① 能源、交通领域的项目审批则由国家发展和改革委员会负责。项目投资总额与项目资本金的比例受到法律限制,这种限制既存在于国内固定资产投资的项目核准中,也存在于国内外资企业的设立和运营中。项目资本金可能来源于铁路所在地政府的财政预算资金,也可能是中国铁路总公司的资金(或中国铁路总公司贷款,或申请铁路发展基金)。可见,铁路建设无论从项目审批还是资金来源方面,都和国家铁路局关系不大。因此,铁道固定资产投资项目暂列国家铁路局名下并不合适。

---

① 参见《国务院关于组建中国铁路总公司有关问题的批复》第3条。

附录二　铁路行政许可法律、法规、规章和规范性文件

《中华人民共和国行政许可法》

(2003年8月27日第十届全国人民代表大会常务委员会第四次会议通过,自2004年7月1日起施行)

第一章　总　则

第一条　为了规范行政许可的设定和实施,保护公民、法人和其他组织的合法权益,维护公共利益和社会秩序,保障和监督行政机关有效实施行政管理,根据宪法,制定本法。

第二条　本法所称行政许可,是指行政机关根据公民、法人或者其他组织的申请,经依法审查,准予其从事特定活动的行为。

第三条　行政许可的设定和实施,适用本法。

有关行政机关对其他机关或者对其直接管理的事业单位的人事、财务、外事等事项的审批,不适用本法。

第四条　设定和实施行政许可,应当依照法定的权限、范围、条件和程序。

第五条　设定和实施行政许可,应当遵循公开、公平、公正的原则。

有关行政许可的规定应当公布;未经公布的,不得作为实施行政许可的依据。行政许可的实施和结果,除涉及国家秘密、商业秘密或者个人隐私的外,应当公开。

符合法定条件、标准的,申请人有依法取得行政许可的平等权利,行政机关不得歧视。

第六条 实施行政许可,应当遵循便民的原则,提高办事效率,提供优质服务。

第七条 公民、法人或者其他组织对行政机关实施行政许可,享有陈述权、申辩权;有权依法申请行政复议或者提起行政诉讼;其合法权益因行政机关违法实施行政许可受到损害的,有权依法要求赔偿。

第八条 公民、法人或者其他组织依法取得的行政许可受法律保护,行政机关不得擅自改变已经生效的行政许可。

行政许可所依据的法律、法规、规章修改或者废止,或者准予行政许可所依据的客观情况发生重大变化的,为了公共利益的需要,行政机关可以依法变更或者撤回已经生效的行政许可。由此给公民、法人或者其他组织造成财产损失的,行政机关应当依法给予补偿。

第九条 依法取得的行政许可,除法律、法规规定依照法定条件和程序可以转让的外,不得转让。

第十条 县级以上人民政府应当建立健全对行政机关实施行政许可的监督制度,加强对行政机关实施行政许可的监督检查。

行政机关应当对公民、法人或者其他组织从事行政许可事项的活动实施有效监督。

第二章 行政许可的设定

第十一条 设定行政许可,应当遵循经济和社会发展规律,有利于发挥公民、法人或者其他组织的积极性、主动性,维护公共利益和社会秩序,促进经济、社会和生态环境协调发展。

第十二条 下列事项可以设定行政许可:

(一)直接涉及国家安全、公共安全、经济宏观调控、生态环境保护以及直接关系人身健康、生命财产安全等特定活动,需要按照法定条件予以批准的事项;

(二)有限自然资源开发利用、公共资源配置以及直接关系公共利益的特定行业的市场准入等,需要赋予特定权利的事项;

(三)提供公众服务并且直接关系公共利益的职业、行业,需要确定具备特殊信誉、特殊条件或者特殊技能等资格、资质的事项;

（四）直接关系公共安全、人身健康、生命财产安全的重要设备、设施、产品、物品,需要按照技术标准、技术规范,通过检验、检测、检疫等方式进行审定的事项;

（五）企业或者其他组织的设立等,需要确定主体资格的事项;

（六）法律、行政法规规定可以设定行政许可的其他事项。

第十三条 本法第十二条所列事项,通过下列方式能够予以规范的,可以不设行政许可:

（一）公民、法人或者其他组织能够自主决定的;

（二）市场竞争机制能够有效调节的;

（三）行业组织或者中介机构能够自律管理的;

（四）行政机关采用事后监督等其他行政管理方式能够解决的。

第十四条 本法第十二条所列事项,法律可以设定行政许可。尚未制定法律的,行政法规可以设定行政许可。

必要时,国务院可以采用发布决定的方式设定行政许可。实施后,除临时性行政许可事项外,国务院应当及时提请全国人民代表大会及其常务委员会制定法律,或者自行制定行政法规。

第十五条 本法第十二条所列事项,尚未制定法律、行政法规的,地方性法规可以设定行政许可;尚未制定法律、行政法规和地方性法规的,因行政管理的需要,确需立即实施行政许可的,省、自治区、直辖市人民政府规章可以设定临时性的行政许可。临时性的行政许可实施满一年需要继续实施的,应当提请本级人民代表大会及其常务委员会制定地方性法规。

地方性法规和省、自治区、直辖市人民政府规章,不得设定应当由国家统一确定的公民、法人或者其他组织的资格、资质的行政许可;不得设定企业或者其他组织的设立登记及其前置性行政许可。其设定的行政许可,不得限制其他地区的个人或者企业到本地区从事生产经营和提供服务,不得限制其他地区的商品进入本地区市场。

第十六条 行政法规可以在法律设定的行政许可事项范围内,对实施该行政许可作出具体规定。

地方性法规可以在法律、行政法规设定的行政许可事项范围内,对实施该行政许可作出具体规定。

规章可以在上位法设定的行政许可事项范围内,对实施该行政许可作出具体规定。

法规、规章对实施上位法设定的行政许可作出的具体规定,不得增设行政许可;对行政许可条件作出的具体规定,不得增设违反上位法的其他条件。

第十七条　除本法第十四条、第十五条规定的外,其他规范性文件一律不得设定行政许可。

第十八条　设定行政许可,应当规定行政许可的实施机关、条件、程序、期限。

第十九条　起草法律草案、法规草案和省、自治区、直辖市人民政府规章草案,拟设定行政许可的,起草单位应当采取听证会、论证会等形式听取意见,并向制定机关说明设定该行政许可的必要性、对经济和社会可能产生的影响以及听取和采纳意见的情况。

第二十条　行政许可的设定机关应当定期对其设定的行政许可进行评价;对已设定的行政许可,认为通过本法第十三条所列方式能够解决的,应当对设定该行政许可的规定及时予以修改或者废止。

行政许可的实施机关可以对已设定的行政许可的实施情况及存在的必要性适时进行评价,并将意见报告该行政许可的设定机关。

公民、法人或者其他组织可以向行政许可的设定机关和实施机关就行政许可的设定和实施提出意见和建议。

第二十一条　省、自治区、直辖市人民政府对行政法规设定的有关经济事务的行政许可,根据本行政区域经济和社会发展情况,认为通过本法第十三条所列方式能够解决的,报国务院批准后,可以在本行政区域内停止实施该行政许可。

第三章　行政许可的实施机关

第二十二条　行政许可由具有行政许可权的行政机关在其法定职权范围内实施。

第二十三条　法律、法规授权的具有管理公共事务职能的组织,在法定授权范围内,以自己的名义实施行政许可。被授权的组织适用本法有关行政机关的规定。

第二十四条 行政机关在其法定职权范围内,依照法律、法规、规章的规定,可以委托其他行政机关实施行政许可。委托机关应当将受委托行政机关和受委托实施行政许可的内容予以公告。

委托行政机关对受委托行政机关实施行政许可的行为应当负责监督,并对该行为的后果承担法律责任。

受委托行政机关在委托范围内,以委托行政机关名义实施行政许可;不得再委托其他组织或者个人实施行政许可。

第二十五条 经国务院批准,省、自治区、直辖市人民政府根据精简、统一、效能的原则,可以决定一个行政机关行使有关行政机关的行政许可权。

第二十六条 行政许可需要行政机关内设的多个机构办理的,该行政机关应当确定一个机构统一受理行政许可申请,统一送达行政许可决定。

行政许可依法由地方人民政府两个以上部门分别实施的,本级人民政府可以确定一个部门受理行政许可申请并转告有关部门分别提出意见后统一办理,或者组织有关部门联合办理、集中办理。

第二十七条 行政机关实施行政许可,不得向申请人提出购买指定商品、接受有偿服务等不正当要求。

行政机关工作人员办理行政许可,不得索取或者收受申请人的财物,不得谋取其他利益。

第二十八条 对直接关系公共安全、人身健康、生命财产安全的设备、设施、产品、物品的检验、检测、检疫,除法律、行政法规规定由行政机关实施的外,应当逐步由符合法定条件的专业技术组织实施。专业技术组织及其有关人员对所实施的检验、检测、检疫结论承担法律责任。

第四章　行政许可的实施程序

第一节　申请与受理

第二十九条 公民、法人或者其他组织从事特定活动,依法需要取得行政许可的,应当向行政机关提出申请。申请书需要采用格式文本的,行政机关应当向申请人提供行政许可申请书格式文本。申请书格式文本中不得包含与申请行政许可事项没有直接关系的内容。

申请人可以委托代理人提出行政许可申请。但是,依法应当由申请人到行政机关办公场所提出行政许可申请的除外。

行政许可申请可以通过信函、电报、电传、传真、电子数据交换和电子邮件等方式提出。

第三十条 行政机关应当将法律、法规、规章规定的有关行政许可的事项、依据、条件、数量、程序、期限以及需要提交的全部材料的目录和申请书示范文本等在办公场所公示。

申请人要求行政机关对公示内容予以说明、解释的,行政机关应当说明、解释,提供准确、可靠的信息。

第三十一条 申请人申请行政许可,应当如实向行政机关提交有关材料和反映真实情况,并对其申请材料实质内容的真实性负责。行政机关不得要求申请人提交与其申请的行政许可事项无关的技术资料和其他材料。

第三十二条 行政机关对申请人提出的行政许可申请,应当根据下列情况分别作出处理:

(一)申请事项依法不需要取得行政许可的,应当即时告知申请人不受理;

(二)申请事项依法不属于本行政机关职权范围的,应当即时作出不予受理的决定,并告知申请人向有关行政机关申请;

(三)申请材料存在可以当场更正的错误的,应当允许申请人当场更正;

(四)申请材料不齐全或者不符合法定形式的,应当当场或者在五日内一次告知申请人需要补正的全部内容,逾期不告知的,自收到申请材料之日起即为受理;

(五)申请事项属于本行政机关职权范围,申请材料齐全、符合法定形式,或者申请人按照本行政机关的要求提交全部补正申请材料的,应当受理行政许可申请。

行政机关受理或者不予受理行政许可申请,应当出具加盖本行政机关专用印章和注明日期的书面凭证。

第三十三条 行政机关应当建立和完善有关制度,推行电子政务,在行政机关的网站上公布行政许可事项,方便申请人采取数据电文等方式提出行政许可申请;应当与其他行政机关共享有关行政许可信息,提高办事效率。

第二节 审查与决定

第三十四条 行政机关应当对申请人提交的申请材料进行审查。

申请人提交的申请材料齐全、符合法定形式,行政机关能够当场作出决定的,应当当场作出书面的行政许可决定。

根据法定条件和程序,需要对申请材料的实质内容进行核实的,行政机关应当指派两名以上工作人员进行核查。

第三十五条 依法应当先经下级行政机关审查后报上级行政机关决定的行政许可,下级行政机关应当在法定期限内将初步审查意见和全部申请材料直接报送上级行政机关。上级行政机关不得要求申请人重复提供申请材料。

第三十六条 行政机关对行政许可申请进行审查时,发现行政许可事项直接关系他人重大利益的,应当告知该利害关系人。申请人、利害关系人有权进行陈述和申辩。行政机关应当听取申请人、利害关系人的意见。

第三十七条 行政机关对行政许可申请进行审查后,除当场作出行政许可决定的外,应当在法定期限内按照规定程序作出行政许可决定。

第三十八条 申请人的申请符合法定条件、标准的,行政机关应当依法作出准予行政许可的书面决定。

行政机关依法作出不予行政许可的书面决定的,应当说明理由,并告知申请人享有依法申请行政复议或者提起行政诉讼的权利。

第三十九条 行政机关作出准予行政许可的决定,需要颁发行政许可证件的,应当向申请人颁发加盖本行政机关印章的下列行政许可证件:

(一)许可证、执照或者其他许可证书;
(二)资格证、资质证或者其他合格证书;
(三)行政机关的批准文件或者证明文件;
(四)法律、法规规定的其他行政许可证件。

行政机关实施检验、检测、检疫的,可以在检验、检测、检疫合格的设备、设施、产品、物品上加贴标签或者加盖检验、检测、检疫印章。

第四十条 行政机关作出的准予行政许可决定,应当予以公开,公众有权查阅。

第四十一条 法律、行政法规设定的行政许可,其适用范围没有地域限制的,申请人取得的行政许可在全国范围内有效。

第三节 期 限

第四十二条 除可以当场作出行政许可决定的外,行政机关应当自受理行政许可申请之日起二十日内作出行政许可决定。二十日内不能作出决定的,经本行政机关负责人批准,可以延长十日,并应当将延长期限的理由告知申请人。但是,法律、法规另有规定的,依照其规定。

依照本法第二十六条的规定,行政许可采取统一办理或者联合办理、集中办理的,办理的时间不得超过四十五日;四十五日内不能办结的,经本级人民政府负责人批准,可以延长十五日,并应当将延长期限的理由告知申请人。

第四十三条 依法应当先经下级行政机关审查后报上级行政机关决定的行政许可,下级行政机关应当自其受理行政许可申请之日起二十日内审查完毕。但是,法律、法规另有规定的,依照其规定。

第四十四条 行政机关作出准予行政许可的决定,应当自作出决定之日起十日内向申请人颁发、送达行政许可证件,或者加贴标签、加盖检验、检测、检疫印章。

第四十五条 行政机关作出行政许可决定,依法需要听证、招标、拍卖、检验、检测、检疫、鉴定和专家评审的,所需时间不计算在本节规定的期限内。行政机关应当将所需时间书面告知申请人。

第四节 听 证

第四十六条 法律、法规、规章规定实施行政许可应当听证的事项,或者行政机关认为需要听证的其他涉及公共利益的重大行政许可事项,行政机关应当向社会公告,并举行听证。

第四十七条 行政许可直接涉及申请人与他人之间重大利益关系的,行政机关在作出行政许可决定前,应当告知申请人、利害关系人享有要求听证的权利;申请人、利害关系人在被告知听证权利之日起五日内提出听证申请的,行政机关应当在二十日内组织听证。

申请人、利害关系人不承担行政机关组织听证的费用。

第四十八条 听证按照下列程序进行:

(一)行政机关应当于举行听证的七日前将举行听证的时间、地点通知申请人、利害关系人,必要时予以公告;

(二)听证应当公开举行;

(三)行政机关应当指定审查该行政许可申请的工作人员以外的人员为听证主持人,申请人、利害关系人认为主持人与该行政许可事项有直接利害关系的,有权申请回避;

(四)举行听证时,审查该行政许可申请的工作人员应当提供审查意见的证据、理由,申请人、利害关系人可以提出证据,并进行申辩和质证;

(五)听证应当制作笔录,听证笔录应当交听证参加人确认无误后签字或者盖章。

行政机关应当根据听证笔录,作出行政许可决定。

第五节 变更与延续

第四十九条 被许可人要求变更行政许可事项的,应当向作出行政许可决定的行政机关提出申请;符合法定条件、标准的,行政机关应当依法办理变更手续。

第五十条 被许可人需要延续依法取得的行政许可的有效期的,应当在该行政许可有效期届满三十日前向作出行政许可决定的行政机关提出申请。但是,法律、法规、规章另有规定的,依照其规定。

行政机关应当根据被许可人的申请,在该行政许可有效期届满前作出是否准予延续的决定;逾期未作决定的,视为准予延续。

第六节 特别规定

第五十一条 实施行政许可的程序,本节有规定的,适用本节规定;本节没有规定的,适用本章其他有关规定。

第五十二条 国务院实施行政许可的程序,适用有关法律、行政法规的规定。

第五十三条 实施本法第十二条第二项所列事项的行政许可的,行政机关应当通过招标、拍卖等公平竞争的方式作出决定。但是,法律、行政法规另有规定的,依照其规定。

行政机关通过招标、拍卖等方式作出行政许可决定的具体程序,依照有关法律、行政法规的规定。

行政机关按照招标、拍卖程序确定中标人、买受人后,应当作出准予行政许可的决定,并依法向中标人、买受人颁发行政许可证件。

行政机关违反本条规定,不采用招标、拍卖方式,或者违反招标、拍卖程序,损害申请人合法权益的,申请人可以依法申请行政复议或者提起行政诉讼。

第五十四条 实施本法第十二条第三项所列事项的行政许可,赋予公民特定资格,依法应当举行国家考试的,行政机关根据考试成绩和其他法定条件作出行政许可决定;赋予法人或者其他组织特定的资格、资质的,行政机关根据申请人的专业人员构成、技术条件、经营业绩和管理水平等的考核结果作出行政许可决定。但是,法律、行政法规另有规定的,依照其规定。

公民特定资格的考试依法由行政机关或者行业组织实施,公开举行。行政机关或者行业组织应当事先公布资格考试的报名条件、报考办法、考试科目以及考试大纲。但是,不得组织强制性的资格考试的考前培训,不得指定教材或者其他助考材料。

第五十五条 实施本法第十二条第四项所列事项的行政许可的,应当按照技术标准、技术规范依法进行检验、检测、检疫,行政机关根据检验、检测、检疫的结果作出行政许可决定。

行政机关实施检验、检测、检疫,应当自受理申请之日起五日内指派两名以上工作人员按照技术标准、技术规范进行检验、检测、检疫。不需要对检验、检测、检疫结果作进一步技术分析即可认定设备、设施、产品、物品是否符合技术标准、技术规范的,行政机关应当当场作出行政许可决定。

行政机关根据检验、检测、检疫结果,作出不予行政许可决定的,应当书面说明不予行政许可所依据的技术标准、技术规范。

第五十六条 实施本法第十二条第五项所列事项的行政许可,申请人提交的申请材料齐全、符合法定形式的,行政机关应当当场予以登记。需要对申请材料的实质内容进行核实的,行政机关依照本法第三十四条第三款的规定办理。

第五十七条 有数量限制的行政许可,两个或者两个以上申请人的申请均符合法定条件、标准的,行政机关应当根据受理行政许可申请的先后顺序作出准予行政许可的决定。但是,法律、行政法规另有规定的,依照其规定。

第五章 行政许可的费用

第五十八条 行政机关实施行政许可和对行政许可事项进行监督检查,不得收取任何费用。但是,法律、行政法规另有规定的,依照其规定。

行政机关提供行政许可申请书格式文本,不得收费。

行政机关实施行政许可所需经费应当列入本行政机关的预算,由本级财政予以保障,按照批准的预算予以核拨。

第五十九条 行政机关实施行政许可,依照法律、行政法规收取费用的,应当按照公布的法定项目和标准收费;所收取的费用必须全部上缴国库,任何机关或者个人不得以任何形式截留、挪用、私分或者变相私分。财政部门不得以任何形式向行政机关返还或者变相返还实施行政许可所收取的费用。

第六章 监督检查

第六十条 上级行政机关应当加强对下级行政机关实施行政许可的监督检查,及时纠正行政许可实施中的违法行为。

第六十一条 行政机关应当建立健全监督制度,通过核查反映被许可人从事行政许可事项活动情况的有关材料,履行监督责任。

行政机关依法对被许可人从事行政许可事项的活动进行监督检查时,应当将监督检查的情况和处理结果予以记录,由监督检查人员签字后归档。公众有权查阅行政机关监督检查记录。

行政机关应当创造条件,实现与被许可人、其他有关行政机关的计算机档案系统互联,核查被许可人从事行政许可事项活动情况。

第六十二条 行政机关可以对被许可人生产经营的产品依法进行抽样检查、检验、检测,对其生产经营场所依法进行实地检查。检查时,行政机关可以依法查阅或者要求被许可人报送有关材料;被许可人应当如实提供有关情况和材料。

行政机关根据法律、行政法规的规定,对直接关系公共安全、人身健康、生命财产安全的重要设备、设施进行定期检验。对检验合格的,行政机关应当发给相应的证明文件。

第六十三条 行政机关实施监督检查,不得妨碍被许可人正常的生产经营活动,不得索取或者收受被许可人的财物,不得谋取其他利益。

第六十四条 被许可人在作出行政许可决定的行政机关管辖区域外违法从事行政许可事项活动的,违法行为发生地的行政机关应当依法将被许可人的违法事实、处理结果抄告作出行政许可决定的行政机关。

第六十五条 个人和组织发现违法从事行政许可事项的活动,有权向行政机关举报,行政机关应当及时核实、处理。

第六十六条 被许可人未依法履行开发利用自然资源义务或者未依法履行利用公共资源义务的,行政机关应当责令限期改正;被许可人在规定期限内不改正的,行政机关应当依照有关法律、行政法规的规定予以处理。

第六十七条 取得直接关系公共利益的特定行业的市场准入行政许可的被许可人,应当按照国家规定的服务标准、资费标准和行政机关依法规定的条件,向用户提供安全、方便、稳定和价格合理的服务,并履行普遍服务的义务;未经作出行政许可决定的行政机关批准,不得擅自停业、歇业。

被许可人不履行前款规定的义务的,行政机关应当责令限期改正,或者依法采取有效措施督促其履行义务。

第六十八条 对直接关系公共安全、人身健康、生命财产安全的重要设备、设施,行政机关应当督促设计、建造、安装和使用单位建立相应的自检制度。

行政机关在监督检查时,发现直接关系公共安全、人身健康、生命财产安全的重要设备、设施存在安全隐患的,应当责令停止建造、安装和使用,并责令设计、建造、安装和使用单位立即改正。

第六十九条 有下列情形之一的,作出行政许可决定的行政机关或者其上级行政机关,根据利害关系人的请求或者依据职权,可以撤销行政许可:

(一)行政机关工作人员滥用职权、玩忽职守作出准予行政许可决定的;

(二)超越法定职权作出准予行政许可决定的;

(三)违反法定程序作出准予行政许可决定的;

(四)对不具备申请资格或者不符合法定条件的申请人准予行政许可的;

(五)依法可以撤销行政许可的其他情形。

被许可人以欺骗、贿赂等不正当手段取得行政许可的,应当予以撤销。

依照前两款的规定撤销行政许可,可能对公共利益造成重大损害的,不予撤销。

依照本条第一款的规定撤销行政许可,被许可人的合法权益受到损害的,行政机关应当依法给予赔偿。依照本条第二款的规定撤销行政许可的,被许可人基于行政许可取得的利益不受保护。

第七十条 有下列情形之一的,行政机关应当依法办理有关行政许可的注销手续:

(一)行政许可有效期届满未延续的;

(二)赋予公民特定资格的行政许可,该公民死亡或者丧失行为能力的;

(三)法人或者其他组织依法终止的;

(四)行政许可依法被撤销、撤回,或者行政许可证件依法被吊销的;

(五)因不可抗力导致行政许可事项无法实施的;

(六)法律、法规规定的应当注销行政许可的其他情形。

第七章 法律责任

第七十一条 违反本法第十七条规定设定的行政许可,有关机关应当责令设定该行政许可的机关改正,或者依法予以撤销。

第七十二条 行政机关及其工作人员违反本法的规定,有下列情形

之一的,由其上级行政机关或者监察机关责令改正;情节严重的,对直接负责的主管人员和其他直接责任人员依法给予行政处分:

(一)对符合法定条件的行政许可申请不予受理的;

(二)不在办公场所公示依法应当公示的材料的;

(三)在受理、审查、决定行政许可过程中,未向申请人、利害关系人履行法定告知义务的;

(四)申请人提交的申请材料不齐全、不符合法定形式,不一次告知申请人必须补正的全部内容的;

(五)未依法说明不受理行政许可申请或者不予行政许可的理由的;

(六)依法应当举行听证而不举行听证的。

第七十三条 行政机关工作人员办理行政许可、实施监督检查,索取或者收受他人财物或者谋取其他利益,构成犯罪的,依法追究刑事责任;尚不构成犯罪的,依法给予行政处分。

第七十四条 行政机关实施行政许可,有下列情形之一的,由其上级行政机关或者监察机关责令改正,对直接负责的主管人员和其他直接责任人员依法给予行政处分;构成犯罪的,依法追究刑事责任:

(一)对不符合法定条件的申请人准予行政许可或者超越法定职权作出准予行政许可决定的;

(二)对符合法定条件的申请人不予行政许可或者不在法定期限内作出准予行政许可决定的;

(三)依法应当根据招标、拍卖结果或者考试成绩择优作出准予行政许可决定,未经招标、拍卖或者考试,或者不根据招标、拍卖结果或者考试成绩择优作出准予行政许可决定的。

第七十五条 行政机关实施行政许可,擅自收费或者不按照法定项目和标准收费的,由其上级行政机关或者监察机关责令退还非法收取的费用;对直接负责的主管人员和其他直接责任人员依法给予行政处分。

截留、挪用、私分或者变相私分实施行政许可依法收取的费用的,予以追缴;对直接负责的主管人员和其他直接责任人员依法给予行政处分;构成犯罪的,依法追究刑事责任。

第七十六条 行政机关违法实施行政许可,给当事人的合法权益造成损害的,应当依照国家赔偿法的规定给予赔偿。

第七十七条 行政机关不依法履行监督职责或者监督不力,造成严重后果的,由其上级行政机关或者监察机关责令改正,对直接负责的主管人员和其他直接责任人员依法给予行政处分;构成犯罪的,依法追究刑事责任。

第七十八条 行政许可申请人隐瞒有关情况或者提供虚假材料申请行政许可的,行政机关不予受理或者不予行政许可,并给予警告;行政许可申请属于直接关系公共安全、人身健康、生命财产安全事项的,申请人在一年内不得再次申请该行政许可。

第七十九条 被许可人以欺骗、贿赂等不正当手段取得行政许可的,行政机关应当依法给予行政处罚;取得的行政许可属于直接关系公共安全、人身健康、生命财产安全事项的,申请人在三年内不得再次申请该行政许可;构成犯罪的,依法追究刑事责任。

第八十条 被许可人有下列行为之一的,行政机关应当依法给予行政处罚;构成犯罪的,依法追究刑事责任:

(一)涂改、倒卖、出租、出借行政许可证件,或者以其他形式非法转让行政许可的;

(二)超越行政许可范围进行活动的;

(三)向负责监督检查的行政机关隐瞒有关情况、提供虚假材料或者拒绝提供反映其活动情况的真实材料的;

(四)法律、法规、规章规定的其他违法行为。

第八十一条 公民、法人或者其他组织未经行政许可,擅自从事依法应当取得行政许可的活动的,行政机关应当依法采取措施予以制止,并依法给予行政处罚;构成犯罪的,依法追究刑事责任。

第八章 附 则

第八十二条 本法规定的行政机关实施行政许可的期限以工作日计算,不含法定节假日。

第八十三条 本法自2004年7月1日起施行。

本法施行前有关行政许可的规定,制定机关应当依照本法规定予以清理;不符合本法规定的,自本法施行之日起停止执行。

《铁路安全管理条例》

(2013年7月24日国务院第18次常务会议通过,
自2014年1月1日起施行)

第一章 总 则

第一条 为了加强铁路安全管理,保障铁路运输安全和畅通,保护人身安全和财产安全,制定本条例。

第二条 铁路安全管理坚持安全第一、预防为主、综合治理的方针。

第三条 国务院铁路行业监督管理部门负责全国铁路安全监督管理工作,国务院铁路行业监督管理部门设立的铁路监督管理机构负责辖区内的铁路安全监督管理工作。国务院铁路行业监督管理部门和铁路监督管理机构统称铁路监管部门。

国务院有关部门依照法律和国务院规定的职责,负责铁路安全管理的有关工作。

第四条 铁路沿线地方各级人民政府和县级以上地方人民政府有关部门应当按照各自职责,加强保障铁路安全的教育,落实护路联防责任制,防范和制止危害铁路安全的行为,协调和处理保障铁路安全的有关事项,做好保障铁路安全的有关工作。

第五条 从事铁路建设、运输、设备制造维修的单位应当加强安全管理,建立健全安全生产管理制度,落实企业安全生产主体责任,设置安全管理机构或者配备安全管理人员,执行保障生产安全和产品质量安全的国家标准、行业标准,加强对从业人员的安全教育培训,保证安全生产所必需的资金投入。

铁路建设、运输、设备制造维修单位的工作人员应当严格执行规章制度,实行标准化作业,保证铁路安全。

第六条 铁路监管部门、铁路运输企业等单位应当按照国家有关规定制定突发事件应急预案,并组织应急演练。

第七条　禁止扰乱铁路建设、运输秩序。禁止损坏或者非法占用铁路设施设备、铁路标志和铁路用地。

任何单位或者个人发现损坏或者非法占用铁路设施设备、铁路标志、铁路用地以及其他影响铁路安全的行为,有权报告铁路运输企业,或者向铁路监管部门、公安机关或者其他有关部门举报。接到报告的铁路运输企业、接到举报的部门应当根据各自职责及时处理。

对维护铁路安全作出突出贡献的单位或者个人,按照国家有关规定给予表彰奖励。

第二章　铁路建设质量安全

第八条　铁路建设工程的勘察、设计、施工、监理以及建设物资、设备的采购,应当依法进行招标。

第九条　从事铁路建设工程勘察、设计、施工、监理活动的单位应当依法取得相应资质,并在其资质等级许可的范围内从事铁路工程建设活动。

第十条　铁路建设单位应当选择具备相应资质等级的勘察、设计、施工、监理单位进行工程建设,并对建设工程的质量安全进行监督检查,制作检查记录留存备查。

第十一条　铁路建设工程的勘察、设计、施工、监理应当遵守法律、行政法规关于建设工程质量和安全管理的规定,执行国家标准、行业标准和技术规范。

铁路建设工程的勘察、设计、施工单位依法对勘察、设计、施工的质量负责,监理单位依法对施工质量承担监理责任。

高速铁路和地质构造复杂的铁路建设工程实行工程地质勘察监理制度。

第十二条　铁路建设工程的安全设施应当与主体工程同时设计、同时施工、同时投入使用。安全设施投资应当纳入建设项目概算。

第十三条　铁路建设工程使用的材料、构件、设备等产品,应当符合有关产品质量的强制性国家标准、行业标准。

第十四条　铁路建设工程的建设工期,应当根据工程地质条件、技术复杂程度等因素,按照国家标准、行业标准和技术规范合理确定、调整。

任何单位和个人不得违反前款规定要求铁路建设、设计、施工单位压缩建设工期。

第十五条 铁路建设工程竣工,应当按照国家有关规定组织验收,并由铁路运输企业进行运营安全评估。经验收、评估合格,符合运营安全要求的,方可投入运营。

第十六条 在铁路线路及其邻近区域进行铁路建设工程施工,应当执行铁路营业线施工安全管理规定。铁路建设单位应当会同相关铁路运输企业和工程设计、施工单位制定安全施工方案,按照方案进行施工。施工完毕应当及时清理现场,不得影响铁路运营安全。

第十七条 新建、改建设计开行时速120公里以上列车的铁路或者设计运输量达到国务院铁路行业监督管理部门规定的较大运输量标准的铁路,需要与道路交叉的,应当设置立体交叉设施。

新建、改建高速公路、一级公路或者城市道路中的快速路,需要与铁路交叉的,应当设置立体交叉设施,并优先选择下穿铁路的方案。

已建成的属于前两款规定情形的铁路、道路为平面交叉的,应当逐步改造为立体交叉。

新建、改建高速铁路需要与普通铁路、道路、渡槽、管线等设施交叉的,应当优先选择高速铁路上跨方案。

第十八条 设置铁路与道路立体交叉设施及其附属安全设施所需费用的承担,按照下列原则确定:

(一)新建、改建铁路与既有道路交叉的,由铁路方承担建设费用;道路方要求超过既有道路建设标准建设所增加的费用,由道路方承担;

(二)新建、改建道路与既有铁路交叉的,由道路方承担建设费用;铁路方要求超过既有铁路线路建设标准建设所增加的费用,由铁路方承担;

(三)同步建设的铁路和道路需要设置立体交叉设施以及既有铁路道口改造为立体交叉的,由铁路方和道路方按照公平合理的原则分担建设费用。

第十九条 铁路与道路立体交叉设施及其附属安全设施竣工验收合格后,应当按照国家有关规定移交有关单位管理、维护。

第二十条 专用铁路、铁路专用线需要与公用铁路网接轨的,应当符合国家有关铁路建设、运输的安全管理规定。

第三章　铁路专用设备质量安全

第二十一条　设计、制造、维修或者进口新型铁路机车车辆,应当符合国家标准、行业标准,并分别向国务院铁路行业监督管理部门申请领取型号合格证、制造许可证、维修许可证或者进口许可证,具体办法由国务院铁路行业监督管理部门制定。

铁路机车车辆的制造、维修、使用单位应当遵守有关产品质量的法律、行政法规以及国家其他有关规定,确保投入使用的机车车辆符合安全运营要求。

第二十二条　生产铁路道岔及其转辙设备、铁路信号控制软件和控制设备、铁路通信设备、铁路牵引供电设备的企业,应当符合下列条件并经国务院铁路行业监督管理部门依法审查批准:

(一)有按照国家标准、行业标准检测、检验合格的专业生产设备;

(二)有相应的专业技术人员;

(三)有完善的产品质量保证体系和安全管理制度;

(四)法律、行政法规规定的其他条件。

第二十三条　铁路机车车辆以外的直接影响铁路运输安全的铁路专用设备,依法应当进行产品认证的,经认证合格方可出厂、销售、进口、使用。

第二十四条　用于危险化学品和放射性物品运输的铁路罐车、专用车辆以及其他容器的生产和检测、检验,依照有关法律、行政法规的规定执行。

第二十五条　用于铁路运输的安全检测、监控、防护设施设备,集装箱和集装化用具等运输器具,专用装卸机械、索具、篷布、装载加固材料或者装置,以及运输包装、货物装载加固等,应当符合国家标准、行业标准和技术规范。

第二十六条　铁路机车车辆以及其他铁路专用设备存在缺陷,即由于设计、制造、标识等原因导致同一批次、型号或者类别的铁路专用设备普遍存在不符合保障人身、财产安全的国家标准、行业标准的情形或者其他危及人身、财产安全的不合理危险的,应当立即停止生产、销售、进口、使用;设备制造者应当召回缺陷产品,采取措施消除缺陷。具体办法由国务院铁路行业监督管理部门制定。

第四章 铁路线路安全

第二十七条 铁路线路两侧应当设立铁路线路安全保护区。铁路线路安全保护区的范围,从铁路线路路堤坡脚、路堑坡顶或者铁路桥梁(含铁路、道路两用桥,下同)外侧起向外的距离分别为:

(一)城市市区高速铁路为 10 米,其他铁路为 8 米;
(二)城市郊区居民居住区高速铁路为 12 米,其他铁路为 10 米;
(三)村镇居民居住区高速铁路为 15 米,其他铁路为 12 米;
(四)其他地区高速铁路为 20 米,其他铁路为 15 米。

前款规定距离不能满足铁路运输安全保护需要的,由铁路建设单位或者铁路运输企业提出方案,铁路监督管理机构或者县级以上地方人民政府依照本条第三款规定程序划定。

在铁路用地范围内划定铁路线路安全保护区的,由铁路监督管理机构组织铁路建设单位或者铁路运输企业划定并公告。在铁路用地范围外划定铁路线路安全保护区的,由县级以上地方人民政府根据保障铁路运输安全和节约用地的原则,组织有关铁路监督管理机构、县级以上地方人民政府国土资源等部门划定并公告。

铁路线路安全保护区与公路建筑控制区、河道管理范围、水利工程管理和保护范围、航道保护范围或者石油、电力以及其他重要设施保护区重叠的,由县级以上地方人民政府组织有关部门依照法律、行政法规的规定协商划定并公告。

新建、改建铁路的铁路线路安全保护区范围,应当自铁路建设工程初步设计批准之日起 30 日内,由县级以上地方人民政府依照本条例的规定划定并公告。铁路建设单位或者铁路运输企业应当根据工程竣工资料进行勘界,绘制铁路线路安全保护区平面图,并根据平面图设立标桩。

第二十八条 设计开行时速 120 公里以上列车的铁路应当实行全封闭管理。铁路建设单位或者铁路运输企业应当按照国务院铁路行业监督管理部门的规定在铁路用地范围内设置封闭设施和警示标志。

第二十九条 禁止在铁路线路安全保护区内烧荒、放养牲畜、种植影响铁路线路安全和行车瞭望的树木等植物。

禁止向铁路线路安全保护区排污、倾倒垃圾以及其他危害铁路安全的物质。

第三十条 在铁路线路安全保护区内建造建筑物、构筑物等设施,取土、挖砂、挖沟、采空作业或者堆放、悬挂物品,应当征得铁路运输企业同意并签订安全协议,遵守保证铁路安全的国家标准、行业标准和施工安全规范,采取措施防止影响铁路运输安全。铁路运输企业应当派员对施工现场实行安全监督。

第三十一条 铁路线路安全保护区内既有的建筑物、构筑物危及铁路运输安全的,应当采取必要的安全防护措施;采取安全防护措施后仍不能保证安全的,依照有关法律的规定拆除。

拆除铁路线路安全保护区内的建筑物、构筑物,清理铁路线路安全保护区内的植物,或者对他人在铁路线路安全保护区内已依法取得的采矿权等合法权利予以限制,给他人造成损失的,应当依法给予补偿或者采取必要的补救措施。但是,拆除非法建设的建筑物、构筑物的除外。

第三十二条 在铁路线路安全保护区及其邻近区域建造或者设置的建筑物、构筑物、设备等,不得进入国家规定的铁路建筑限界。

第三十三条 在铁路线路两侧建造、设立生产、加工、储存或者销售易燃、易爆或者放射性物品等危险物品的场所、仓库,应当符合国家标准、行业标准规定的安全防护距离。

第三十四条 在铁路线路两侧从事采矿、采石或者爆破作业,应当遵守有关采矿和民用爆破的法律法规,符合国家标准、行业标准和铁路安全保护要求。

在铁路线路路堤坡脚、路堑坡顶、铁路桥梁外侧起向外各 1000 米范围内,以及在铁路隧道上方中心线两侧各 1000 米范围内,确需从事露天采矿、采石或者爆破作业的,应当与铁路运输企业协商一致,依照有关法律法规的规定报县级以上地方人民政府有关部门批准,采取安全防护措施后方可进行。

第三十五条 高速铁路线路路堤坡脚、路堑坡顶或者铁路桥梁外侧起向外各 200 米范围内禁止抽取地下水。

在前款规定范围外,高速铁路线路经过的区域属于地面沉降区域,抽取地下水危及高速铁路安全的,应当设置地下水禁止开采区或者限制开采区,具体范围由铁路监督管理机构会同县级以上地方人民政府水行政主管部门提出方案,报省、自治区、直辖市人民政府批准并公告。

第三十六条　在电气化铁路附近从事排放粉尘、烟尘及腐蚀性气体的生产活动,超过国家规定的排放标准,危及铁路运输安全的,由县级以上地方人民政府有关部门依法责令整改,消除安全隐患。

第三十七条　任何单位和个人不得擅自在铁路桥梁跨越处河道上下游各1000米范围内围垦造田、拦河筑坝、架设浮桥或者修建其他影响铁路桥梁安全的设施。

因特殊原因确需在前款规定的范围内进行围垦造田、拦河筑坝、架设浮桥等活动的,应当进行安全论证,负责审批的机关在批准前应当征求有关铁路运输企业的意见。

第三十八条　禁止在铁路桥梁跨越处河道上下游的下列范围内采砂、淘金:

(一)跨河桥长500米以上的铁路桥梁,河道上游500米,下游3000米;

(二)跨河桥长100米以上不足500米的铁路桥梁,河道上游500米,下游2000米;

(三)跨河桥长不足100米的铁路桥梁,河道上游500米,下游1000米。

有关部门依法在铁路桥梁跨越处河道上下游划定的禁采范围大于前款规定的禁采范围的,按照划定的禁采范围执行。

县级以上地方人民政府水行政主管部门、国土资源主管部门应当按照各自职责划定禁采区域、设置禁采标志,制止非法采砂、淘金行为。

第三十九条　在铁路桥梁跨越处河道上下游各500米范围内进行疏浚作业,应当进行安全技术评价,有关河道、航道管理部门应当征求铁路运输企业的意见,确认安全或者采取安全技术措施后,方可批准进行疏浚作业。但是,依法进行河道、航道日常养护、疏浚作业的除外。

第四十条　铁路、道路两用桥由所在地铁路运输企业和道路管理部门或者道路经营企业定期检查、共同维护,保证桥梁处于安全的技术状态。

铁路、道路两用桥的墩、梁等共用部分的检测、维修由铁路运输企业和道路管理部门或者道路经营企业共同负责,所需费用按照公平合理的原则分担。

第四十一条 铁路的重要桥梁和隧道按照国家有关规定由中国人民武装警察部队负责守卫。

第四十二条 船舶通过铁路桥梁应当符合桥梁的通航净空高度并遵守航行规则。

桥区航标中的桥梁航标、桥柱标、桥梁水尺标由铁路运输企业负责设置、维护,水面航标由铁路运输企业负责设置,航道管理部门负责维护。

第四十三条 下穿铁路桥梁、涵洞的道路应当按照国家标准设置车辆通过限高、限宽标志和限高防护架。城市道路的限高、限宽标志由当地人民政府指定的部门设置并维护,公路的限高、限宽标志由公路管理部门设置并维护。限高防护架在铁路桥梁、涵洞、道路建设时设置,由铁路运输企业负责维护。

机动车通过下穿铁路桥梁、涵洞的道路,应当遵守限高、限宽规定。

下穿铁路涵洞的管理单位负责涵洞的日常管理、维护,防止淤塞、积水。

第四十四条 铁路线路安全保护区内的道路和铁路线路路堑上的道路、跨越铁路线路的道路桥梁,应当按照国家有关规定设置防止车辆以及其他物体进入、坠入铁路线路的安全防护设施和警示标志,并由道路管理部门或者道路经营企业维护、管理。

第四十五条 架设、铺设铁路信号和通信线路、杆塔应当符合国家标准、行业标准和铁路安全防护要求。铁路运输企业、为铁路运输提供服务的电信企业应当加强对铁路信号和通信线路、杆塔的维护和管理。

第四十六条 设置或者拓宽铁路道口、铁路人行过道,应当征得铁路运输企业的同意。

第四十七条 铁路与道路交叉的无人看守道口应当按照国家标准设置警示标志;有人看守道口应当设置移动栏杆、列车接近报警装置、警示灯、警示标志、铁路道口路段标线等安全防护设施。

道口移动栏杆、列车接近报警装置、警示灯等安全防护设施由铁路运输企业设置、维护;警示标志、铁路道口路段标线由铁路道口所在地的道路管理部门设置、维护。

第四十八条　机动车或者非机动车在铁路道口内发生故障或者装载物掉落的,应当立即将故障车辆或者掉落的装载物移至铁路道口停止线以外或者铁路线路最外侧钢轨5米以外的安全地点。无法立即移至安全地点的,应当立即报告铁路道口看守人员;在无人看守道口,应当立即在道口两端采取措施拦停列车,并就近通知铁路车站或者公安机关。

第四十九条　履带车辆等可能损坏铁路设施设备的车辆、物体通过铁路道口,应当提前通知铁路道口管理单位,在其协助、指导下通过,并采取相应的安全防护措施。

第五十条　在下列地点,铁路运输企业应当按照国家标准、行业标准设置易于识别的警示、保护标志:

(一)铁路桥梁、隧道的两端;

(二)铁路信号、通信光(电)缆的埋设、铺设地点;

(三)电气化铁路接触网、自动闭塞供电线路和电力贯通线路等电力设施附近易发生危险的地点。

第五十一条　禁止毁坏铁路线路、站台等设施设备和铁路路基、护坡、排水沟、防护林木、护坡草坪、铁路线路封闭网及其他铁路防护设施。

第五十二条　禁止实施下列危及铁路通信、信号设施安全的行为:

(一)在埋有地下光(电)缆设施的地面上方进行钻探、堆放重物、垃圾,焚烧物品,倾倒腐蚀性物质;

(二)在地下光(电)缆两侧各1米的范围内建造、搭建建筑物、构筑物等设施;

(三)在地下光(电)缆两侧各1米的范围内挖砂、取土;

(四)在过河光(电)缆两侧各100米的范围内挖砂、抛锚或者进行其他危及光(电)缆安全的作业。

第五十三条　禁止实施下列危害电气化铁路设施的行为:

(一)向电气化铁路接触网抛掷物品;

(二)在铁路电力线路导线两侧各500米的范围内升放风筝、气球等低空飘浮物体;

(三)攀登铁路电力线路杆塔或者在杆塔上架设、安装其他设施设备;

(四)在铁路电力线路杆塔、拉线周围20米范围内取土、打桩、钻探或

者倾倒有害化学物品;

(五)触碰电气化铁路接触网。

第五十四条 县级以上各级人民政府及其有关部门、铁路运输企业应当依照地质灾害防治法律法规的规定,加强铁路沿线地质灾害的预防、治理和应急处理等工作。

第五十五条 铁路运输企业应当对铁路线路、铁路防护设施和警示标志进行经常性巡查和维护;对巡查中发现的安全问题应当立即处理,不能立即处理的应当及时报告铁路监督管理机构。巡查和处理情况应当记录留存。

第五章 铁路运营安全

第五十六条 铁路运输企业应当依照法律、行政法规和国务院铁路行业监督管理部门的规定,制定铁路运输安全管理制度,完善相关作业程序,保障铁路旅客和货物运输安全。

第五十七条 铁路机车车辆的驾驶人员应当参加国务院铁路行业监督管理部门组织的考试,考试合格方可上岗。具体办法由国务院铁路行业监督管理部门制定。

第五十八条 铁路运输企业应当加强铁路专业技术岗位和主要行车工种岗位从业人员的业务培训和安全培训,提高从业人员的业务技能和安全意识。

第五十九条 铁路运输企业应当加强运输过程中的安全防护,使用的运输工具、装载加固设备以及其他专用设施设备应当符合国家标准、行业标准和安全要求。

第六十条 铁路运输企业应当建立健全铁路设施设备的检查防护制度,加强对铁路设施设备的日常维护检修,确保铁路设施设备性能完好和安全运行。

铁路运输企业的从业人员应当按照操作规程使用、管理铁路设施设备。

第六十一条 在法定假日和传统节日等铁路运输高峰期或者恶劣气象条件下,铁路运输企业应当采取必要的安全应急管理措施,加强铁路运输安全检查,确保运输安全。

第六十二条 铁路运输企业应当在列车、车站等场所公告旅客、列车工作人员以及其他进站人员遵守的安全管理规定。

第六十三条 公安机关应当按照职责分工,维护车站、列车等铁路场所和铁路沿线的治安秩序。

第六十四条 铁路运输企业应当按照国务院铁路行业监督管理部门的规定实施火车票实名购买、查验制度。

实施火车票实名购买、查验制度的,旅客应当凭有效身份证件购票乘车;对车票所记载身份信息与所持身份证件或者真实身份不符的持票人,铁路运输企业有权拒绝其进站乘车。

铁路运输企业应当采取有效措施为旅客实名购票、乘车提供便利,并加强对旅客身份信息的保护。铁路运输企业工作人员不得窃取、泄露旅客身份信息。

第六十五条 铁路运输企业应当依照法律、行政法规和国务院铁路行业监督管理部门的规定,对旅客及其随身携带、托运的行李物品进行安全检查。

从事安全检查的工作人员应当佩戴安全检查标志,依法履行安全检查职责,并有权拒绝不接受安全检查的旅客进站乘车和托运行李物品。

第六十六条 旅客应当接受并配合铁路运输企业在车站、列车实施的安全检查,不得违法携带、夹带管制器具,不得违法携带、托运烟花爆竹、枪支弹药等危险物品或者其他违禁物品。

禁止或者限制携带的物品种类及其数量由国务院铁路行业监督管理部门会同公安机关规定,并在车站、列车等场所公布。

第六十七条 铁路运输托运人托运货物、行李、包裹,不得有下列行为:

(一)匿报、谎报货物品名、性质、重量;

(二)在普通货物中夹带危险货物,或者在危险货物中夹带禁止配装的货物;

(三)装车、装箱超过规定重量。

第六十八条 铁路运输企业应当对承运的货物进行安全检查,并不得有下列行为:

(一)在非危险货物办理站办理危险货物承运手续;

（二）承运未接受安全检查的货物；

（三）承运不符合安全规定、可能危害铁路运输安全的货物。

第六十九条 运输危险货物应当依照法律法规和国家其他有关规定使用专用的设施设备，托运人应当配备必要的押运人员和应急处理器材、设备以及防护用品，并使危险货物始终处于押运人员的监管之下；危险货物发生被盗、丢失、泄漏等情况，应当按照国家有关规定及时报告。

第七十条 办理危险货物运输业务的工作人员和装卸人员、押运人员，应当掌握危险货物的性质、危害特性、包装容器的使用特性和发生意外的应急措施。

第七十一条 铁路运输企业和托运人应当按照操作规程包装、装卸、运输危险货物，防止危险货物泄漏、爆炸。

第七十二条 铁路运输企业和托运人应当依照法律法规和国家其他有关规定包装、装载、押运特殊药品，防止特殊药品在运输过程中被盗、被劫或者发生丢失。

第七十三条 铁路管理信息系统及其设施的建设和使用，应当符合法律法规和国家其他有关规定的安全技术要求。

铁路运输企业应当建立网络与信息安全应急保障体系，并配备相应的专业技术人员负责网络和信息系统的安全管理工作。

第七十四条 禁止使用无线电台（站）以及其他仪器、装置干扰铁路运营指挥调度无线电频率的正常使用。

铁路运营指挥调度无线电频率受到干扰的，铁路运输企业应当立即采取排查措施并报告无线电管理机构、铁路监管部门；无线电管理机构、铁路监管部门应当依法排除干扰。

第七十五条 电力企业应当依法保障铁路运输所需电力的持续供应，并保证供电质量。

铁路运输企业应当加强用电安全管理，合理配置供电电源和应急自备电源。

遇有特殊情况影响铁路电力供应的，电力企业和铁路运输企业应当按照各自职责及时组织抢修，尽快恢复正常供电。

第七十六条 铁路运输企业应当加强铁路运营食品安全管理，遵守有关食品安全管理的法律法规和国家其他有关规定，保证食品安全。

第七十七条 禁止实施下列危害铁路安全的行为：

（一）非法拦截列车、阻断铁路运输；

（二）扰乱铁路运输指挥调度机构以及车站、列车的正常秩序；

（三）在铁路线路上放置、遗弃障碍物；

（四）击打列车；

（五）擅自移动铁路线路上的机车车辆，或者擅自开启列车车门、违规操纵列车紧急制动设备；

（六）拆盗、损毁或者擅自移动铁路设施设备、机车车辆配件、标桩、防护设施和安全标志；

（七）在铁路线路上行走、坐卧或者在未设道口、人行过道的铁路线路上通过；

（八）擅自进入铁路线路封闭区域或者在未设置行人通道的铁路桥梁、隧道通行；

（九）擅自开启、关闭列车的货车阀、盖或者破坏施封状态；

（十）擅自开启列车中的集装箱箱门，破坏箱体、阀、盖或者施封状态；

（十一）擅自松动、拆解、移动列车中的货物装载加固材料、装置和设备；

（十二）钻车、扒车、跳车；

（十三）从列车上抛扔杂物；

（十四）在动车组列车上吸烟或者在其他列车的禁烟区域吸烟；

（十五）强行登乘或者以拒绝下车等方式强占列车；

（十六）冲击、堵塞、占用进出站通道或者候车区、站台。

第六章 监督检查

第七十八条 铁路监管部门应当对从事铁路建设、运输、设备制造维修的企业执行本条例的情况实施监督检查，依法查处违反本条例规定的行为，依法组织或者参与铁路安全事故的调查处理。

铁路监管部门应当建立企业违法行为记录和公告制度，对违反本条例被依法追究法律责任的从事铁路建设、运输、设备制造维修的企业予以公布。

第七十九条 铁路监管部门应当加强对铁路运输高峰期和恶劣气象

条件下运输安全的监督管理,加强对铁路运输的关键环节、重要设施设备的安全状况以及铁路运输突发事件应急预案的建立和落实情况的监督检查。

第八十条 铁路监管部门和县级以上人民政府安全生产监督管理部门应当建立信息通报制度和运输安全生产协调机制。发现重大安全隐患,铁路运输企业难以自行排除的,应当及时向铁路监管部门和有关地方人民政府报告。地方人民政府获悉铁路沿线有危及铁路运输安全的重要情况,应当及时通报有关的铁路运输企业和铁路监管部门。

第八十一条 铁路监管部门发现安全隐患,应当责令有关单位立即排除。重大安全隐患排除前或者排除过程中无法保证安全的,应当责令从危险区域内撤出人员、设备,停止作业;重大安全隐患排除后方可恢复作业。

第八十二条 实施铁路安全监督检查的人员执行监督检查任务时,应当佩戴标志或者出示证件。任何单位和个人不得阻碍、干扰安全监督检查人员依法履行安全检查职责。

第七章　法律责任

第八十三条 铁路建设单位和铁路建设的勘察、设计、施工、监理单位违反本条例关于铁路建设质量安全管理的规定的,由铁路监管部门依照有关工程建设、招标投标管理的法律、行政法规的规定处罚。

第八十四条 铁路建设单位未对高速铁路和地质构造复杂的铁路建设工程实行工程地质勘察监理,或者在铁路线路及其邻近区域进行铁路建设工程施工不执行铁路营业线施工安全管理规定,影响铁路运营安全的,由铁路监管部门责令改正,处10万元以上50万元以下的罚款。

第八十五条 依法应当进行产品认证的铁路专用设备未经认证合格,擅自出厂、销售、进口、使用的,依照《中华人民共和国认证认可条例》的规定处罚。

第八十六条 铁路机车车辆以及其他专用设备制造者未按规定召回缺陷产品,采取措施消除缺陷的,由国务院铁路行业监督管理部门责令改正;拒不改正的,处缺陷产品货值金额1%以上10%以下的罚款;情节严重的,由国务院铁路行业监督管理部门吊销相应的许可证件。

第八十七条 有下列情形之一的,由铁路监督管理机构责令改正,处2万元以上10万元以下的罚款:

(一)用于铁路运输的安全检测、监控、防护设施设备,集装箱和集装化用具等运输器具、专用装卸机械、索具、篷布、装载加固材料或者装置、运输包装、货物装载加固等,不符合国家标准、行业标准和技术规范;

(二)不按照国家有关规定和标准设置、维护铁路封闭设施、安全防护设施;

(三)架设、铺设铁路信号和通信线路、杆塔不符合国家标准、行业标准和铁路安全防护要求,或者未对铁路信号和通信线路、杆塔进行维护和管理;

(四)运输危险货物不依照法律法规和国家其他有关规定使用专用的设施设备。

第八十八条 在铁路线路安全保护区内烧荒、放养牲畜、种植影响铁路线路安全和行车瞭望的树木等植物,或者向铁路线路安全保护区排污、倾倒垃圾以及其他危害铁路安全的物质的,由铁路监督管理机构责令改正,对单位可以处5万元以下的罚款,对个人可以处2000元以下的罚款。

第八十九条 未经铁路运输企业同意或者未签订安全协议,在铁路线路安全保护区内建造建筑物、构筑物等设施,取土、挖砂、挖沟、采空作业或者堆放、悬挂物品,或者违反保证铁路安全的国家标准、行业标准和施工安全规范,影响铁路运输安全的,由铁路监督管理机构责令改正,可以处10万元以下的罚款。

铁路运输企业未派员对铁路线路安全保护区内施工现场进行安全监督的,由铁路监督管理机构责令改正,可以处3万元以下的罚款。

第九十条 在铁路线路安全保护区及其邻近区域建造或者设置的建筑物、构筑物、设备等进入国家规定的铁路建筑限界,或者在铁路线路两侧建造、设立生产、加工、储存或者销售易燃、易爆或者放射性物品等危险物品的场所、仓库不符合国家标准、行业标准规定的安全防护距离的,由铁路监督管理机构责令改正,对单位处5万元以上20万元以下的罚款,对个人处1万元以上5万元以下的罚款。

第九十一条 有下列行为之一的,分别由铁路沿线所在地县级以上地方人民政府水行政主管部门、国土资源主管部门或者无线电管理机构

等依照有关水资源管理、矿产资源管理、无线电管理等法律、行政法规的规定处罚:

(一)未经批准在铁路线路两侧各1000米范围内从事露天采矿、采石或者爆破作业;

(二)在地下水禁止开采区或者限制开采区抽取地下水;

(三)在铁路桥梁跨越处河道上下游各1000米范围内围垦造田、拦河筑坝、架设浮桥或者修建其他影响铁路桥梁安全的设施;

(四)在铁路桥梁跨越处河道上下游禁止采砂、淘金的范围内采砂、淘金;

(五)干扰铁路运营指挥调度无线电频率正常使用。

第九十二条 铁路运输企业、道路管理部门或者道路经营企业未履行铁路、道路两用桥检查、维护职责的,由铁路监督管理机构或者上级道路管理部门责令改正;拒不改正的,由铁路监督管理机构或者上级道路管理部门指定其他单位进行养护和维修,养护和维修费用由拒不履行义务的铁路运输企业、道路管理部门或者道路经营企业承担。

第九十三条 机动车通过下穿铁路桥梁、涵洞的道路未遵守限高、限宽规定的,由公安机关依照道路交通安全管理法律、行政法规的规定处罚。

第九十四条 违反本条例第四十八条、第四十九条关于铁路道口安全管理的规定的,由铁路监督管理机构责令改正,处1000元以上5000元以下的罚款。

第九十五条 违反本条例第五十一条、第五十二条、第五十三条、第七十七条规定的,由公安机关责令改正,对单位处1万元以上5万元以下的罚款,对个人处500元以上2000元以下的罚款。

第九十六条 铁路运输托运人托运货物、行李、包裹时匿报、谎报货物品名、性质、重量,或者装车、装箱超过规定重量的,由铁路监督管理机构责令改正,可以处2000元以下的罚款;情节较重的,处2000元以上2万元以下的罚款;将危险化学品谎报或者匿报为普通货物托运的,处10万元以上20万元以下的罚款。

铁路运输托运人在普通货物中夹带危险货物,或者在危险货物中夹带禁止配装的货物的,由铁路监督管理机构责令改正,处3万元以上20

万元以下的罚款。

第九十七条 铁路运输托运人运输危险货物未配备必要的应急处理器材、设备、防护用品,或者未按照操作规程包装、装卸、运输危险货物的,由铁路监督管理机构责令改正,处 1 万元以上 5 万元以下的罚款。

第九十八条 铁路运输托运人运输危险货物不按照规定配备必要的押运人员,或者发生危险货物被盗、丢失、泄漏等情况不按照规定及时报告的,由公安机关责令改正,处 1 万元以上 5 万元以下的罚款。

第九十九条 旅客违法携带、夹带管制器具或者违法携带、托运烟花爆竹、枪支弹药等危险物品或者其他违禁物品的,由公安机关依法给予治安管理处罚。

第一百条 铁路运输企业有下列情形之一的,由铁路监管部门责令改正,处 2 万元以上 10 万元以下的罚款:

(一)在非危险货物办理站办理危险货物承运手续;

(二)承运未接受安全检查的货物;

(三)承运不符合安全规定、可能危害铁路运输安全的货物;

(四)未按照操作规程包装、装卸、运输危险货物。

第一百零一条 铁路监管部门及其工作人员应当严格按照本条例规定的处罚种类和幅度,根据违法行为的性质和具体情节行使行政处罚权,具体办法由国务院铁路行业监督管理部门制定。

第一百零二条 铁路运输企业工作人员窃取、泄露旅客身份信息的,由公安机关依法处罚。

第一百零三条 从事铁路建设、运输、设备制造维修的单位违反本条例规定,对直接负责的主管人员和其他直接责任人员依法给予处分。

第一百零四条 铁路监管部门及其工作人员不依照本条例规定履行职责的,对负有责任的领导人员和直接责任人员依法给予处分。

第一百零五条 违反本条例规定,给铁路运输企业或者其他单位、个人财产造成损失的,依法承担民事责任。

违反本条例规定,构成违反治安管理行为的,由公安机关依法给予治安管理处罚;构成犯罪的,依法追究刑事责任。

第八章　附　则

第一百零六条　专用铁路、铁路专用线的安全管理参照本条例的规定执行。

第一百零七条　本条例所称高速铁路,是指设计开行时速250公里以上(含预留),并且初期运营时速200公里以上的客运列车专线铁路。

第一百零八条　本条例自2014年1月1日起施行。2004年12月27日国务院公布的《铁路运输安全保护条例》同时废止。

《中华人民共和国无线电管理条例》

(1993年9月11日发布,2016年11月11日修订)

第一章 总 则

第一条 为了加强无线电管理,维护空中电波秩序,有效开发、利用无线电频谱资源,保证各种无线电业务的正常进行,制定本条例。

第二条 在中华人民共和国境内使用无线电频率,设置、使用无线电台(站),研制、生产、进口、销售和维修无线电发射设备,以及使用辐射无线电波的非无线电设备,应当遵守本条例。

第三条 无线电频谱资源属于国家所有。国家对无线电频谱资源实行统一规划、合理开发、有偿使用的原则。

第四条 无线电管理工作在国务院、中央军事委员会的统一领导下分工管理、分级负责,贯彻科学管理、保护资源、保障安全、促进发展的方针。

第五条 国家鼓励、支持对无线电频谱资源的科学技术研究和先进技术的推广应用,提高无线电频谱资源的利用效率。

第六条 任何单位或者个人不得擅自使用无线电频率,不得对依法开展的无线电业务造成有害干扰,不得利用无线电台(站)进行违法犯罪活动。

第七条 根据维护国家安全、保障国家重大任务、处置重大突发事件等需要,国家可以实施无线电管制。

第二章 管理机构及其职责

第八条 国家无线电管理机构负责全国无线电管理工作,依据职责拟订无线电管理的方针、政策,统一管理无线电频率和无线电台(站),负责无线电监测、干扰查处和涉外无线电管理等工作,协调处理无线电管理相关事宜。

第九条 中国人民解放军电磁频谱管理机构负责军事系统的无线电管理工作,参与拟订国家有关无线电管理的方针、政策。

第十条 省、自治区、直辖市无线电管理机构在国家无线电管理机构和省、自治区、直辖市人民政府领导下,负责本行政区域除军事系统外的无线电管理工作,根据审批权限实施无线电频率使用许可,审查无线电台(站)的建设布局和台址,核发无线电台执照及无线电台识别码(含呼号,下同),负责本行政区域无线电监测和干扰查处,协调处理本行政区域无线电管理相关事宜。

省、自治区无线电管理机构根据工作需要可以在本行政区域内设立派出机构。派出机构在省、自治区无线电管理机构的授权范围内履行职责。

第十一条 军地建立无线电管理协调机制,共同划分无线电频率,协商处理涉及军事系统与非军事系统间的无线电管理事宜。无线电管理重大问题报国务院、中央军事委员会决定。

第十二条 国务院有关部门的无线电管理机构在国家无线电管理机构的业务指导下,负责本系统(行业)的无线电管理工作,贯彻执行国家无线电管理的方针、政策和法律、行政法规、规章,依照本条例规定和国务院规定的部门职权,管理国家无线电管理机构分配给本系统(行业)使用的航空、水上无线电专用频率,规划本系统(行业)无线电台(站)的建设布局和台址,核发制式无线电台执照及无线电台识别码。

第三章 频率管理

第十三条 国家无线电管理机构负责制定无线电频率划分规定,并向社会公布。

制定无线电频率划分规定应当征求国务院有关部门和军队有关单位的意见,充分考虑国家安全和经济社会、科学技术发展以及频谱资源有效利用的需要。

第十四条 使用无线电频率应当取得许可,但下列频率除外:

(一)业余无线电台、公众对讲机、制式无线电台使用的频率;

（二）国际安全与遇险系统，用于航空、水上移动业务和无线电导航业务的国际固定频率；

（三）国家无线电管理机构规定的微功率短距离无线电发射设备使用的频率。

第十五条 取得无线电频率使用许可，应当符合下列条件：

（一）所申请的无线电频率符合无线电频率划分和使用规定，有明确具体的用途；

（二）使用无线电频率的技术方案可行；

（三）有相应的专业技术人员；

（四）对依法使用的其他无线电频率不会产生有害干扰。

第十六条 无线电管理机构应当自受理无线电频率使用许可申请之日起20个工作日内审查完毕，依照本条例第十五条规定的条件，并综合考虑国家安全需要和可用频率的情况，作出许可或者不予许可的决定。予以许可的，颁发无线电频率使用许可证；不予许可的，书面通知申请人并说明理由。

无线电频率使用许可证应当载明无线电频率的用途、使用范围、使用率要求、使用期限等事项。

第十七条 地面公众移动通信使用频率等商用无线电频率的使用许可，可以依照有关法律、行政法规的规定采取招标、拍卖的方式。

无线电管理机构采取招标、拍卖的方式确定中标人、买受人后，应当作出许可的决定，并依法向中标人、买受人颁发无线电频率使用许可证。

第十八条 无线电频率使用许可由国家无线电管理机构实施。国家无线电管理机构确定范围内的无线电频率使用许可，由省、自治区、直辖市无线电管理机构实施。

国家无线电管理机构分配给交通运输、渔业、海洋系统（行业）使用的水上无线电专用频率，由所在地省、自治区、直辖市无线电管理机构分别会同相关主管部门实施许可；国家无线电管理机构分配给民用航空系统使用的航空无线电专用频率，由国务院民用航空主管部门实施许可。

第十九条 无线电频率使用许可的期限不得超过10年。

无线电频率使用期限届满后需要继续使用的，应当在期限届满30个工作日前向作出许可决定的无线电管理机构提出延续申请。受理申请的无线电管理机构应当依照本条例第十五条、第十六条的规定进行审查并作出决定。

无线电频率使用期限届满前拟终止使用无线电频率的,应当及时向作出许可决定的无线电管理机构办理注销手续。

第二十条 转让无线电频率使用权的,受让人应当符合本条例第十五条规定的条件,并提交双方转让协议,依照本条例第十六条规定的程序报请无线电管理机构批准。

第二十一条 使用无线电频率应当按照国家有关规定缴纳无线电频率占用费。

无线电频率占用费的项目、标准,由国务院财政部门、价格主管部门制定。

第二十二条 国际电信联盟依照国际规则规划给我国使用的卫星无线电频率,由国家无线电管理机构统一分配给使用单位。

申请使用国际电信联盟非规划的卫星无线电频率,应当通过国家无线电管理机构统一提出申请。国家无线电管理机构应当及时组织有关单位进行必要的国内协调,并依照国际规则开展国际申报、协调、登记工作。

第二十三条 组建卫星通信网需要使用卫星无线电频率的,除应当符合本条例第十五条规定的条件外,还应当提供拟使用的空间无线电台、卫星轨道位置和卫星覆盖范围等信息,以及完成国内协调并开展必要国际协调的证明材料等。

第二十四条 使用其他国家、地区的卫星无线电频率开展业务,应当遵守我国卫星无线电频率管理的规定,并完成与我国申报的卫星无线电频率的协调。

第二十五条 建设卫星工程,应当在项目规划阶段对拟使用的卫星无线电频率进行可行性论证;建设须经国务院、中央军事委员会批准的卫星工程,应当在项目规划阶段与国家无线电管理机构协商确定拟使用的卫星无线电频率。

第二十六条 除因不可抗力外,取得无线电频率使用许可后超过2年不使用或者使用率达不到许可证规定要求的,作出许可决定的无线电管理机构有权撤销无线电频率使用许可,收回无线电频率。

第四章　无线电台(站)管理

第二十七条　设置、使用无线电台(站)应当向无线电管理机构申请取得无线电台执照,但设置、使用下列无线电台(站)的除外:

(一)地面公众移动通信终端;

(二)单收无线电台(站);

(三)国家无线电管理机构规定的微功率短距离无线电台(站)。

第二十八条　除本条例第二十九条规定的业余无线电台外,设置、使用无线电台(站),应当符合下列条件:

(一)有可用的无线电频率;

(二)所使用的无线电发射设备依法取得无线电发射设备型号核准证且符合国家规定的产品质量要求;

(三)有熟悉无线电管理规定、具备相关业务技能的人员;

(四)有明确具体的用途,且技术方案可行;

(五)有能够保证无线电台(站)正常使用的电磁环境,拟设置的无线电台(站)对依法使用的其他无线电台(站)不会产生有害干扰。

申请设置、使用空间无线电台,除应当符合前款规定的条件外,还应当有可利用的卫星无线电频率和卫星轨道资源。

第二十九条　申请设置、使用业余无线电台的,应当熟悉无线电管理规定,具有相应的操作技术能力,所使用的无线电发射设备应当符合国家标准和国家无线电管理的有关规定。

第三十条　设置、使用有固定台址的无线电台(站),由无线电台(站)所在地的省、自治区、直辖市无线电管理机构实施许可。设置、使用没有固定台址的无线电台,由申请人住所地的省、自治区、直辖市无线电管理机构实施许可。

设置、使用空间无线电台、卫星测控(导航)站、卫星关口站、卫星国际专线地球站、15瓦以上的短波无线电台(站)以及涉及国家主权、安全的其他重要无线电台(站),由国家无线电管理机构实施许可。

第三十一条　无线电管理机构应当自受理申请之日起30个工作日内审查完毕,依照本条例第二十八条、第二十九条规定的条件,作出许可或者不予许可的决定。予以许可的,颁发无线电台执照,需要使用无线电台识别码的,同时核发无线电台识别码;不予许可的,书面通知申请人并说明理由。

无线电台(站)需要变更、增加无线电台识别码的,由无线电管理机构核发。

第三十二条 无线电台执照应当载明无线电台(站)的台址、使用频率、发射功率、有效期、使用要求等事项。

无线电台执照的样式由国家无线电管理机构统一规定。

第三十三条 无线电台(站)使用的无线电频率需要取得无线电频率使用许可的,其无线电台执照有效期不得超过无线电频率使用许可证规定的期限;依照本条例第十四条规定不需要取得无线电频率使用许可的,其无线电台执照有效期不得超过5年。

无线电台执照有效期届满后需要继续使用无线电台(站)的,应当在期限届满30个工作日前向作出许可决定的无线电管理机构申请更换无线电台执照。受理申请的无线电管理机构应当依照本条例第三十一条的规定作出决定。

第三十四条 国家无线电管理机构向国际电信联盟统一申请无线电台识别码序列,并对无线电台识别码进行编制和分配。

第三十五条 建设固定台址的无线电台(站)的选址,应当符合城乡规划的要求,避开影响其功能发挥的建筑物、设施等。地方人民政府制定、修改城乡规划,安排可能影响大型无线电台(站)功能发挥的建设项目的,应当考虑其功能发挥的需要,并征求所在地无线电管理机构和军队电磁频谱管理机构的意见。

设置大型无线电台(站)、地面公众移动通信基站,其台址布局规划应当符合资源共享和电磁环境保护的要求。

第三十六条 船舶、航空器、铁路机车(含动车组列车,下同)设置、使用制式无线电台应当符合国家有关规定,由国务院有关部门的无线电管理机构颁发无线电台执照;需要使用无线电台识别码的,同时核发无线电台识别码。国务院有关部门应当将制式无线电台执照及无线电台识别码的核发情况定期通报国家无线电管理机构。

船舶、航空器、铁路机车设置、使用非制式无线电台的管理办法,由国家无线电管理机构会同国务院有关部门制定。

第三十七条 遇有危及国家安全、公共安全、生命财产安全的紧急情况或者为了保障重大社会活动的特殊需要,可以不经批准临时设置、使用无线电台(站),但是应当及时向无线电台(站)所在地无线电管理机构报告,并在紧急情况消除或者重大社会活动结束后及时关闭。

第三十八条 无线电台(站)应当按照无线电台执照规定的许可事项和条件设置、使用;变更许可事项的,应当向作出许可决定的无线电管理机构办理变更手续。

无线电台(站)终止使用的,应当及时向作出许可决定的无线电管理机构办理注销手续,交回无线电台执照,拆除无线电台(站)及天线等附属设备。

第三十九条 使用无线电台(站)的单位或者个人应当对无线电台(站)进行定期维护,保证其性能指标符合国家标准和国家无线电管理的有关规定,避免对其他依法设置、使用的无线电台(站)产生有害干扰。

第四十条 使用无线电台(站)的单位或者个人应当遵守国家环境保护的规定,采取必要措施防止无线电波发射产生的电磁辐射污染环境。

第四十一条 使用无线电台(站)的单位或者个人不得故意收发无线电台执照许可事项之外的无线电信号,不得传播、公布或者利用无意接收的信息。

业余无线电台只能用于相互通信、技术研究和自我训练,并在业余业务或者卫星业余业务专用频率范围内收发信号,但是参与重大自然灾害等突发事件应急处置的除外。

第五章 无线电发射设备管理

第四十二条 研制无线电发射设备使用的无线电频率,应当符合国家无线电频率划分规定。

第四十三条 生产或者进口在国内销售、使用的无线电发射设备,应当符合产品质量等法律法规、国家标准和国家无线电管理的有关规定。

第四十四条 除微功率短距离无线电发射设备外,生产或者进口在国内销售、使用的其他无线电发射设备,应当向国家无线电管理机构申请型号核准。无线电发射设备型号核准目录由国家无线电管理机构公布。

生产或者进口应当取得型号核准的无线电发射设备,除应当符合本条例第四十三条的规定外,还应当符合无线电发射设备型号核准证核定的技术指标,并在设备上标注型号核准代码。

第四十五条 取得无线电发射设备型号核准,应当符合下列条件:

(一)申请人有相应的生产能力、技术力量、质量保证体系;

(二)无线电发射设备的工作频率、功率等技术指标符合国家标准和国家无线电管理的有关规定。

第四十六条 国家无线电管理机构应当依法对申请型号核准的无线电发射设备是否符合本条例第四十五条规定的条件进行审查,自受理申请之日起30个工作日内作出核准或者不予核准的决定。予以核准的,颁发无线电发射设备型号核准证;不予核准的,书面通知申请人并说明理由。

国家无线电管理机构应当定期将无线电发射设备型号核准的情况向社会公布。

第四十七条 进口依照本条例第四十四条的规定应当取得型号核准的无线电发射设备,进口货物收货人、携带无线电发射设备入境的人员、寄递无线电发射设备的收件人,应当主动向海关申报,凭无线电发射设备型号核准证办理通关手续。

进行体育比赛、科学实验等活动,需要携带、寄递依照本条例第四十四条的规定应当取得型号核准而未取得型号核准的无线电发射设备临时进关的,应当经无线电管理机构批准,凭批准文件办理通关手续。

第四十八条 销售依照本条例第四十四条的规定应当取得型号核准的无线电发射设备,应当向省、自治区、直辖市无线电管理机构办理销售备案。不得销售未依照本条例规定标注型号核准代码的无线电发射设备。

第四十九条 维修无线电发射设备,不得改变无线电发射设备型号核准证核定的技术指标。

第五十条 研制、生产、销售和维修大功率无线电发射设备,应当采取措施有效抑制电波发射,不得对依法设置、使用的无线电台(站)产生有害干扰。进行实效发射试验的,应当依照本条例第三十条的规定向省、自治区、直辖市无线电管理机构申请办理临时设置、使用无线电台(站)手续。

第六章 涉外无线电管理

第五十一条 无线电频率协调的涉外事宜,以及我国境内电台与境外电台的相互有害干扰,由国家无线电管理机构会同有关单位与有关的国际组织或者国家、地区协调处理。

需要向国际电信联盟或者其他国家、地区提供无线电管理相关资料的,由国家无线电管理机构统一办理。

第五十二条 在边境地区设置、使用无线电台(站),应当遵守我国与相关国家、地区签订的无线电频率协调协议。

第五十三条 外国领导人访华、各国驻华使领馆和享有外交特权与豁免的国际组织驻华代表机构需要设置、使用无线电台(站)的,应当通过外交途径经国家无线电管理机构批准。

除使用外交邮袋装运外,外国领导人访华、各国驻华使领馆和享有外交特权与豁免的国际组织驻华代表机构携带、寄递或者以其他方式运输依照本条例第四十四条的规定应当取得型号核准而未取得型号核准的无线电发射设备入境的,应当通过外交途径经国家无线电管理机构批准后办理通关手续。

其他境外组织或者个人在我国境内设置、使用无线电台(站)的,应当按照我国有关规定经相关业务主管部门报请无线电管理机构批准;携带、寄递或者以其他方式运输依照本条例第四十四条的规定应当取得型号核准而未取得型号核准的无线电发射设备入境的,应当按照我国有关规定经相关业务主管部门报无线电管理机构批准后,到海关办理无线电发射设备入境手续,但国家无线电管理机构规定不需要批准的除外。

第五十四条 外国船舶(含海上平台)、航空器、铁路机车、车辆等设置的无线电台在我国境内使用,应当遵守我国的法律、法规和我国缔结或者参加的国际条约。

第五十五条 境外组织或者个人不得在我国境内进行电波参数测试或者电波监测。

任何单位或者个人不得向境外组织或者个人提供涉及国家安全的境内电波参数资料。

第七章　无线电监测和电波秩序维护

第五十六条　无线电管理机构应当定期对无线电频率的使用情况和在用的无线电台(站)进行检查和检测,保障无线电台(站)的正常使用,维护正常的无线电波秩序。

第五十七条　国家无线电监测中心和省、自治区、直辖市无线电监测站作为无线电管理技术机构,分别在国家无线电管理机构和省、自治区、直辖市无线电管理机构领导下,对无线电信号实施监测,查找无线电干扰源和未经许可设置、使用的无线电台(站)。

第五十八条　国务院有关部门的无线电监测站负责对本系统(行业)的无线电信号实施监测。

第五十九条　工业、科学、医疗设备,电气化运输系统、高压电力线和其他电器装置产生的无线电波辐射,应当符合国家标准和国家无线电管理的有关规定。

制定辐射无线电波的非无线电设备的国家标准和技术规范,应当征求国家无线电管理机构的意见。

第六十条　辐射无线电波的非无线电设备对已依法设置、使用的无线电台(站)产生有害干扰的,设备所有者或者使用者应当采取措施予以消除。

第六十一条　经无线电管理机构确定的产生无线电波辐射的工程设施,可能对已依法设置、使用的无线电台(站)造成有害干扰的,其选址定点由地方人民政府城乡规划主管部门和省、自治区、直辖市无线电管理机构协商确定。

第六十二条　建设射电天文台、气象雷达站、卫星测控(导航)站、机场等需要电磁环境特殊保护的项目,项目建设单位应当在确定工程选址前对其选址进行电磁兼容分析和论证,并征求无线电管理机构的意见;未进行电磁兼容分析和论证,或者未征求、采纳无线电管理机构的意见的,不得向无线电管理机构提出排除有害干扰的要求。

第六十三条 在已建射电天文台、气象雷达站、卫星测控(导航)站、机场的周边区域,不得新建阻断无线电信号传输的高大建筑、设施,不得设置、使用干扰其正常使用的设施、设备。无线电管理机构应当会同城乡规划主管部门和其他有关部门制定具体的保护措施并向社会公布。

第六十四条 国家对船舶、航天器、航空器、铁路机车专用的无线电导航、遇险救助和安全通信等涉及人身安全的无线电频率予以特别保护。任何无线电发射设备和辐射无线电波的非无线电设备对其产生有害干扰的,应当立即消除有害干扰。

第六十五条 依法设置、使用的无线电台(站)受到有害干扰的,可以向无线电管理机构投诉。受理投诉的无线电管理机构应当及时处理,并将处理情况告知投诉人。

处理无线电频率相互有害干扰,应当遵循频带外让频带内、次要业务让主要业务、后用让先用、无规划让有规划的原则。

第六十六条 无线电管理机构可以要求产生有害干扰的无线电台(站)采取维修无线电发射设备、校准发射频率或者降低功率等措施消除有害干扰;无法消除有害干扰的,可以责令产生有害干扰的无线电台(站)暂停发射。

第六十七条 对非法的无线电发射活动,无线电管理机构可以暂扣无线电发射设备或者查封无线电台(站),必要时可以采取技术性阻断措施;无线电管理机构在无线电监测、检查工作中发现涉嫌违法犯罪活动的,应当及时通报公安机关并配合调查处理。

第六十八条 省、自治区、直辖市无线电管理机构应当加强对生产、销售无线电发射设备的监督检查,依法查处违法行为。县级以上地方人民政府产品质量监督部门、工商行政管理部门应当配合监督检查,并及时向无线电管理机构通报其在产品质量监督、市场监管执法过程中发现的违法生产、销售无线电发射设备的行为。

第六十九条 无线电管理机构和无线电监测中心(站)的工作人员应当对履行职责过程中知悉的通信秘密和无线电信号保密。

第八章 法律责任

第七十条 违反本条例规定,未经许可擅自使用无线电频率,或者擅自设置、使用无线电台(站)的,由无线电管理机构责令改正,没收从事违法活动的设备和违法所得,可以并处5万元以下的罚款;拒不改正的,并处5万元以上20万元以下的罚款;擅自设置、使用无线电台(站)从事诈骗等违法活动,尚不构成犯罪的,并处20万元以上50万元以下的罚款。

第七十一条 违反本条例规定,擅自转让无线电频率的,由无线电管理机构责令改正,没收违法所得;拒不改正的,并处违法所得1倍以上3倍以下的罚款;没有违法所得或者违法所得不足10万元的,处1万元以上10万元以下的罚款;造成严重后果的,吊销无线电频率使用许可证。

第七十二条 违反本条例规定,有下列行为之一的,由无线电管理机构责令改正,没收违法所得,可以并处3万元以下的罚款;造成严重后果的,吊销无线电台执照,并处3万元以上10万元以下的罚款:

(一)不按照无线电台执照规定的许可事项和要求设置、使用无线电台(站);

(二)故意收发无线电台执照许可事项之外的无线电信号,传播、公布或者利用无意接收的信息;

(三)擅自编制、使用无线电台识别码。

第七十三条 违反本条例规定,使用无线电发射设备、辐射无线电波的非无线电设备干扰无线电业务正常进行的,由无线电管理机构责令改正,拒不改正的,没收产生有害干扰的设备,并处5万元以上20万元以下的罚款,吊销无线电台执照;对船舶、航天器、航空器、铁路机车专用无线电导航、遇险救助和安全通信等涉及人身安全的无线电频率产生有害干扰的,并处20万元以上50万元以下的罚款。

第七十四条 未按照国家有关规定缴纳无线电频率占用费的,由无线电管理机构责令限期缴纳;逾期不缴纳的,自滞纳之日起按日加收0.05%的滞纳金。

第七十五条 违反本条例规定,有下列行为之一的,由无线电管理机构责令改正;拒不改正的,没收从事违法活动的设备,并处3万元以上10万元以下的罚款;造成严重后果的,并处10万元以上30万元以下的罚款:

(一)研制、生产、销售和维修大功率无线电发射设备,未采取有效措施抑制电波发射;

(二)境外组织或者个人在我国境内进行电波参数测试或者电波监测;

(三)向境外组织或者个人提供涉及国家安全的境内电波参数资料。

第七十六条 违反本条例规定,生产或者进口在国内销售、使用的无线电发射设备未取得型号核准的,由无线电管理机构责令改正,处5万元以上20万元以下的罚款;拒不改正的,没收未取得型号核准的无线电发射设备,并处20万元以上100万元以下的罚款。

第七十七条 销售依照本条例第四十四条的规定应当取得型号核准的无线电发射设备未向无线电管理机构办理销售备案的,由无线电管理机构责令改正;拒不改正的,处1万元以上3万元以下的罚款。

第七十八条 销售依照本条例第四十四条的规定应当取得型号核准而未取得型号核准的无线电发射设备的,由无线电管理机构责令改正,没收违法销售的无线电发射设备和违法所得,可以并处违法销售的设备货值10%以下的罚款;拒不改正的,并处违法销售的设备货值10%以上30%以下的罚款。

第七十九条 维修无线电发射设备改变无线电发射设备型号核准证核定的技术指标的,由无线电管理机构责令改正;拒不改正的,处1万元以上3万元以下的罚款。

第八十条 生产、销售无线电发射设备违反产品质量管理法律法规的,由产品质量监督部门依法处罚。

进口无线电发射设备,携带、寄递或者以其他方式运输无线电发射设备入境,违反海关监管法律法规的,由海关依法处罚。

第八十一条 违反本条例规定,构成违反治安管理行为的,依法给予治安管理处罚;构成犯罪的,依法追究刑事责任。

第八十二条 无线电管理机构及其工作人员不依照本条例规定履行职责的,对负有责任的领导人员和其他直接责任人员依法给予处分。

第九章 附 则

第八十三条 实施本条例规定的许可需要完成有关国内、国际协调或者履行国际规则规定程序的,进行协调以及履行程序的时间不计算在许可审查期限内。

第八十四条 军事系统无线电管理,按照军队有关规定执行。

涉及广播电视的无线电管理,法律、行政法规另有规定的,依照其规定执行。

第八十五条 本条例自 2016 年 12 月 1 日起施行。

《地名管理条例》

(国发〔1986〕11号)

第一条 为了加强对地名的管理,适应社会主义现代化建设和国际交往的需要,制定本条例。

第二条 本条例所称地名,包括:自然地理实体名称,行政区划名称,居民地名称,各专业部门使用的具有地名意义的台、站、港、场等名称。

第三条 地名管理应当从我国地名的历史和现状出发,保持地名的相对稳定。必须命名和更名时,应当按照本条例规定的原则和审批权限报经批准。未经批准,任何单位和个人不得擅自决定。

第四条 地名的命名应遵循下列规定:

(一)有利于人民团结和社会主义现代化建设,尊重当地群众的愿望,与有关各方协商一致。

(二)一般不以人名作地名。禁止用国家领导人的名字作地名。

(三)全国范围内的县、市以上名称,一个县、市内的乡、镇名称,一个城镇内的街道名称,一个乡内的村庄名称,不应重名,并避免同音。

(四)各专业部门使用的具有地名意义的台、站、港、场等名称,一般应与当地地名统一。

(五)避免使用生僻字。

第五条 地名的更名应遵循下列规定:

(一)凡有损我国领土主权和民族尊严的,带有民族歧视性质和妨碍民族团结的,带有侮辱劳动人民性质和极端庸俗的,以及其他违背国家方针、政策的地名,必须更名。

(二)不符合本条例第四条第三、四、五款规定的地名,在征得有关方面和当地群众同意后,予以更名。

(三)一地多名、一名多写的,应当确定一个统一的名称和用字。

(四)不明显属于上述范围的、可改可不改的和当地群众不同意改的地名,不要更改。

第六条 地名命名、更名的审批权限和程序如下:

(一)行政区划名称的命名、更名,按照国务院《关于行政区划管理的规定》办理。

(二)国内外著名的或涉及两个省(自治区、直辖市)以上的山脉、河流、湖泊等自然地理实体名称,由省、自治区、直辖市人民政府提出意见,报国务院审批。

(三)边境地区涉及国界线走向和海上涉及岛屿归属界线以及载入边界条约和议定书中的自然地理实体名称和居民地名称,由省、自治区、直辖市人民政府提出意见,报国务院审批。

(四)在科学考察中,对国际公有领域新的地理实体命名,由主管部门提出意见,报国务院审批。

(五)各专业部门使用的具有地名意义的台、站、港、场等名称,在征得当地人民政府同意后,由专业主管部门审批。

(六)城镇街道名称,由直辖市、市、县人民政府审批。

(七)其他地名,由省、自治区、直辖市人民政府规定审批程序。

(八)地名的命名、更名工作,可以交地名机构或管理地名工作的单位承办,也可以交其他部门承办;其他部门承办的,应征求地名机构或管理地名工作单位的意见。

第七条 少数民族语地名的汉字译写,外国地名的汉字译写,应当做到规范化。译写规则,由中国地名委员会制定。

第八条 中国地名的罗马字母拼写,以国家公布的"汉语拼音方案"作为统一规范。拼写细则,由中国地名委员会制定。

第九条 经各级人民政府批准和审定的地名,由地名机构负责汇集出版。其中行政区划名称,民政部门可以汇集出版单行本。

出版外国地名译名书籍,需经中国地名委员会审定或由中国地名委员会组织编纂。

各机关、团体、部队、企业、事业单位使用地名时,都以地名机构或民政部门编辑出版的地名书籍为准。

第十条 地名档案的管理,按照中国地名委员会和国家档案局的有关规定执行。

第十一条 地方人民政府应责成有关部门在必要的地方设置地名标志。

第十二条 本条例在实施中遇到的具体问题，由中国地名委员会研究答复。

第十三条 本条例自发布之日起施行。

《铁路运输企业准入许可办法》

(2014 年 12 月 8 日发布,2017 年 9 月 29 日修正)

第一章 总 则

第一条 为维护社会资本投资建设经营铁路的合法权益,规范铁路运输市场秩序,保障公众生命财产安全,依据《中华人民共和国行政许可法》、《铁路安全管理条例》等法律、行政法规和国家有关规定,制定本办法。

第二条 在中华人民共和国境内依法登记注册的企业法人,从事铁路旅客、货物公共运输营业的,应当向国家铁路局提出申请,经审查合格取得铁路运输许可证。

涉及地方铁路运营事项的,国家铁路局应当邀请申请企业所在地省、自治区、直辖市人民政府有关部门参与审查。

第三条 本办法所称铁路运输许可的范围分别为高速铁路旅客运输、城际铁路旅客运输、普通铁路旅客运输、铁路货物运输。

第四条 拥有铁路基础设施所有权的企业,有权自主决定铁路运输经营方式,包括独立、合作、委托以及其他合法经营方式。

第五条 铁路运输企业应当落实安全生产主体责任,承担铁路公益性运输义务。鼓励铁路运输企业之间开放合作,公平竞争,共同维护运输市场秩序,保障铁路网畅通和铁路运输安全。

第二章 许可条件

第六条 申请企业应当具备下列条件:

(一)拥有符合规划和国家标准的铁路基础设施的所有权或者使用权;

(二)拥有符合国家标准、行业标准以及满足运输规模需要数量的机车车辆的所有权或者使用权;

(三)生产作业和管理人员符合铁路运输岗位标准、具备相应从业资

格,且其数量满足运输规模需要;

(四)具有符合法律法规规定的安全生产管理机构或者安全管理人员,以及安全生产管理制度和应急预案;

(五)具有铁路运输相关的组织管理办法、服务质量标准、生产作业规范;

(六)法律法规和规章规定的其他条件。

第七条 拟从事高速铁路旅客运输的申请企业,铁路运输相关业务的负责人应当具有铁路运输管理工作10年以上经历,专业技术管理的负责人应当具有铁路运输本专业工作8年以上经历。

拟从事城际铁路旅客运输和普通铁路旅客运输的申请企业,铁路运输相关业务的负责人应当具有铁路运输管理工作8年以上经历,专业技术管理的负责人应当具有铁路运输本专业工作5年以上经历。

拟从事铁路货物运输的申请企业,铁路运输相关业务的负责人应当具有铁路运输管理工作5年以上经历,专业技术管理的负责人应当具有铁路运输本专业工作3年以上经历。办理危险货物或者特种货物运输的,相关设备设施应当符合相应货物运输的安全要求,相关生产作业和管理人员应当符合相应岗位标准和岗位培训要求。

在最近2年内因生产安全事故受到行政处分的,不得担任铁路运输相关业务的负责人和专业技术管理的负责人。

第八条 拥有铁路基础设施所有权的企业采取委托经营方式的,受托企业应当取得铁路运输许可证。

第三章 许可程序

第九条 申请企业应当按照本办法第三条、第六条、第七条、第八条规定的许可范围和许可条件提出申请。一次申请多项许可范围的,可以合并申请。

第十条 申请企业应当提交以下材料,并对材料的真实性、有效性和合法性负责:

(一)国家铁路局行政许可申请书;

(二)企业法人营业执照副本及复印件;

（三）申请企业基本情况；

（四）企业法定代表人的身份证明及履历表；

（五）铁路运输相关业务的负责人、专业技术管理的负责人的身份证明及履历表；

（六）主要生产作业人员的配备情况、资格情况；

（七）安全生产管理机构设置情况、安全生产管理人员配备情况、安全生产管理制度和应急预案情况；

（八）铁路运输相关的组织管理办法、服务质量标准、生产作业规范情况；

（九）铁路建设项目立项的批准（核准、备案）文件、铁路竣工验收（初步验收）和运营安全评估合格的报告复印件；

（十）机车车辆数量满足运输规模需要的测算依据；

（十一）相关所有权、使用权以及合作协议等证明材料；

（十二）法律法规和规章规定的其他材料。

国家铁路局应当明确铁路运输许可申请材料的具体要求，并提供相应的文本格式。

第十一条 国家铁路局对申请企业提出的行政许可申请，应当根据下列情况分别作出处理：

（一）申请材料存在可以当场更正的错误的，应当允许申请企业当场更正；

（二）申请材料不齐全或者不符合法定形式的，应当当场或者自收到申请材料之日起5个工作日内一次告知申请企业需要补正的全部内容，逾期不告知的，自收到申请材料之日起即为受理；

（三）申请材料齐全、符合法定形式，或者申请企业按照要求提交全部补正申请材料的，应当受理行政许可申请。

受理或者不予受理行政许可申请，应当出具加盖国家铁路局行政许可专用章和注明日期的书面凭证。

第十二条 国家铁路局应当审查申请企业提交的材料，必要时对申请企业进行实地核查及组织鉴定、专家评审。

审查合格的，作出准予行政许可的书面决定；审查不合格的，作出不予行政许可的书面决定，说明理由并告知申请企业享有依法申请行政复议或者提起行政诉讼的权利。

第十三条 国家铁路局自受理申请之日起 20 个工作日内作出行政许可决定。20 个工作日内不能作出决定的,经国家铁路局负责人批准,可以延长 10 个工作日,并将延长期限的理由告知申请企业。组织鉴定、专家评审所需时间不计算在上述期限之内。

作出准予行政许可决定的,应当自作出决定之日起 10 个工作日内向申请企业颁发铁路运输许可证。

第十四条 铁路运输许可证应当载明被许可企业名称、住所、证书编号、许可范围、发证日期、有效起始日期、有效期等内容。

第十五条 铁路运输许可证有效期为 20 年,被许可企业应当于有效期届满前 60 日,向国家铁路局提出延续申请。

申请材料包括国家铁路局行政许可申请书、近 3 年许可条件保持情况的报告。

国家铁路局应当根据被许可企业的申请,在铁路运输许可证有效期届满前作出是否准予延续的决定;逾期未做决定的,视为准予延续。

第十六条 被许可企业的名称、住所发生变化的,被许可企业应当于变化事项发生后 20 个工作日内,向国家铁路局提出变更申请。

申请材料包括国家铁路局行政许可申请书、变更事项说明、新的企业法人营业执照副本及复印件。

第十七条 被许可企业合并、分立或者变更经营方式、许可范围,导致许可条件发生重大变化的,应当于相关法律文书生效之日起 20 个工作日内向国家铁路局重新申请许可。

企业合并、分立的,申请材料除本办法第十条规定的材料外,还应当提交企业合并、分立的协议复印件或者有关批准文件复印件。

第十八条 被许可企业应当自取得铁路运输许可之日起 1 年内开展相应的铁路运输营业,并于开业后 20 个工作日内书面告知国家铁路局。因特殊情况需延期开业的,应当向国家铁路局提出书面说明,经同意可延期 1 年。

被许可企业在取得铁路运输许可证 1 年内未开业且未延期,或者延期期限内仍未开业的,已取得的铁路运输许可证自动失效。

第十九条 被许可企业应当按照许可范围开展铁路运输营业,并保证其运输条件持续符合许可条件。

第二十条 被许可企业未经国家铁路局批准,不得擅自停业、歇业。

被许可企业因特殊情况需停业、歇业的,应当提前 90 日向国家铁路局提出书面申请,并提前 60 日向社会公告,按有关规定妥善处理相关运输业务。

第二十一条 铁路运输许可证遗失、损毁或者灭失的,被许可企业应当及时在公共媒体上发布公告、声明作废,并向国家铁路局申请补办许可证。

申请材料包括国家铁路局行政许可申请书、公共媒体上发布公告的证明、企业法人营业执照副本及复印件。

第四章 监督管理

第二十二条 国家铁路局依据职责和权限,依法对被许可企业从事许可事项活动情况、许可条件保持情况以及遵守铁路行业管理相关规定等实施监督检查,受理相关投诉举报,查处违法违规行为。

国家铁路局实施许可监督检查,不得妨碍被许可企业正常的生产活动,不得谋取非法利益,不得泄露被许可企业的商业秘密。

被许可企业应当接受和配合监督检查,提供有关资料,不得隐瞒情况或者提供虚假情况。

第二十三条 监督检查可以采取下列措施:

(一)进入被许可企业有关部门、生产营业场所;

(二)询问被许可企业有关工作人员,要求其对检查事项作出说明;

(三)查阅、复制有关文件、资料;

(四)纠正违反法律、法规、规章及有关标准、规范的行为。

第二十四条 被许可企业应当于每年 3 月 31 日前,将上一年度企业运输年度报告报国家铁路局备案。运输年度报告备案内容主要包括本企业运输业务及公益性运输完成情况、运输安全状况及其他许可条件保持情况等。

第二十五条 被许可企业不得涂改、倒卖、出租、出借或者以其他形式非法转让铁路运输许可证。

第二十六条　申请企业隐瞒有关情况或者提供虚假材料申请铁路运输许可的,国家铁路局不予受理或者不予许可,并给予警告,申请企业在1年内不得再次申请铁路运输许可。

第二十七条　铁路运输许可的撤销、注销,由国家铁路局按照法律、行政法规的规定办理。

被许可企业以欺骗、贿赂等不正当手段取得行政许可的,应当予以撤销,申请企业在3年内不得再次申请铁路运输许可。

第二十八条　国家铁路局工作人员办理行政许可、实施监督检查过程中滥用职权、玩忽职守、徇私舞弊、收受贿赂,构成犯罪的,依法追究刑事责任;尚不构成犯罪的,依法给予行政处分。

第二十九条　被许可企业违反法律法规和本办法规定的,国家铁路局应当责令限期改正,依法给予行政处罚;构成犯罪的,依法追究刑事责任。

第五章　附　则

第三十条　本办法中下列用语的含义:

(一)铁路基础设施是指场站设施、线桥隧涵、牵引供电、通信信号、信息系统等铁路设备设施的总称。

(二)铁路运输相关业务、专业,包括安全管理、调度指挥、行车组织、客运组织、货运组织,机车、车辆、线桥隧涵、牵引供电、通信信号、信息系统的运用以及维修养护。

第三十一条　本办法自2015年1月1日起施行。在本办法施行前已经审批设立并开展运输经营的铁路企业,参照本办法执行。中国铁路总公司及所属企业按照《国务院关于组建中国铁路总公司有关问题的批复》(国函〔2013〕47号)的规定执行。

《铁路运输基础设备生产企业审批办法》

(2013年12月23日发布,自2014年1月1日起施行)

第一章 总 则

第一条 为规范铁路运输基础设备生产企业行政许可工作,加强铁路运输安全监督管理,保障公众生命财产安全,依据《中华人民共和国行政许可法》和《铁路安全管理条例》等法律法规和国家有关规定,制定本办法。

第二条 本办法所称铁路运输基础设备是指铁路道岔及其转辙设备、铁路信号控制软件和控制设备、铁路通信设备、铁路牵引供电设备。铁路运输基础设备目录由国家铁路局制定、调整并公布。

第三条 在中华人民共和国境内生产铁路运输基础设备的企业,应当向国家铁路局提出申请,经审查合格取得"铁路运输基础设备生产企业许可证"(以下简称"生产许可证")。

第二章 条件与程序

第四条 申请企业应当符合下列条件:
(一)有按照国家标准、行业标准检测、检验合格的专业生产设备;
(二)有相应的专业技术人员;
(三)有完善的产品质量保证体系和安全管理制度;
(四)法律、行政法规规定的其他条件。

第五条 申请企业应当提交下列材料:
(一)行政许可申请书;
(二)企业法人营业执照副本;
(三)生产设备、设施及相关计量器具明细表;
(四)专业技术人员名单、技术职务、技术等级、所学专业和所从事专业等材料;

（五）企业质量保证体系文件和安全管理制度及有效运转的证明材料；

（六）申请企业拟生产的产品目录清单及申请产品的相关标准、技术条件、设计和工艺等技术材料；

（七）拟生产产品试验、验证、考核、认证等相关材料；

（八）技术评审（鉴定）证书或者审查意见；

（九）法律法规要求的其他材料。

行政许可申请书采用格式文本，文本格式由国家铁路局制定。

第六条　国家铁路局对申请企业提交的申请材料，应当根据下列情况分别作出处理：

（一）申请材料存在可以当场更正的错误的，应当允许申请人当场更正；

（二）申请材料不齐全或者不符合法定形式的，应当当场或者在5个工作日内一次告知申请人需要补正的全部内容，逾期不告知的，自收到申请材料之日起即为受理；

（三）申请材料齐全、符合法定形式，或者申请企业按要求提交全部补正申请材料的，应当受理行政许可申请。

国家铁路局受理或者不予受理行政许可申请，应当出具加盖国家铁路局行政许可专用章和注明日期的书面凭证。

第七条　国家铁路局受理行政许可申请后，应当对申请材料进行审查，需要时可组织现场核实、检验、检测及专家评审。

第八条　申请材料经审查合格的，国家铁路局应当依法作出准予行政许可的书面决定；不合格的，依法作出不予许可的书面决定，说明理由并送达申请企业。

第九条　国家铁路局应当自受理申请之日起20个工作日内作出行政许可决定。20个工作日内不能作出决定的，经国家铁路局负责人批准，可以延长10个工作日，并将延长期限的理由告知申请企业。

检验、检测和专家评审时间不计算在上述期限内。

第十条　国家铁路局作出准予行政许可决定的，应当自作出许可决定之日起10个工作日内向申请企业颁发、送达许可证件。

第三章　证书管理

第十一条　生产许可证应当注明企业名称、生产地点、适用范围和有效起止日期。生产许可证有效期为 5 年,有效期届满后,被许可企业需要延续已取得的生产许可证有效期的,应当在有效期届满 60 个工作日前向国家铁路局提出申请。

第十二条　被许可企业生产条件发生较大变化(包括生产地址变化、生产线重大技术改造、委外加工企业变更等)时,应当向国家铁路局重新申请许可。

第十三条　被许可企业名称、生产地址名称等发生变更的,应当向国家铁路局申请办理生产许可证变更手续。

第四章　监督管理

第十四条　国家铁路局及其铁路监督管理机构应当对被许可企业进行监督检查,监督检查时被许可企业应当配合检查并按要求提交相关材料。

被许可企业应当按年度向国家铁路局提交企业产品质量保证和安全管理情况自查报告。

第十五条　监督检查的主要内容包括:

(一)取得生产许可证应当具备条件的保持情况;

(二)生产许可证使用情况。

监督检查不合格的企业,应当进行整改,并在 60 个工作日内向国家铁路局提出复查申请。

第十六条　申请企业隐瞒有关情况或者提供虚假材料申请行政许可的,国家铁路局不予受理或者不予行政许可,并给予警告,申请企业在 1 年内不得再次申请该行政许可。

第十七条　有下列情形之一的,国家铁路局根据利害关系人的请求或者依据职权,可以撤销行政许可:

(一)行政机关工作人员滥用职权、玩忽职守作出准予行政许可决定的;

(二)超越法定职权作出准予行政许可决定的;

(三)违反法定程序作出准予行政许可决定的;

(四)对不具备申请资格或者不符合法定条件的申请企业准予行政许可的;

(五)依法可以撤销行政许可的其他情形。

被许可人以欺骗、贿赂等不正当手段取得行政许可的,应当予以撤销。申请人在3年内不得再次申请该行政许可。

第十八条 有下列情形之一的,国家铁路局应当依法办理有关行政许可的注销手续:

(一)行政许可有效期届满未延续的;

(二)被许可企业依法终止的;

(三)行政许可依法被撤销,或者行政许可证件依法被吊销的;

(四)因不可抗力导致行政许可事项无法实施的;

(五)法律、法规规定的应当注销行政许可的其他情形。

第五章 附 则

第十九条 国家铁路局依据本办法制定实施细则。

第二十条 本办法自2014年1月1日起施行。2005年4月1日原铁道部公布的《铁路运输安全设备生产企业认定办法》(铁道部令第15号)同时废止。

《铁路机车车辆驾驶人员资格许可办法》

(2013年12月24日发布,自2014年1月1日起施行)

第一章 总 则

第一条 为规范铁路机车车辆驾驶人员资格许可工作,保障铁路运输安全和畅通,依据《中华人民共和国行政许可法》、《铁路安全管理条例》等法律法规和国家有关规定,制定本办法。

第二条 在中华人民共和国境内的铁路营业线上,承担公共运输或施工、维修、检测、试验等任务的铁路机车、动车组、大型养路机械、轨道车、接触网作业车驾驶人员(以下简称驾驶人员),应当依照本办法向国家铁路局申请驾驶资格,并取得相应类别的铁路机车车辆驾驶证(以下简称"驾驶证")。

第三条 驾驶证分为机车系列和自轮运转车辆系列。具体代码及对应的准驾机车车辆类型为:

(一)机车系列:

J1类准驾动车组和内燃、电力机车;

J2类准驾动车组和内燃机车;

J3类准驾动车组和电力机车;

J4类准驾内燃、电力机车;

J5类准驾内燃机车;

J6类准驾电力机车。

(二)自轮运转车辆系列:

L1类准驾大型养路机械和轨道车、接触网作业车;

L2类准驾大型养路机械;

L3类准驾轨道车、接触网作业车。

第四条 聘用铁路机车车辆驾驶人员的企业(以下简称"企业")应当落实安全生产主体责任,建立健全驾驶人员管理制度,加强对驾驶人员的管理、教育和培训,为驾驶证申请人提供必要的学习、培训条件,对取得驾驶证的人员实行聘用制度,岗前培训合格后方可上岗,制定年度培训计划,提高驾驶人员的业务技能和安全意识。

驾驶人员应当严格遵照有关规定执业。

第二章 申请与考试

第五条 初次申请驾驶证只能申请一个系列中的一种机车车辆类型,申请人应当具备以下条件:

(一)年龄在 18 岁至 45 岁;

(二)身体健康,符合国家对驾驶人员职业健康标准的要求,良好的汉字读写能力并能够熟练运用普通话交流;

(三)机车系列申请人应当具有国家承认的中专及以上学历,自轮运转车辆系列应当具有国家承认的高中、技校及以上学历;

(四)机车系列申请人应当连续机务乘务学习 1 年以上或者机务乘务学习行程 6 万公里以上,自轮运转车辆系列申请人应当连续自轮运转车辆乘务学习 6 个月以上。

第六条 增加本系列准驾机车车辆类型或增加准驾系列称为增驾。申请增驾时,只能申请某一系列的一种机车车辆类型。申请 J1、J2 或 J3 类驾驶证时,年龄不超过 45 岁,应当担任机车司机职务 2 年以上且安全乘务 10 万公里以上,并经动车组驾驶适应性测试合格。

L2 类持证人申请 L1 类驾驶证时,应当担任大型养路机械司机职务 2 年以上且安全乘务 1 万公里以上;L3 类持证人申请 L1 类驾驶证时,应当担任轨道车或接触网作业车司机职务 2 年以上且安全乘务 3 万公里以上。

第七条 初次申请和申请增驾的人员应当参加国家铁路局组织的考试,原则上每半年组织一次。考试包括理论考试和实际操作考试。理论考试内容包括行车安全规章和专业知识两个科目。实际操作考试内容包括检查与试验、驾驶两个科目。经理论考试合格后,方准予参加实际操作考试。理论考试或实际操作考试如有一个科目不合格,即为考试不合格。

第八条 理论考试成绩 2 年内有效。未在有效期内完成实际操作考试的,本次理论考试成绩作废。在理论考试合格证明有效期内,最多参加

3次实际操作考试。

第三章　驾驶证管理

第九条　申请人考试合格的,由国家铁路局颁发相应类别的驾驶证。

第十条　驾驶人员执业时,应当携带驾驶证。驾驶证仅限本人持有和使用。

第十一条　驾驶证应当记载和签注以下内容:

(一)持证人信息:姓名、性别、出生日期、所在单位、居民身份证号码、本人照片和指纹信息。

(二)核发机构签注:准驾机车车辆类型代码、初次领驾驶证日期、有效起止日期、核发机关印章。

第十二条　驾驶证有效期为6年。驾驶证有效截止日期不得超过持证人法定退休日期。

驾驶证有效期满、需要延续的,应当在驾驶证有效期届满60日前向国家铁路局提出申请。驾驶证损毁、记载内容变化或驾驶证丢失的,应当及时向国家铁路局申请换证或补证。国家铁路局审核后认为符合条件的,予以换证或补证。

第四章　监督管理和法律责任

第十三条　国家铁路局及其铁路监督管理机构应当对驾驶人员的执业行为进行监督检查,对违法违规行为及时纠正,依法查处。

第十四条　隐瞒有关情况或提供虚假材料的申请人在1年内不得再次申请。

第十五条　申请人在考试过程中有贿赂、舞弊行为的,取消考试资格,已经通过的考试科目成绩无效,申请人在1年内不得再次申请。

第十六条　有下列情形之一的,应当撤销驾驶证:

(一)工作人员滥用职权、玩忽职守,致使不符合条件的人员取得驾驶证的;

(二)以欺骗、贿赂、倒卖、租借等不正当手段取得驾驶证的;

(三)法律法规规定的其他情形。

因本条第一款第(二)项原因撤销驾驶证的 3 年内不得再次申请驾驶证。

第十七条 有下列情形之一的,应当注销驾驶证:

(一)驾驶证有效期届满未延续的;

(二)驾驶证持有人不能继续驾驶铁路机车车辆的;

(三)驾驶证持有人提出注销申请的;

(四)法律法规规定的其他情形。

第十八条 企业发现本单位驾驶人员有违反本办法第十六条、第十七条情形的,应当及时报告国家铁路局。

第十九条 企业应当于每年 1 月底前将上一年度所聘用驾驶人员的情况汇总报国家铁路局。

第二十条 参与、协助、纵容考试舞弊或者为不符合申请条件、未经考试、考试不合格人员签注合格成绩或者核发驾驶证的,按照有关规定对责任人员给予处分;构成犯罪的,依法追究刑事责任。

第五章 附 则

第二十一条 国家铁路局依据本办法制定实施细则。

第二十二条 本办法自 2014 年 1 月 1 日起施行。2005 年 4 月 1 日原铁道部公布的《铁路机车和自轮运转车辆驾驶员资格许可办法》(铁道部令第 19 号)同时废止。

《铁路机车车辆设计制造维修进口许可办法》

(2013年12月24日发布,自2014年1月1日起施行)

第一章 总 则

第一条 为规范铁路机车车辆行政许可工作,加强铁路运输安全监督管理,保障公众生命财产安全,依据《中华人民共和国行政许可法》、《铁路安全管理条例》等法律法规和国家有关规定,制定本办法。

第二条 本办法所称铁路机车车辆,是指直接承担铁路公共运输和检测试验任务的铁路机车、动车组、客车、货车等移动设备,以及在铁路上运行并承担施工、维修、救援等作业的铁路轨道车、救援起重机、铺轨机和架桥机(组)车辆、接触网作业车和大型养路机械等自轮运转特种设备。需办理许可的铁路机车车辆目录由国家铁路局制定、调整并发布。

第三条 设计、制造、维修或者进口新型铁路机车车辆,应分别向国家铁路局申请领取型号合格证、制造许可证、维修许可证或者进口许可证。

设计新型铁路机车车辆,设计企业应当取得型号合格证;已取得型号合格证的产品,制造企业在投入批量制造之前,应当取得制造许可证;承担铁路机车车辆整机性能恢复性修理(即"大修")的维修企业在维修样车投入运营前,应当取得维修许可证;进口新型铁路机车车辆,在该产品投入运营前,国内进口企业应当取得进口许可证。

第四条 铁路机车车辆的设计、制造、维修、使用单位应当遵守有关产品质量安全的法律、行政法规以及国家有关规定,确保投入使用的铁路机车车辆符合安全运营要求。

第二章 取证条件

第五条 设计、制造、维修或者进口新型铁路机车车辆应当符合国家产业和技术发展政策及铁路装备现代化的要求,符合国家相关标准和行业标准。

第六条 取得型号合格证应当具备下列条件:

(一)申请企业具有企业法人资格;

(二)申请企业高层管理人员中应当有具备相应设计管理经历的人员;申请企业应当有相应的专业设计技术人员,具备研发设计能力,有完善的产品设计质量保证体系、管理制度和先进的设计手段,申请企业具有或者通过合作方式具有对样车制造验证的能力;

(三)样车技术条件、设计方案通过申请企业或者科研立项单位审查;

(四)关键零部件和样车通过型式试验;

(五)样车运用考核及解体检查合格;

(六)样车经申请企业或者科研立项单位技术评价合格;

(七)申请领取型号合格证的产品中含有压力容器、起重机械等特种设备的,应当符合特种设备相关法律法规要求;

(八)无知识产权侵权行为;

(九)法律法规规定的其他条件。

第七条 取得制造许可证应当具备下列条件:

(一)申请企业具有企业法人资格;

(二)拟制造的产品已取得型号合格证;

(三)申请企业高层管理人员中应当有具备相应制造管理经历的人员,申请企业应当有相应的专业技术人员,有完善的产品质量保证体系和管理制度,有完备的保证持续批量制造的条件和能力,有完善的售后服务体系;

(四)申请企业应当有完备的产品图样、技术条件等相关技术文件,并具有合法使用权;

(五)制造样车通过型式试验并经型号合格证持有企业技术评价合格;

(六)申请领取制造许可证的产品中含有压力容器、起重机械等特种设备的,应当符合特种设备相关法律法规要求;

(七)无知识产权侵权行为;

(八)法律法规规定的其他条件。

第八条 取得维修许可证应当具备下列条件：

（一）申请企业具有企业法人资格；

（二）申请企业与维修样车产权单位签订了样车试修合同、协议或者维修样车产权单位（或者其上级主管单位）出具了委托维修证明材料；

（三）申请企业高层管理人员中应当有具备相应制造或者维修管理经历的人员，申请企业应当有相应的专业技术人员，有完善的产品质量保证体系和管理制度，有完备的保证持续批量维修的条件和能力，有完善的售后服务体系；

（四）申请企业应当具有维修必备的产品图样、技术条件等相关技术文件，并具有合法使用权；

（五）维修样车通过例行试验并经产权单位或其上级主管单位技术评价合格；

（六）申请领取维修许可证的产品中含有压力容器、起重机械等特种设备的，应当符合特种设备相关法律法规要求；

（七）无知识产权侵权行为；

（八）法律法规规定的其他条件。

第九条 取得进口许可证应当具备下列条件：

（一）申请企业具有企业法人资格；

（二）申请企业能够证明进口产品已有国内用户需求；

（三）申请企业能够证明进口产品制造企业符合所在国法定资质条件，具备相应业绩且质量信誉良好，技术支持和售后服务满足国内用户的需求，无知识产权侵权行为；

（四）进口产品的技术条件、设计方案通过国内用户的审查；

（五）关键零部件和样车通过型式试验；

（六）样车经国内用户技术评价合格；

（七）法律法规规定的其他条件。

第三章　申请材料

第十条 申请领取型号合格证应当提交下列材料：

（一）国家铁路局行政许可申请书；

(二)申请企业法人营业执照副本;

(三)质量管理体系证明材料;

(四)申请企业基本情况报告(包括企业概况,人员情况,产品设计质量保证体系和管理制度,产品研发和设计能力,供货方和外包方清单,特种设备持证情况,无知识产权侵权行为的声明等);

(五)设计技术总结报告(包括产品基本特性说明,样车技术条件、设计方案的审查意见,设计总图及图样目录,整车技术条件,所依据的主要技术标准和技术规范目录,试制工艺报告,产品试制及检验基本能力配备,型式试验项目及试验报告,样车运用考核和解体检查项目及报告等);

(六)法律法规要求的其他材料。

第十一条 申请领取制造许可证应当提交下列材料:

(一)国家铁路局行政许可申请书;

(二)申请企业法人营业执照副本;

(三)型号合格证;

(四)产品图样、技术条件等相关技术文件及其合法来源证明材料;

(五)质量管理体系证明材料;

(六)申请企业基本情况报告(包括企业概况,人员情况,产品质量保证体系和管理制度,产品制造与售后服务能力,供货方和外包方清单,特种设备持证情况,无知识产权侵权行为的声明等);

(七)制造技术总结报告(包括产品外形照片,所依据的主要技术标准技术规范目录,产品制造及检验基本能力配备,型式试验项目及试验报告,制造能力分析,资金对制造规模的保证能力,申请企业对制造样车技术评价结论等);

(八)法律法规要求的其他材料。

第十二条 申请领取维修许可证应当提交下列材料:

(一)国家铁路局行政许可申请书;

(二)申请企业法人营业执照副本;

(三)申请企业与维修样车产权单位签订的样车试修合同、协议或维修产权单位(或其上级主管单位)出具的委托维修证明材料;

(四)产品图样、技术条件等相关技术文件及其合法来源证明材料;

(五)质量管理体系证明材料;

（六）申请企业基本情况报告（包括企业概况，人员情况，产品质量保证体系和管理制度，产品维修与售后服务能力，供货方和外包方清单，特种设备持证情况，无知识产权侵权行为的声明等）；

（七）维修技术总结报告（包括产品外形照片，主要技术标准和技术规范目录，产品维修及检验基本能力配备，例行试验项目及试验报告，维修能力分析，资金对维修规模的保证能力，维修样车产权单位或其上级主管部门对维修样车技术评价结论等）；

（八）法律法规要求的其他材料。

第十三条 申请领取进口许可证应当提交下列材料：

（一）国家铁路局行政许可申请书；

（二）申请企业法人营业执照副本；

（三）进口产品已有国内用户需求的证明材料；

（四）申请企业概况（包括企业主营业务，经营业绩、固定资产，人员情况、质量管理、与国内用户关系等方面）；

（五）进口产品制造企业合法注册登记的证明材料和取得相同或相近产品设计制造资质的证明材料；

（六）进口产品制造企业质量管理体系证明材料；

（七）进口产品制造企业基本情况报告（包括企业概况，人员情况，质量管理体系和管理制度情况，售后服务情况，产品研发和制造能力概述，供货方和外包方清单，特种设备持证情况，无知识产权侵权行为的声明等）；

（八）进口技术总结报告（包括产品基本特性说明，样车技术条件、设计方案的审查意见，设计总图及图样目录，整车技术条件，所依据的主要技术标准和技术规范目录，产品试制及检验基本能力配备，型式试验项目及试验报告等方面）；

（九）法律法规要求的其他材料。

第十四条 行政许可申请书应当采用格式文本，文本格式由国家铁路局制定。

第四章　许可程序

第十五条 国家铁路局对申请企业提交的申请材料，应当根据下列情况分别作出处理：

（一）申请材料存在可以当场更正的错误的，应当允许申请人当场更正；

（二）申请材料不齐全或者不符合法定形式的，应当当场或者在5个工作日内一次告知申请人需要补正的全部内容，逾期不告知的，自收到申请材料之日起即为受理；

（三）申请材料齐全、符合法定形式，或者申请企业按要求提交全部补正申请材料的，应当受理行政许可申请。

国家铁路局受理或者不予受理行政许可申请，应当出具加盖国家铁路局行政许可专用章和注明日期的书面凭证。

第十六条　国家铁路局受理行政许可申请后，应当对申请材料进行审查，必要时可组织现场核实、检验、检测及专家评审。

审查合格的，应当依法作出准予行政许可的书面决定；审查不合格的，依法作出不予行政许可的书面决定，说明理由并送达申请企业。

第十七条　国家铁路局应当自受理申请之日起20个工作日内作出行政许可决定。20个工作日内不能作出决定的，经国家铁路局负责人批准，可以延长10个工作日，并将延长期限的理由告知申请企业。检验、检测和专家评审所需时间不计算在上述期限内。

第十八条　国家铁路局作出准予行政许可决定的，应当自作出许可决定之日起10个工作日内向申请企业颁发、送达相应的行政许可证件。

第五章　证书管理

第十九条　被许可企业应当在产品使用说明书和产品合格证上注明行政许可证书的有效期和编号。

第二十条　型号合格证有效期为长期。制造、维修、进口许可证有效期为5年。有效期届满后，被许可企业需要延续已取得的行政许可证书有效期的，应当在有效期届满60个工作日前向国家铁路局提出申请。

第二十一条　在行政许可证书有效期内，被许可企业名称或者制造、维修地址名称发生变化的，企业应当自变化事项发生后30个工作日内向国家铁路局提出变更申请，变更后的行政许可证书有效期不变。

第二十二条 变更制造、维修地址造成制造、维修许可条件发生变化的,被许可企业应当重新申请取得制造、维修许可。

已取得型号合格证的产品发生重大变化时,应当重新申请取得型号许可。

第六章 监督管理

第二十三条 国家铁路局及其铁路监督管理机构应当对被许可企业实施监督检查,监督检查时被许可企业应当配合检查并按要求提交相关材料。

取得制造、维修许可证的企业应当按年度向国家铁路局提交企业产品质量管理及售后服务情况自查报告。

第二十四条 申请企业隐瞒有关情况或者提供虚假材料申请行政许可的,国家铁路局不予受理或者不予行政许可,并给予警告,申请企业在1年内不得再次申请该行政许可。

第二十五条 有下列情形之一的,国家铁路局根据利害关系人的请求或者依据职权,可以撤销行政许可:

(一)行政机关工作人员滥用职权、玩忽职守作出准予行政许可决定的;

(二)超越法定职权作出准予行政许可决定的;

(三)违反法定程序作出准予行政许可决定的;

(四)对不具备申请资格或不符合法定条件的申请企业准予行政许可的;

(五)依法可以撤销行政许可的其他情形。

被许可人以欺骗、贿赂等不正当手段取得行政许可的,应当予以撤销。申请人在3年内不得再次申请该行政许可。

第二十六条 有下列情形之一的,国家铁路局应当依法办理有关行政许可的注销手续:

(一)行政许可有效期届满未延续的;

(二)被许可企业依法终止的;

(三)行政许可依法被撤销或行政许可证件依法被吊销的;

(四)因不可抗力导致行政许可事项无法实施的;
(五)法律、法规规定的应当注销行政许可的其他情形。

第七章 附 则

第二十七条 国家铁路局依据本办法制定实施细则。

第二十八条 本办法自 2014 年 1 月 1 日起施行。2005 年 4 月 1 日原铁道部公布的《铁路机车车辆设计生产维修进口许可管理办法》(铁道部令第 14 号)同时废止。

《铁路无线电台站设置和频率使用审核办法》

(铁运〔2005〕9号)

第一条 为科学、合理设置铁路无线电台(站)和使用铁路通信频率,规范铁路无线电管理,确保工程建设项目顺利实施和铁路无线通信系统安全运行,根据《中华人民共和国行政许可法》、《中华人民共和国无线电管理条例》(国务院、中央军事委员会令第128号)及《铁道部行政许可实施程序暂行规定》(铁政法〔2004〕70号),制定本办法。

第二条 本办法适用于中华人民共和国境内铁路运输企业和铁路专用通信运营企业在各类工程和科研活动中设置无线电台(站)和采用铁路通信频率的审核。

第三条 本办法所指铁路通信频率是国家分配给铁路系统使用的下列频率:

(一)用于列车调度、站场调车、专用通信等业务的150、400、450MHz频段铁路通信频率;

(二)2MHz频段工务施工和道口防护频率;

(三)2.4GHz铁路战备通信、应急通信使用频率;

(四)铁路GSM-R系统使用频率;

(五)800MHz列尾和列车安全预警系统使用频率;

(六)需跨铁路局使用的其他频率。

2.4GHz铁路战备通信、应急通信频率,在全国铁路使用时,应另行上报国家无线电管理机构批准。

第四条 铁路运输企业和铁路专用通信运营企业设置无线电台(站)和使用铁路通信频率,必须经铁道部批准。铁道部行政许可管理机构负责受理申请和送达行政许可决定,铁道部运输局负责审查。

第五条 设置使用无线电台(站),应当具备下列条件:

(一)符合国家和铁道部有关技术政策、技术标准和发展规划;

(二)频率的使用应符合铁路通信频率规划并应满足电磁环境要求;

（三）操作人员熟悉无线电管理的有关规定，并具有相应的技能；

（四）列车无线移动通信系统的设置还应兼顾机车交路和接轨站、接入线路既有系统的频率使用，减少对相邻线路、铁路枢纽地区的频率干扰；

（五）法律、法规规定的其他条件。

第六条 申请设置铁路无线电台（站）和使用铁路通信频率，应在工程或科研项目确立之后、实施之前办理。

第七条 下列单位或机构可作为设置铁路无线电台（站）和频率使用的申请人：

（一）铁路基本建设、更新改造和大修工程设置无线电台（站），由建设管理单位（包括承担铁路专用无线通信运营的电信运营单位）提出申请；

（二）从事铁路无线电科研活动时，由承担科研项目的单位或机构提出申请，也可委托铁路局无线电管理机构提出申请；

（三）铁路运营单位或部门设台及增设台（站）的，由铁路局无线电管理机构办理申请。

第八条 申请人提出申请时应填写"铁道部行政许可申请书"，并提交下列材料：

（一）使用设备的相关资料复印件；

（二）操作人员的相关资料；

（三）立项批复文件；

（四）工程初步设计文件及批复文件、科研技术方案；

（五）与既有无线通信系统需互联互通时，既有系统的通信频率运用情况；

（六）运用交路（需要时）；

（七）磁环境监测报告；

（八）系统组网方案，设台数量和固定台站的站址，台站主要技术规格；

（九）进行科学试验需临时设置无线电台（站），所在地铁路局无线电管理机构的意见；

（十）合资、地方铁路使用铁路通信频率设置无线电台（站），接轨站所属铁路局和该合资、地方铁路属地铁路局无线电管理机构的意见；

（十一）法律、法规要求的其他材料。

申请人应对其申请材料实质内容的真实性负责。

第九条 申请设立铁路无线电台(站)时可同时提出频率使用申请。铁道部对符合设台条件的申请人根据国家有关频率管理规定指配频率。

第十条 铁道部运输局需要对申请材料实质内容进行核实的,可指派两名以上工作人员进行核查。审查发现行政许可事项直接关系他人重大利益的,铁道部运输局应告知利害关系人,申请人、利害关系人有权进行陈述和申辩。

第十一条 铁道部对申请事项进行审查后,应自受理申请之日起20个工作日内作出行政许可决定。20工作日内不能作出决定的,经铁道部主管领导批准,可以延长10个工作日,并将延长期限理由告知申请人。

第十二条 铁道部作出准予设置无线电台(站)的行政许可决定应当载明其有效期。用于铁路运输生产作业、在全国范围内组网及长期使用的无线电台(站)许可有效期为10年,其他台(站)根据其用途许可有效期为1~3年。用于科学试验的设台许可有效期为6个月,有特殊要求的可延长至1年。

第十三条 铁道部准予设置无线电台(站)的行政许可决定是无线通信工程建设或科研活动的重要依据。无行政许可决定的,无线通信工程或相关科研活动不得启动。

第十四条 被许可人应持铁道部行政许可决定书,到国家或有关省、自治区、直辖市无线电管理机构办理无线电设台手续,并按规定领取无线电台执照。科学技术研究设置无线电台(站)进行实效发射的,应办理临时设台站手续。

第十五条 工程建设竣工交验时,被许可人应将铁道部批准决定、台站资料、执照及台站管理责任一并移交接管单位。

第十六条 有下列情形之一的,被许可人或接管单位应另行办理行政许可申请:

(一)需增设无线电台(站)和调整或扩展使用频率的;

(二)行政许可有效期满需延续的(有效期届满30日前申请)。

第十七条 申请使用国家未分配给铁路系统使用的通信频率,按国家无线电管理有关规定另行办理。

第十八条 被许可人必须严格按照铁道部批准的范围、内容设置无线电台(站)和使用无线通信频率,未经铁道部批准不得转让频率,禁止出租或变相出租频率。

第十九条 铁道部将对被许可人进行严格的监督检查。监督检查的内容包括:

(一)设置铁路无线电台(站)和使用铁路通信频率的总体实施情况;

(二)本办法规定义务的履行情况;

(三)法律、法规规定应当实施监督检查的其他情形。

第二十条 铁道部监督检查时,被许可人及有关部门、单位和个人应当如实反映情况,提供必要的材料。铁道部可以根据需要,要求被许可人提供下列文件、资料或实物:

(一)行政许可决定书或相关的文件;

(二)无线电台(站)资料或无线电台执照;

(三)实物样品;

(四)法律、法规规定应当具备的其他合法证明文件及资料。

第二十一条 铁道部可对被许可人采用的无线通信设备进行抽样检查、检验、检测,不合格的,责令被许可人限期改正。在规定期限内仍未改正的,应当撤销行政许可。

被许可人以欺骗、贿赂等不正当手段取得行政许可的,应当予以撤销。

第二十二条 铁道部在监督检查时,发现铁路无线电台(站)和铁路通信频率直接影响铁路行车安全的,监督检查人员有权责令停止建造、安装和使用,并责令立即改正。

第二十三条 有下列情形之一的,铁道部应当依法办理设置铁路无线电台(站)或使用铁路通信频率的行政许可注销手续:

(一)行政许可有效期届满未延续的;

(二)法人或者其他组织依法终止的;

(三)行政许可依法被撤销、撤回,或者行政许可证件依法被吊销的;

(四)法律、法规规定应当注销行政许可的其他情形。

第二十四条 本办法由铁道部运输局负责解释。

第二十五条 本办法自发布之日起实施。《铁路无线电发射设备应用技术的科研管理规定》(铁运〔2000〕89号)和《铁路工程建设无线电管理规定》(铁运函〔2003〕70号)同时废止。

《铁路无线电管理规则》

(国无管〔1996〕6号)

第一章 总 则

第一条 为了加强铁路无线电管理,维护空中电波秩序,为铁路运输生产服务,根据《中华人民共和国无线电管理条例》及有关规定,制定本规则。

第二条 铁路无线电管理实行统一领导、统一规划、分级负责的原则,贯彻科学管理、有利发展的方针。

第三条 铁路各单位设置使用无线电台(站)、研制、生产、购置、进口铁路无线电设备,以及安装使用辐射电磁波、影响铁路无线电通信的设施,必须遵守本规则。

第二章 管理机构及其职责

第四条 根据需要,铁道部、铁路局[含广铁(集团)公司,下同]设立无线电管理领导小组及办事机构或指定职能机构(以下称铁道部、铁路局无线电管理机构),铁路分局(含铁路总公司,下同)设立无线电管理小组及办事机构或指定职能机构(以下称铁路分局无线电管理机构)。

铁路局、铁路分局无线电管理机构接受上级无线电管理机构业务领导,同时接受所在地无线电管理委员会的业务领导。其机构的设置和领导干部的任免应报上一级铁路无线电管理机构备案。

第五条 铁道部无线电管理机构主要职责是:

(一)贯彻执行国家无线电管理的方针、政策、法规和规章;

(二)制定全路无线电管理的规章、制度;

(三)负责全路各部门机车制式无线电台(站)的频率指配,以及分配给铁路系统全国使用无线电频率(简称铁路通信频率)的统一规划;

（四）负责办理铁道部在京直属单位和跨铁路局通信的非机车制式无线电台(站)的设置申请手续；

（五）负责全路无线电台(站)操作和使用的管理、监督、检查工作以及频率、台站数据库的管理工作；

（六）履行国家无线电管理委员会委托行使的其他职责。

第六条 铁路局无线电管理机构负责管辖区内的无线电管理工作，主要职责是：

（一）贯彻国家、铁道部无线电管理的方针、政策、法规和规章；

（二）制定本局无线电管理的具体办法；

（三）协调处理无线电管理方面的事宜；

（四）根据铁道部无线电管理机构授权审核局管内无线电台(站)的建设布局、台址，核定铁路通信频率，代理核发机车制式电台执照；

（五）负责领导本局各分局无线电管理机构的有关业务工作；

（六）负责本局内无线电台(站)监督、检查工作；

（七）负责督促和办理本局管区频率占用费缴纳工作。

铁路分局无线电管理机构按照上级铁路局无线电管理机构的工作分工开展工作。

第七条 铁路局以外各部属单位根据工作需要设无线电管理机构，负责本单位无线电管理工作。

第八条 铁道部、铁路局、铁路分局可根据需要设置无线电监测、检测机构，或指定无线电监测、检测机构。无线电监测、检测机构接受同级无线电管理机构业务领导。其主要职责是：实施铁路无线电频率、频段电波的监督、监测；检测铁路无线电台(站)设备；参加验收测试铁路无线电通信工程等。

第三章 无线电台(站)的设置使用

第九条 设置使用无线电台(站)的单位，必须提出书面申请，办理设台审批手续，领取无线电台执照。

第十条 设置使用无线电台(站)，应具备以下条件：

（一）无线电设备要符合国家和铁道部的技术标准；

（二）操作人员熟悉无线电管理的有关规定，并具有相应的业务技能；

（三）工作环境安全可靠；

（四）设台单位要具有相应的管理措施。

第十一条 机车制式无线电台（站）的设置使用由铁道部无线电管理机构审批，核发电台执照，并报国家无线电管理委员会备案。

第十二条 除机车制式无线电台外，使用铁路通信频率设置下列无线电台（站）时须按照本规则报请铁路无线电管理机构审核后，报国家或省（自治区、直辖市）无线电管理委员会批准，并领取电台执照：

（一）跨铁路局组网的无线电台（站），铁道部在京直属单位在北京设置的无线电台（站），涉及境外通信的无线电台（站）必须报铁道部无线电管理机构审核；

无线寻呼网和全国组网的无线电台（站），其使用频率、技术条件、设备制式须符合铁道部的统一规划，由铁路局管理机构报铁道部管理机构审核；

（二）非运营部门设置使用超短波无线电台（站），各工程局、设计院由工程、建筑总公司归口，报铁道部无线电管理机构审核，其他单位由所在地铁路局无线电管理机构审核；

（三）在铁路局范围内跨铁路分局通信或服务的无线电台（站），铁路局直属单位设置使用的无线电台（站），由铁路局无线电管理机构审核；

（四）在铁路分局范围内通信或服务的无线电台（站），由铁路分局无线电管理机构审核。

第十三条 设置使用无线电台（站），按国家规定缴纳无线电管理有关费用。铁路通信频率的频率占用费，由铁道部无线电管理机构统一缴国家无线电管理委员会。使用非铁路通信频率的频率占用率，由使用单位向指配频率的无线电管理委员会缴纳。

第十四条 遇有危及人民生命财产安全的紧急情况，可以临时动用未经批准使用的无线电设备，由所在地铁路无线电管理机构及时向相关无线电管理委员会报告。

第十五条 无线电台（站）经批准使用后，应严格按照核定的项目进行工作。确实需要改变项目时，必须向原批准机构办理变更手续。

第四章 频率管理

第十六条 国家无线电管理委员会分配给铁道部的铁路通信频段、频率,由铁道部无线电管理机构统一管理、规划,铁路局无线电管理机构根据铁道部无线电管理机构授权与频率规划进行管理。频率规划向国家或相关省(自治区、直辖市)无线电管理委员会备案。

第十七条 使用非铁路通信频率时,由铁路无线电管理机构报国家或当地无线电管理委员会审批,并报上级铁路无线电管理机构备案。

第十八条 列车无线调度通信系统所用频率必须重点保护,其他业务不得对其产生有害干扰。分配给列车无线调度通信系统的频率各铁路无线电管理机构不得再指配给其他业务使用。

第十九条 业经指配的频率,不准随意变更。确需变更时,应重新申请。原指配机构在必要时有权收回或调整已经指配的频率。

第二十条 频率使用期满,需要继续使用时,必须办理续用手续。

第二十一条 地方铁路及专用线需要使用铁路通信频率时,由当地铁路局无线电管理机构审核后,报铁道部无线电管理机构批准。

第二十二条 因国家安全和重大任务需要实行无线电管制时,管制区域内的铁路各单位必须无条件遵守管制规定。

第二十三条 对依法设置的无线电台(站),铁路无线电管理机构在本管区内应保护其频率不受到有害干扰。处理无线电频率相互有害干扰时,应当遵循带外让带内、次要业务让主要业务、后用让先用的原则。路内外单位发生频率相互干扰时,申报当地无线电管理委员会进行协调。

第五章 无线电设备(电台)管理

第二十四条 各单位在购置无线电设备(电台)前,必须向铁道部、铁路局无线电管理机构提出书面申请。

第二十五条 铁路专用无线电设备(电台)及全路组网的无线电通信设备,应采用铁道部定点厂或选型指定的产品。如采用非选型产品,需经铁道部无线电管理机构批准,并经无线电监测检测部门检测合格,其制式和技术条件必须符合国家和铁道部的标准。

第二十六条 各单位使用的各类无线电设备(电台),都必须建立严格保管、使用制度,定期进行检查核对,做到账物相符。丢失无线电设备要及时向批准设台的无线电管理机构和公安部门报告。

第二十七条 各使用无线电设备(电台)的单位,都必须保证无线电设备主要技术指标符合国家和铁道部有关标准,并应接受各级无线电管理机构的监督、检查和对无线电设备的技术检测。

第二十八条 无线电设备撤销、停用或报废时,设台单位应及时向原批准机构办理有关手续,并按有关规定办理报废手续。报废的无线电设备,由上级无线电管理机构委托专门机构销毁处理。

第二十九条 铁路各级无线电管理机构应建立无线电管理数据库,对无线电台(站)、频率进行专业管理。铁路局无线电管理机构应于每年3月5日前将上年12月31日实际设置使用无线电台(站)(包括备用设备)现状报铁道部无线电管理机构。

第六章 铁路无线电设备(电台)的研制、生产、购置、进口

第三十条 研制、生产无线电发射设备,所需频率、频段和技术指标应当符合国家、铁道部有关技术标准和无线电管理规定,经铁道部无线电管理机构审核同意,报国家无线电管理委员会批准。

第三十一条 研制、生产无线电发射设备时,必须采取措施,有效抑制电波发射。进行实效发射试验时,需经相关无线电管理机构批准,办理临时设台手续。

第三十二条 购置铁路专用无线电设备,应当持有铁道部无线电管理机构的批准文件。

第三十三条 进口无线电设备,其工作频段、频率和有关技术指标须经上一级铁路无线电管理机构审核同意,报国家或地方无线电管理委员会审批。

第七章 非无线电设备的电磁辐射

第三十四条 工业、科学、医疗设备、电气化铁路、机车、车辆、高压电

力线及其他电器装置产生的无线电波辐射,必须符合国家规定,不得对无线电业务产生有害干扰。由于路外单位产生对铁路无线电设备的干扰,由铁路无线电管理机构与地方(军队)无委协调。

第三十五条　凡产生无线电波辐射的工程设备,可能对铁路无线电台(站)造成有害干扰的,其选址定点,需征得铁路和当地无线电管理机构的同意。

第三十六条　非无线电设备对铁路无线电台(站)产生有害干扰时,设备所有者或使用者必须采取措施予以消除;对铁路运输等安全业务造成危害时,该设备必须停止使用。

第八章　无线电监督检查和通信纪律

第三十七条　铁路各级无线电管理机构应设立无线电管理检查人员。其主要职责是:监督检查本规则及国家有关无线电管理法规的贯彻执行,宣传无线电管理法规,发现违犯规定的行为应予制止,情节严重的,应依照有关处罚规定进行处理。

第三十八条　无线电管理检查人员,由铁路局无线电管理机构推荐,铁道部无线电管理机构批准,授予国家统一制定的无线电管理检查证。

第三十九条　无线电管理检查人员在其职权范围内进行监督检查时,有关单位和个人应积极配合,无条件地接受检查。

第九章　奖励与惩罚

第四十条　凡有下列成绩之一的单位和个人,铁道部、铁路局、铁路分局无线电管理机构应给予表彰和奖励:
(一)认真执行本规则,事迹突出的;
(二)对违反本规则的行为坚决抵制、积极检举,有显著功绩的;
(三)在无线电管理工作和科学研究中作出重大贡献的。

第四十一条　对有下列行为之一的单位和个人,应依照国家无线电管理有关规定,进行行政处罚:
(一)擅自设置、使用无线电台(站)的;

(二)违反本规则规定研制、生产、进口无线电发射设备的；
(三)干扰铁路无线电业务的；
(四)随意变更核定项目,发送和接收与工作无关的信号的；
(五)不遵守频率管理的有关规定,擅自出租、转让频率的。
情节严重,构成犯罪的,由司法机关依法追究刑事责任。

第四十二条 当事人对无线电管理部门的处罚不服时,可依法申请复议。

第四十三条 无线电管理人员滥用职权,玩忽职守,有关部门应给予行政处分,构成犯罪的,由司法机关依法追究刑事责任。

第十章 附　则

第四十四条 机车制式电台是指按照国家机车制造规范安装在机车上面的通信电台。

第四十五条 铁路各单位可依据本规则,结合具体情况,制定实施细则。

第四十六条 本规则由国家无委办公室和铁道部无线电管理机构负责解释。

第四十七条 本规则自发布之日起施行。

《铁路运输企业准入许可实施细则》

(国铁运输监〔2018〕7号)

第一章 总 则

第一条 为规范铁路运输企业准入许可实施工作,依据《中华人民共和国行政许可法》《铁路安全管理条例》《铁路运输企业准入许可办法》等法律、行政法规、规章和国家有关规定,制定本实施细则。

第二条 在中华人民共和国境内依法登记注册的企业法人,从事铁路旅客、货物公共运输营业的,应当向国家铁路局提出申请,经审查合格取得铁路运输许可证。

涉及地方铁路运营事项的,国家铁路局采取审查会或者书面征求意见等方式,邀请申请企业所在地省级人民政府有关部门、地区铁路监督管理局参与审查。

第三条 本实施细则所称铁路运输许可的范围分别为高速铁路旅客运输、城际铁路旅客运输、普通铁路旅客运输、铁路货物运输。

第四条 拥有铁路基础设施所有权的企业,有权自主决定铁路运输经营方式,包括独立、合作、委托以及其他合法经营方式。

无铁路基础设施所有权的企业应当采取独立、合作经营方式。

第五条 铁路运输企业准入许可工作贯彻执行国务院规范行政审批行为改进行政审批工作的要求,坚持依法审批、公开公正、便民高效、严格问责的原则,为申请企业提供便利条件,提高行政许可工作效率。

第六条 铁路运输企业无论采取何种经营方式都应当落实安全生产主体责任,承担铁路公益性运输义务。鼓励铁路运输企业之间开放合作,公平竞争,共同维护运输市场秩序,保障铁路网畅通和铁路运输安全。

第二章 许可条件

第七条 申请企业应当具备下列条件:

（一）拥有符合规划和国家标准的铁路基础设施的所有权或者使用权；

（二）拥有符合国家标准、行业标准以及满足运输规模需要数量的机车车辆的所有权或者使用权；

（三）生产作业和管理人员符合铁路运输岗位标准、具备相应从业资格，且其数量满足运输规模需要；

（四）具有符合法律法规规定的安全生产管理机构或者安全管理人员，以及安全生产管理制度和应急预案；

（五）具有铁路运输相关的组织管理办法、服务质量标准、生产作业规范；

（六）法律法规和规章规定的其他条件。

第八条 拟从事高速铁路旅客运输的申请企业，铁路运输相关业务的主要负责人应当具有铁路运输管理工作 10 年以上经历，专业技术管理的主要负责人应当具有铁路运输本专业工作 8 年以上经历。

拟从事城际铁路旅客运输和普通铁路旅客运输的申请企业，铁路运输相关业务的主要负责人应当具有铁路运输管理工作 8 年以上经历，专业技术管理的主要负责人应当具有铁路运输本专业工作 5 年以上经历。

拟从事铁路货物运输的申请企业，铁路运输相关业务的主要负责人应当具有铁路运输管理工作 5 年以上经历，专业技术管理的主要负责人应当具有铁路运输本专业工作 3 年以上经历。办理危险货物或者特种货物运输的，相关设备设施应当符合相应货物运输的安全要求，相关生产作业和管理人员应当符合相应岗位标准和岗位培训要求。

在最近 2 年内因生产安全事故受到行政处分的，处分期内不得担任铁路运输相关业务的主要负责人、专业技术管理的主要负责人。

第九条 拥有铁路基础设施所有权的企业采取委托经营方式的，受托企业应当取得铁路运输许可证。

第三章 许可程序

第十条 申请企业应当按照本实施细则第三条、第七条、第八条、第九条规定的许可范围和许可条件，于开展铁路运输营业前提出申请。可以一次申请一项或者多项许可范围,一次申请多项的,可以合并申请。

第十一条 申请企业应当提交以下材料(文本格式见附件1),并对其内容的真实性、有效性和合法性负责:

(一)国家铁路局行政许可申请书,一式两份,一份单页,一份装订;

(二)企业法人营业执照副本及复印件,复印件两份,一份单页,一份装订;

(三)申请企业基本情况;

(四)企业法定代表人任职文件复印件及履历表;

(五)铁路运输相关业务主要负责人任职文件复印件及履历表;

(六)专业技术管理主要负责人任职文件复印件及履历表;

(七)主要生产作业工种岗位人员配备情况、资格情况;

(八)安全生产管理机构设置情况、安全生产管理人员配备情况;

(九)安全生产管理制度和应急预案的目录,铁路运输相关组织管理办法、服务质量标准、生产作业规范的目录,以及符合法律法规、国家标准、行业标准、技术规范和安全要求的声明;

(十)铁路建设项目批准(核准、备案)文件复印件;

(十一)铁路竣工验收(初步验收)合格的报告复印件;

(十二)铁路运营安全评估合格的报告复印件;

(十三)机车车辆数量满足运输规模需要的测算过程及结果;

(十四)铁路基础设施使用权的证明材料;

(十五)机车车辆所有权或者使用权的证明材料;

(十六)合作、委托开展铁路运输相关业务的协议复印件;

(十七)法律法规和规章规定的其他材料。

第十二条 申请企业应当按照附件1规定的格式和顺序填写申请材料,采用A4纸规格无线胶粘装订成册,加盖骑缝章,并附光盘形式的电子文档。

第十三条 申请企业可以通过国家铁路局政府网站办理预约申请,或者直接向国家铁路局行政许可受理机构提交申请材料。

第十四条 国家铁路局对申请企业提出的行政许可申请,应当根据下列情况分别作出处理:

(一)申请材料存在可以当场更正的错误的,应当允许申请企业当场更正;

（二）申请材料不齐全或者不符合法定形式的,应当当场或者自收到申请材料之日起5个工作日内一次告知申请企业需要补正的全部内容,逾期不告知的,自收到申请材料之日起即为受理;

（三）申请材料齐全、符合法定形式,或者申请企业按照要求提交全部补正申请材料的,应当受理行政许可申请。

申请企业提交的补正材料,应当加盖企业公章。

受理或者不予受理行政许可申请,应当出具加盖国家铁路局行政许可专用章和注明日期的书面凭证。

第十五条 在审查申请企业提交的材料过程中,必要时对申请企业进行实地核查及组织鉴定、专家评审。

审查合格的,作出准予行政许可的书面决定;审查不合格的,作出不予行政许可的书面决定,说明理由并告知申请企业享有依法申请行政复议或者提起行政诉讼的权利。

第十六条 国家铁路局自受理申请之日起20个工作日内作出行政许可决定。20个工作日内不能作出决定的,经国家铁路局负责人批准,可以延长10个工作日,并将延长期限的理由告知申请企业。组织鉴定、专家评审所需时间不计算在上述期限之内。

作出准予行政许可决定的,应当自作出决定之日起10个工作日内向申请企业颁发铁路运输许可证。

第十七条 铁路运输许可证(样式见附件2)载明被许可企业名称、住所、证书编号、许可范围、发证日期、有效起始日期、有效期等内容。

第十八条 证书编号格式为:TXYS#### – @@ ＊ ＊ ＊。其中,"TXYS"代表铁路运输许可标识;"####"代表年份,由4位阿拉伯数字组成;"@@"代表许可范围,由2位阿拉伯数字组成;"＊ ＊ ＊"代表顺序号,由3位阿拉伯数字组成。

第十九条 铁路运输许可证有效期为20年。有效期届满需要继续从事铁路公共运输营业的被许可企业,应当于有效期届满前60日,向国家铁路局提出延续申请。国家铁路局根据被许可企业的申请,在有效期届满前作出是否准予延续的决定;逾期未做决定的,视为准予延续。

申请材料包括国家铁路局行政许可申请书、近3年许可条件保持情况的报告。

第二十条 被许可企业的名称、住所发生变化的,被许可企业应当于变化事项发生后 20 个工作日内,向国家铁路局提出变更申请。

申请材料包括国家铁路局行政许可申请书、变更事项说明、新的企业法人营业执照副本及复印件。

第二十一条 被许可企业有下列情形之一的,应当向国家铁路局重新申请许可:

(一)合并、分立的;

(二)变更经营方式的;

(三)增加许可范围的;

(四)导致许可条件发生重大变化的其他情形。

发生上述第一项、二项情形的被许可企业,应当于相关法律文书生效之日起 20 个工作日内提出申请。发生上述第三项情形的,取得许可后方可从事相应范围的铁路运输营业。

申请材料为本实施细则第十一条规定的材料。被许可企业合并、分立的,还应当提交合并、分立的协议复印件或者有关批准文件复印件。

第二十二条 被许可企业应当自取得铁路运输许可之日起 1 年内开展相应的铁路运输营业,并于开业后 20 个工作日内书面告知国家铁路局。因特殊情况需延期开业的,应当向国家铁路局提出书面说明,经同意并作出书面决定可延期 1 次,且延长期限不超过 1 年。

被许可企业在取得铁路运输许可证 1 年内未开业且未延期,或者延期期限内仍未开业的,已取得的铁路运输许可证自动失效。

第二十三条 被许可企业应当按照许可范围开展铁路运输营业,并保证其运输条件持续符合许可条件。

第二十四条 被许可企业未经国家铁路局批准,不得擅自停业、歇业。

被许可企业因特殊情况需停业、歇业的,应当提前 90 日向国家铁路局提出书面申请,并提前 60 日向社会公告,按有关规定妥善处理相关运输业务。

第二十五条 铁路运输许可证遗失、损毁或者灭失的,被许可企业应当及时在公共媒体上发布公告、声明作废,并向国家铁路局申请补办许可证。

申请材料包括国家铁路局行政许可申请书、公共媒体上发布公告的证明、企业法人营业执照副本及复印件。

第四章　监督管理

第二十六条　铁路监管部门依据职责和权限,依法对被许可企业从事许可事项活动情况、许可条件保持情况以及遵守铁路行业管理相关规定等实施监督检查,受理相关投诉举报,查处违法违规行为。

实施许可监督检查,不得妨碍被许可企业正常的生产活动,不得谋取非法利益,不得泄露被许可企业的商业秘密。

被许可企业应当接受和配合监督检查,提供有关资料,不得拒绝、阻挠,不得隐瞒情况或者提供虚假情况。

第二十七条　国家铁路局按照被许可企业运营线路的所在地,指定地区铁路监督管理局的监督管理辖区。企业运营多条线路的,可根据线路所在地分属不同地区铁路监督管理局辖区。

第二十八条　各地区铁路监督管理局建立完善《铁路运输企业基础信息台账》(附件3),梳理辖区内铁路运输企业及所涉及铁路基础设施产权单位情况,每年4月将台账更新情况报送国家铁路局。

各地区铁路监督管理局根据《铁路运输企业基础信息台账》建立完善辖区内被许可企业名录库,通过随机方式从名录库中抽取受检企业开展许可监督检查。每3年全覆盖监督检查辖区内被许可企业。

第二十九条　监督检查可以采取下列措施:

(一)进入被许可企业有关部门、生产营业场所;

(二)询问被许可企业有关工作人员,要求其对检查事项作出说明;

(三)查阅、复制或者要求被许可企业报送有关文件、资料;

(四)对违反法律、法规、规章及有关标准、规范的行为,予以纠正或者要求限期改正;

(五)对依法应当给予行政处罚的行为,依照规定作出行政处罚决定。

第三十条　被许可企业应当于每年3月31日前,将上一年度企业运输年度报告(见附件4)报国家铁路局备案。企业可以通过国家铁路局政府网站下载报告文本格式、提交报告。

被许可企业经营的铁路线路发生变化的,应当于相关业务发生变化后的 10 个工作日内报国家铁路局备案。

第三十一条 被许可企业不得涂改、倒卖、出租、出借或者以其他形式非法转让铁路运输许可证。

第三十二条 申请企业隐瞒有关情况或者提供虚假材料申请铁路运输许可的,国家铁路局不予受理或者不予许可,并给予警告,申请企业在 1 年内不得再次申请铁路运输许可。

第三十三条 有下列情形之一的,国家铁路局根据利害关系人的请求或者依据职权,可以撤销铁路运输许可:

(一)行政机关工作人员滥用职权、玩忽职守作出准予行政许可决定的;

(二)超越法定职权作出准予行政许可决定的;

(三)违反法定程序作出准予行政许可决定的;

(四)对不具备申请资格或者不符合法定条件的申请人准予行政许可的;

(五)依法可以撤销行政许可的其他情形。

被许可企业以欺骗、贿赂等不正当手段取得行政许可的,应当予以撤销,申请企业在 3 年内不得再次申请铁路运输许可。

第三十四条 有下列情形之一的,国家铁路局依法办理铁路运输许可的注销手续:

(一)许可证有效期届满未延续的;

(二)企业法人资格依法终止的;

(三)行政许可依法被撤销、撤回,或者许可证依法被吊销的;

(四)因不可抗力导致行政许可事项无法实施的;

(五)法律、法规规定的应当注销行政许可的其他情形。

第三十五条 铁路监管部门工作人员办理行政许可、实施监督检查过程中滥用职权、玩忽职守、徇私舞弊、收受贿赂,构成犯罪的,依法追究刑事责任;尚不构成犯罪的,依法给予行政处分。

第三十六条 被许可企业违反法律法规和规章规定的,铁路监管部门应当责令限期改正,依法给予行政处罚;构成犯罪的,依法追究刑事责任。

第三十七条 公民、法人或者其他组织未经行政许可,擅自从事铁路运输营业的,铁路监管部门应当依法采取措施予以制止。

第五章 附 则

第三十八条 本实施细则中下列用语的含义:

(一)高速铁路是指设计开行时速 250 公里以上(含预留),并且初期运营时速 200 公里以上的客运列车专线铁路。

(二)城际铁路是指专门服务于相邻城市间或城市群,设计开行时速 200 公里及以下的客运列车专线铁路。

(三)铁路基础设施是场站设施、线桥隧涵、牵引供电、通信信号、信息系统等铁路设备设施的总称。

(四)铁路运输相关业务、专业,包括安全管理、调度指挥、行车组织、客运组织、货运组织,机车车辆、线桥隧涵、牵引供电、通信信号、信息系统的运用以及维修养护。其中,铁路运输主要业务包括调度指挥、行车组织、客运组织、货运组织等。

(五)独立经营方式是指申请企业承担全部铁路运输相关业务或者主要业务。

(六)委托经营方式是指拥有铁路基础设施所有权的企业与具备相应许可范围资质条件的铁路运输企业签订协议,由受托铁路运输企业承担全部铁路运输相关业务或者主要业务。

(七)合作经营方式是指申请企业与其他企业签订协议,由多家企业分别承担铁路运输主要业务。

第三十九条 《铁路运输企业准入许可办法》第三十一条规定"参照本办法执行"的企业,申请领取铁路运输许可证的,提交本实施细则第十一条第一、二、三项规定的材料。

第四十条 本实施细则自发布之日起施行。《铁路运输企业准入许可实施细则》(国铁运输监〔2015〕18 号)同时废止。

《铁路牵引供电设备生产企业审批实施细则》

(国铁设备监〔2014〕13号)

第一章 总 则

第一条 为加强铁路牵引供电设备质量安全的监督管理,保障公众生命财产安全,依据《铁路安全管理条例》(国务院令第639号)和《铁路运输基础设备生产企业审批办法》(交通运输部令2013年第21号)等法律法规和国家有关规定,制定本细则。

第二条 本细则所称铁路牵引供电设备是指电气化铁路接触网零部件、铜及铜合金接触线、铜及铜合金承力索、绝缘子。铁路牵引供电设备目录详见附件1。

第三条 在中华人民共和国境内生产铁路牵引供电设备的企业,应当向国家铁路局提出申请,经审查合格取得"铁路运输基础设备生产企业许可证"(以下简称"生产许可证")。

取得生产许可证的企业名录,由国家铁路局公布。

第二章 条件与程序

第四条 申请企业应当符合下列条件:

(一)有按照国家标准、行业标准检测、检验合格的专业生产设备(具体要求详见附件6);

(二)有相应的专业技术人员(具体要求详见附件7);

(三)有完善的产品质量保证体系和安全管理制度(具体要求详见附件8);

(四)法律、行政法规规定的其他条件。

第五条 申请企业应当提交下列材料:

(一)国家铁路局行政许可申请书(附件2),一式两份,装订一份;

（二）企业法人营业执照副本及复印件，复印件两份，装订一份；

（三）铁路牵引供电设备生产企业审查表（附件3）；

（四）专业生产设备明细表（附件4）；

（五）专业技术人员明细表（附件5）；

（六）企业质量保证体系文件和安全管理制度及其有效运行的证明材料；

（七）申请企业拟生产的产品目录清单及申请产品的相关标准、技术条件、设计和工艺等技术材料；

（八）拟生产产品试验、验证、考核、认证等相关材料；

（九）技术评审（鉴定）证书或者审查意见复印件；

（十）已取得产品认证证书的，提供认证证书复印件；

（十一）有运行业绩的，提供产品运用情况说明（含运用单位、运用地点或范围、运用数量、开通运用时间等内容）；

（十二）企业简介（含企业资产、人员状况、生产设施、生产设备、检验设备、主要产品、生产经营基本状况等内容）；

（十三）法律法规要求的其他材料。

第六条　申请企业提交的申请材料一般不予退还。申请企业提供的材料应当按第五条规定的顺序，采用A4纸规格无线胶订成册（并加盖骑缝章），统一标注页码并附电子版。各类证明、说明材料应当加盖企业公章。

第七条　国家铁路局对申请企业提交的申请材料，应当根据下列情况分别作出处理：

（一）申请材料存在可以当场更正的错误的，应当允许申请人当场更正；

（二）申请材料不齐全或者不符合法定形式的，应当当场或者在5个工作日内一次告知申请人需要补正的全部内容，逾期不告知的，自收到申请材料之日起即为受理；

（三）申请材料齐全、符合法定形式，或者申请企业按要求提交全部补正申请材料的，应当受理行政许可申请。

国家铁路局受理或者不予受理行政许可申请，应当出具加盖国家铁路局行政许可专用章和注明日期的书面凭证。

第八条　国家铁路局受理行政许可申请后，应当对申请材料进行审查,需要时可组织现场核实、检验、检测及专家评审。对企业提交材料进行现场核实的,应当指派至少 2 名工作人员。

第九条 国家铁路局需要组织检测、检验的,应当由符合国家规定条件的专业检测、检验机构进行检测、检验。

第十条 国家铁路局需要组织专家评审的,应当书面通知企业做好相应配合。参加评审的专家,不得与申请企业具有相关利害关系。

第十一条 申请材料经审查合格的,国家铁路局应当依法作出准予行政许可的书面决定;不合格的,依法作出不予许可的书面决定,说明理由并送达申请企业。

第十二条 国家铁路局应当自受理申请之日起 20 个工作日内作出行政许可决定。20 个工作日内不能作出决定的,经国家铁路局负责人批准,可以延长 10 个工作日,并将延长期限的理由告知申请企业。

检验、检测和专家评审时间不计算在上述期限内。

第十三条 国家铁路局作出准予行政许可决定的,应当自作出许可决定之日起 10 个工作日内向申请企业送达许可决定,颁发生产许可证。

第三章 证书管理

第十四条 生产许可证采用统一格式,主要内容包括证书编号、企业名称、生产地址、设备类别、适用范围、证书查询方式、有效起止日期、发证日期等内容。

生产许可证编号为:TX＊＊####—＊＊＊＊＊。其中,"TX"代表铁路许可标识;"＊＊"代表许可类别标识,如"SG"为供电设备生产企业;"####"代表产品编号,由 4 位阿拉伯数字组成;"＊＊＊＊＊"代表生产许可证序号,由 5 位阿拉伯数字组成,按发证先后顺序编排。

第十五条 生产许可证有效期为 5 年。被许可企业需要延续已取得的生产许可证有效期的,应当在有效期届满 60 个工作日前向国家铁路局提出申请。申请企业的材料应当符合本细则第五条规定,并需提供企业前 5 年的产品质量状况、运用情况及相关许可条件保持或变化情况等方面的分析报告。

第十六条 被许可企业生产条件发生较大变化(包括生产地址变化、

生产线重大技术改造、委外加工企业变更等)时,应当向国家铁路局重新申请许可。

第十七条 被许可企业名称、生产地址名称等发生变更的,应当向国家铁路局申请办理生产许可证变更手续。

申请变更的企业应当提报的材料包括:国家铁路局行政许可申请书,变更事项说明,合法的批准文件及工商行政管理部门核发的新营业执照副本及复印件,原行政许可决定书。所提交的材料及复印件应加盖企业公章。

第十八条 生产许可证在有效期内遗失或者损坏的,被许可企业应当向国家铁路局申请办理生产许可证补办手续。

申请补办的企业应当提报的材料包括:国家铁路局行政许可申请书,补办说明,企业法人营业执照副本及复印件,原行政许可决定书。所提交的材料及复印件应加盖企业公章。

第十九条 被许可企业应当在产品明显位置、外包装及合格证上标明有效的生产许可证编号及出厂日期等。

第四章 监督管理

第二十条 国家铁路局及其铁路监督管理机构应当依法加强对被许可企业的监督检查,在生产许可证有效期内随机抽查被许可企业;对生产高速铁路产品或产品质量不良的企业,应当加大监督检查力度。

第二十一条 被许可企业应当配合监管部门的监督检查,提供相关材料,并按年度向国家铁路局提交企业产品质量保证和安全管理情况自查报告。自查报告应当包括以下内容:

(一)申请取证条件的保持情况;

(二)企业名称、住所、生产地址等变化情况;

(三)企业生产状况及产品变化情况;

(四)生产许可证使用情况;

(五)产品质量监督抽查情况;

(六)需要说明的其他相关情况。

第二十二条 监督检查的主要内容包括:

(一)取得生产许可证应当具备条件的保持情况;

(二)生产许可证使用情况。

国家铁路局对监督检查不合格的企业作出整改决定并书面通知企业。企业应当按要求进行整改,并在60个工作日内向国家铁路局提出复查申请。

第二十三条 申请企业隐瞒有关情况或者提供虚假材料申请行政许可的,国家铁路局不予受理或者不予行政许可,并给予警告,申请企业在一年内不得再次申请该行政许可。

第二十四条 有下列情形之一的,国家铁路局根据利害关系人的请求或者依据职权,可以撤销行政许可:

(一)行政机关工作人员滥用职权、玩忽职守作出准予行政许可决定的;

(二)超越法定职权作出准予行政许可决定的;

(三)违反法定程序作出准予行政许可决定的;

(四)对不具备申请资格或者不符合法定条件的申请企业准予行政许可的;

(五)依法可以撤销行政许可的其他情形。

被许可人以欺骗、贿赂等不正当手段取得行政许可的,应当予以撤销。申请人在三年内不得再次申请该行政许可。

第二十五条 有下列情形之一的,国家铁路局应当依法办理有关行政许可的注销手续:

(一)行政许可有效期届满未延续的;

(二)被许可企业依法终止的;

(三)行政许可依法被撤销,或者行政许可证件依法被吊销的;

(四)因不可抗力导致行政许可事项无法实施的;

(五)法律、法规规定的应当注销行政许可的其他情形。

第二十六条 行政许可工作人员应当严格依法履行行政许可受理、审查、监督检查及信息公开等职责。不依法履行职责的,对负有责任的领导人员和直接责任人员,依法给予处分。

第五章 附 则

第二十七条 本细则自发布之日起施行。2007年原铁道部公布的《铁路重要接触网器材生产企业认定实施细则》(铁运〔2007〕114号)同时废止。

《铁路通信信号设备生产企业审批实施细则》

(国铁设备监〔2014〕15号)

第一章 总 则

第一条 为加强铁路通信信号设备质量安全的监督管理,保障公众生命财产安全,依据《铁路安全管理条例》(国务院令第639号)和《铁路运输基础设备生产企业审批办法》(交通运输部令2013年第21号)等法律法规和国家有关规定,制定本细则。

第二条 本细则所称铁路通信信号设备是指铁路道岔转辙设备、铁路信号控制软件和控制设备、铁路通信设备。铁路通信信号设备目录详见附件1。

第三条 在中华人民共和国境内生产铁路通信信号设备的企业,应当向国家铁路局提出申请,经审查合格取得"铁路运输基础设备生产企业许可证"(以下简称"生产许可证")。

取得生产许可证的企业名录,由国家铁路局公布。

第二章 条件与程序

第四条 申请企业应当符合下列条件:
(一)有按照国家标准、行业标准检测、检验合格的专业生产设备(具体要求详见附件6);
(二)有相应的专业技术人员(具体要求详见附件7);
(三)有完善的产品质量保证体系和安全管理制度(具体要求详见附件8);
(四)法律、行政法规规定的其他条件。

第五条 申请企业应当提交下列材料:
(一)国家铁路局行政许可申请书(附件2),一式两份,装订一份;

（二）企业法人营业执照副本及复印件,复印件两份,装订一份；

（三）铁路通信信号设备生产企业审查表(附件3)；

（四）专业生产设备明细表(附件4)；

（五）申请软件和系统集成生产许可证的企业,应当提供其硬件生产企业名录;申请其他产品生产许可证的企业,其有关生产过程(附件6中标注的生产过程)可委托其他企业完成,但应当提供受委托的企业名称、生产地址等资料；

（六）专业技术人员明细表(附件5)；

（七）企业质量保证体系文件(质量手册、程序文件目录清单)和安全管理制度及其有效运行的证明材料；

（八）企业标准文本,设计图纸明细表,工艺文件明细表,产品标识代码资料；

（九）已取得产品认证证书的,提供认证证书复印件；

（十）已取得第三方机构出具的安全评估证明文件的,提供安全评估证明文件复印件；

（十一）技术评审(鉴定)证书或者审查意见复印件；

（十二）受让技术的企业申请生产许可证的,应当提供拥有技术合法所有权或使用权的有效证明；

（十三）有运用业绩的,提供产品运用情况说明(含运用单位、运用地点或范围、运用数量、开通运用时间等内容)；

（十四）企业简介(含企业资产、人员状况、生产设施、生产设备、检验设备、主要产品、生产经营基本状况等内容)；

（十五）法律法规要求的其他材料。

第六条 申请企业提交的申请材料一般不予退还。申请企业提供的材料应当按第五条规定的顺序,采用A4纸规格无线胶订成册(并加盖骑缝章),统一标注页码并附电子版。各类证明、说明材料应当加盖企业公章。

第七条 国家铁路局对申请企业提交的申请材料,应当根据下列情况分别作出处理：

（一）申请材料存在可以当场更正的错误的,应当允许申请人当场更正；

（二）申请材料不齐全或者不符合法定形式的,应当当场或者在 5 个工作日内一次告知申请人需要补正的全部内容,逾期不告知的,自收到申请材料之日起即为受理；

（三）申请材料齐全、符合法定形式,或者申请企业按要求提交全部补正申请材料的,应当受理行政许可申请。

国家铁路局受理或者不予受理行政许可申请,应当出具加盖国家铁路局行政许可专用章和注明日期的书面凭证。

第八条 国家铁路局受理行政许可申请后,应当对申请材料进行审查,需要时可组织现场核实、检验、检测及专家评审。对企业提交材料进行现场核实的,应当指派至少 2 名工作人员。

第九条 国家铁路局需要组织检测、检验的,应当由符合国家规定条件的专业检测、检验机构进行检测、检验。

第十条 国家铁路局需要组织专家评审的,应当书面通知企业做好相应配合。参加评审的专家,不得与申请企业具有相关利害关系。

第十一条 申请材料经审查合格的,国家铁路局应当依法作出准予行政许可的书面决定；不合格的,依法作出不予许可的书面决定,说明理由并送达申请企业。

第十二条 国家铁路局应当自受理申请之日起 20 个工作日内作出行政许可决定。20 个工作日内不能作出决定的,经国家铁路局负责人批准,可以延长 10 个工作日,并将延长期限的理由告知申请企业。

检验、检测和专家评审时间不计算在上述期限内。

第十三条 国家铁路局作出准予行政许可决定的,应当自作出许可决定之日起 10 个工作日内向申请企业送达许可决定,颁发生产许可证。

第三章　证书管理

第十四条 生产许可证采用统一格式,主要内容包括证书编号、企业名称、生产地址、设备类别、适用范围、证书查询方式、有效起止日期、发证日期等内容。

生产许可证编号为:TX＊＊####—＊＊＊＊＊。其中,"TX"代表铁路许可标识；"＊＊"代表许可类别标识,如"ST"为通信设备生产企业,

"SX"为信号设备生产企业;"####"代表产品编号,由4位阿拉伯数字组成;"*****"代表生产许可证序号,由5位阿拉伯数字组成,按发证先后顺序编排。

第十五条 生产许可证有效期为5年。被许可企业需要延续已取得的生产许可证有效期的,应当在有效期届满60个工作日前向国家铁路局提出申请。申请企业的材料应当符合本细则第五条规定,并需提供企业前5年的产品质量状况、运用情况及相关许可条件保持或变化情况等方面的分析报告。

第十六条 被许可企业生产条件发生较大变化(包括生产地址变化、生产线重大技术改造、软件和系统集成企业的硬件生产企业变更等)时,应当向国家铁路局重新申请许可。

第十七条 被许可企业名称、生产地址名称等发生变更的,应当向国家铁路局申请办理生产许可证变更手续。

申请变更的企业应当提报的材料包括:国家铁路局行政许可申请书,变更事项说明,合法的批准文件及工商行政管理部门核发的新营业执照副本及复印件,原行政许可决定书。所提交的材料及复印件应加盖企业公章。

第十八条 生产许可证在有效期内遗失或者损坏的,被许可企业应当向国家铁路局申请办理生产许可证补办手续。

申请补办的企业应当提报的材料包括:国家铁路局行政许可申请书,补办说明,企业法人营业执照副本及复印件,原行政许可决定书。所提交的材料及复印件应加盖企业公章。

第十九条 被许可企业应当在产品明显位置、外包装及合格证上标明有效的生产许可证编号及出厂日期等。

第四章 监督管理

第二十条 国家铁路局及其铁路监督管理机构应当依法加强对被许可企业的监督检查,在生产许可证有效期内随机抽查被许可企业;对生产高速铁路产品或产品质量不良的企业,应当加大监督检查力度。

第二十一条 被许可企业应当配合监管部门的监督检查,提供相关

材料,并按年度向国家铁路局提交企业产品质量保证和安全管理情况自查报告。自查报告应当包括以下内容:

(一)申请取证条件的保持情况;

(二)企业名称、住所、生产地址等变化情况;

(三)企业生产状况及产品变化情况;

(四)生产许可证使用情况;

(五)产品质量监督抽查情况;

(六)需要说明的其他相关情况。

第二十二条 监督检查的主要内容包括:

(一)取得生产许可证应当具备条件的保持情况;

(二)生产许可证使用情况。

国家铁路局对监督检查不合格的企业作出整改决定并书面通知企业。企业应当按要求进行整改,并在 60 个工作日内向国家铁路局提出复查申请。

第二十三条 申请企业隐瞒有关情况或者提供虚假材料申请行政许可的,国家铁路局不予受理或者不予行政许可,并给予警告,申请企业在一年内不得再次申请该行政许可。

第二十四条 有下列情形之一的,国家铁路局根据利害关系人的请求或者依据职权,可以撤销行政许可:

(一)行政机关工作人员滥用职权、玩忽职守作出准予行政许可决定的;

(二)超越法定职权作出准予行政许可决定的;

(三)违反法定程序作出准予行政许可决定的;

(四)对不具备申请资格或者不符合法定条件的申请企业准予行政许可的;

(五)依法可以撤销行政许可的其他情形。

被许可人以欺骗、贿赂等不正当手段取得行政许可的,应当予以撤销。申请人在三年内不得再次申请该行政许可。

第二十五条 有下列情形之一的,国家铁路局应当依法办理有关行政许可的注销手续:

(一)行政许可有效期届满未延续的;

(二)被许可企业依法终止的;
(三)行政许可依法被撤销,或者行政许可证件依法被吊销的;
(四)因不可抗力导致行政许可事项无法实施的;
(五)法律、法规规定的应当注销行政许可的其他情形。

第二十六条 行政许可工作人员应当严格依法履行行政许可受理、审查、监督检查及信息公开等职责。不依法履行职责的,对负有责任的领导人员和直接责任人员,依法给予处分。

第五章 附 则

第二十七条 本细则自发布之日起施行。2011年原铁道部公布的《铁路通信信号设备生产企业认定实施细则》(铁运〔2011〕2号)同时废止。

《铁路道岔设备生产企业审批实施细则》

(国铁设备监〔2014〕14号)

第一章 总 则

第一条 为加强铁路道岔设备质量安全的监督管理,保障公众生命财产安全,依据《铁路安全管理条例》(国务院令第639号)和《铁路运输基础设备生产企业审批办法》(交通运输部令2013年第21号)等法律法规和国家有关规定,制定本细则。

第二条 本细则所称铁路道岔设备是指整组道岔、尖轨、基本轨、辙叉和护轨。铁路道岔设备目录详见附件1。

第三条 在中华人民共和国境内生产铁路道岔设备的企业,应当向国家铁路局提出申请,经审查合格取得"铁路运输基础设备生产企业许可证"(以下简称"生产许可证")。

取得生产许可证的企业名录,由国家铁路局公布。

第二章 条件与程序

第四条 申请企业应当符合下列条件:

(一)有按照国家标准、行业标准检测、检验合格的专业生产设备(具体要求详见附件6);

(二)有相应的专业技术人员(具体要求详见附件7);

(三)有完善的产品质量保证体系和安全管理制度(具体要求详见附件8);

(四)法律、行政法规规定的其他条件。

第五条 企业应当根据铁路道岔设备的适用范围(结构类型、速度等级、轨型、辙叉号)提交申请。

第六条 生产整组道岔的企业,应当以单开道岔为代表进行申请,且应当取得辙叉、尖轨、基本轨、护轨中任意三种铁路道岔设备生产许可证；外购的作为整组道岔组成部件的铁路道岔设备，其生产企业也应当取得国家铁路局颁发的生产许可证。

第七条 取得铁路道岔设备生产许可证的企业可生产该结构类型的同等级或低等级（速度等级、轨型、辙叉号）铁路道岔设备。取得整组单开道岔生产许可证的企业还可生产该结构类型的同等级或低等级渡线道岔（含交叉渡线）、对称道岔、组合道岔和相对应的复式交分道岔：

（一）取得直向允许速度达到160km/h整组单开道岔生产许可证的企业可生产直向允许速度不超过90km/h的复式交分道岔；

（二）取得直向允许速度达到200km/h整组单开道岔生产许可证的企业可生产直向允许速度不超过120km/h的复式交分道岔。

第八条 申请企业应当提交下列材料：

（一）国家铁路局行政许可申请书（附件2），一式两份，装订一份；

（二）企业法人营业执照副本及复印件，复印件两份，装订一份；

（三）铁路道岔设备生产企业审查表（附件3）；

（四）专业生产设备明细表（附件4）；

（五）专业技术人员明细表（附件5）；

（六）企业质量保证体系文件和安全管理制度及其有效运行的证明材料；

（七）申请企业拟生产的产品目录清单及申请产品的相关标准、技术条件、设计和工艺等技术材料；

（八）拟生产产品试验、验证、考核、认证等相关材料；

（九）技术评审（鉴定）证书或者审查意见复印件；

（十）已取得产品认证证书的，提供认证证书复印件；

（十一）有运行业绩的，提供产品运用情况说明（含运用单位、运用地点或范围、运用数量、开通运用时间等内容）；

（十二）企业简介（含企业资产、人员状况、生产设施、生产设备、检验设备、主要产品、生产经营基本状况等内容）；

（十三）法律法规要求的其他材料。

第九条 申请企业提交的申请材料一般不予退还。申请企业提供的材料应当按第八条规定的顺序，采用A4纸规格无线胶订成册（并加盖骑缝章），统一标注页码并附电子版。各类证明、说明材料应当加盖企业公章。

第十条 国家铁路局对申请企业提交的申请材料，应当根据下列情况分别作出处理：

（一）申请材料存在可以当场更正的错误的，应当允许申请人当场更正；

（二）申请材料不齐全或者不符合法定形式的，应当当场或者在 5 个工作日内一次告知申请人需要补正的全部内容，逾期不告知的，自收到申请材料之日起即为受理；

（三）申请材料齐全、符合法定形式，或者申请企业按要求提交全部补正申请材料的，应当受理行政许可申请。

国家铁路局受理或者不予受理行政许可申请，应当出具加盖国家铁路局行政许可专用章和注明日期的书面凭证。

第十一条 国家铁路局受理行政许可申请后，应当对申请材料进行审查，需要时可组织现场核实、检验、检测及专家评审。对企业提交材料进行现场核实的，应当指派至少 2 名工作人员。

第十二条 国家铁路局需要组织检测、检验的，应当由符合国家规定条件的专业检测、检验机构进行检测、检验。

第十三条 国家铁路局需要组织专家评审的，应当书面通知企业做好相应配合。参加评审的专家，不得与申请企业具有相关利害关系。

第十四条 申请材料经审查合格的，国家铁路局应当依法作出准予行政许可的书面决定；不合格的，依法作出不予许可的书面决定，说明理由并送达申请企业。

第十五条 国家铁路局应当自受理申请之日起 20 个工作日内作出行政许可决定。20 个工作日内不能作出决定的，经国家铁路局负责人批准，可以延长 10 个工作日，并将延长期限的理由告知申请企业。

检验、检测和专家评审时间不计算在上述期限内。

第十六条 国家铁路局作出准予行政许可决定的，应当自作出许可决定之日起 10 个工作日内向申请企业送达许可决定，颁发生产许可证。

第三章　证书管理

第十七条　生产许可证采用统一格式,主要内容包括证书编号、企业名称、生产地址、设备类别、适用范围、证书查询方式、有效起止日期、发证日期等内容。

生产许可证编号为:TX＊＊####—＊＊＊＊＊。其中,"TX"代表铁路许可标识;"＊＊"代表许可类别标识,如"SD"为铁路道岔设备生产企业;"####"代表产品编号,由4位阿拉伯数字组成;"＊＊＊＊＊"代表生产许可证序号,由5位阿拉伯数字组成,按发证先后顺序编排。

第十八条　生产许可证有效期为5年。被许可企业需要延续已取得的生产许可证有效期的,应当在有效期届满60个工作日前向国家铁路局提出申请。申请企业的材料应当符合本细则第八条规定,并需提供企业前5年的产品质量状况、运用情况及相关许可条件保持或变化情况等方面的分析报告。

第十九条　被许可企业生产条件发生较大变化(包括生产地址变化、生产线重大技术改造、委外加工企业变更等)时,应当向国家铁路局重新申请许可。

第二十条　被许可企业名称、生产地址名称等发生变更的,应当向国家铁路局申请办理生产许可证变更手续。

申请变更的企业应当提报的材料包括:国家铁路局行政许可申请书,变更事项说明,合法的批准文件及工商行政管理部门核发的新营业执照副本及复印件,原行政许可决定书。所提交的材料及复印件应加盖企业公章。

第二十一条　生产许可证在有效期内遗失或者损坏的,被许可企业应当向国家铁路局申请办理生产许可证补办手续。

申请补办的企业应当提报的材料包括:国家铁路局行政许可申请书,补办说明,企业法人营业执照副本及复印件,原行政许可决定书。所提交的材料及复印件应加盖企业公章。

第二十二条　被许可企业应当在产品明显位置、外包装及合格证上标明有效的生产许可证编号及出厂日期等。

第四章　监督管理

第二十三条　国家铁路局及其铁路监督管理机构应当依法加强对被许可企业的监督检查,在生产许可证有效期内随机抽查被许可企业;对生产高速铁路产品或产品质量不良的企业,应当加大监督检查力度。

第二十四条　被许可企业应当配合监管部门的监督检查,提供相关材料,并按年度向国家铁路局提交企业产品质量保证和安全管理情况自查报告。自查报告应当包括以下内容:

(一)申请取证条件的保持情况;

(二)企业名称、住所、生产地址等变化情况;

(三)企业生产状况及产品变化情况;

(四)生产许可证使用情况;

(五)产品质量监督抽查情况;

(六)需要说明的其他相关情况。

第二十五条　监督检查的主要内容包括:

(一)取得生产许可证应当具备条件的保持情况;

(二)生产许可证使用情况。

国家铁路局对监督检查不合格的企业作出整改决定并书面通知企业。企业应当按要求进行整改,并在60个工作日内向国家铁路局提出复查申请。

第二十六条　申请企业隐瞒有关情况或者提供虚假材料申请行政许可的,国家铁路局不予受理或者不予行政许可,并给予警告,申请企业在一年内不得再次申请该行政许可。

第二十七条　有下列情形之一的,国家铁路局根据利害关系人的请求或者依据职权,可以撤销行政许可:

(一)行政机关工作人员滥用职权、玩忽职守作出准予行政许可决定的;

(二)超越法定职权作出准予行政许可决定的;

(三)违反法定程序作出准予行政许可决定的;

(四)对不具备申请资格或者不符合法定条件的申请企业准予行政许可的;

（五）依法可以撤销行政许可的其他情形。

被许可人以欺骗、贿赂等不正当手段取得行政许可的，应当予以撤销。申请人在三年内不得再次申请该行政许可。

第二十八条 有下列情形之一的，国家铁路局应当依法办理有关行政许可的注销手续：

（一）行政许可有效期届满未延续的；

（二）被许可企业依法终止的；

（三）行政许可依法被撤销，或者行政许可证件依法被吊销的；

（四）因不可抗力导致行政许可事项无法实施的；

（五）法律、法规规定的应当注销行政许可的其他情形。

第二十九条 行政许可工作人员应当严格依法履行行政许可受理、审查、监督检查及信息公开等职责。不依法履行职责的，对负有责任的领导人员和直接责任人员，依法给予处分。

第五章　附　则

第三十条 本细则自发布之日起施行。2005年原铁道部公布的《铁路道岔产品生产企业认定细则》（铁运〔2005〕167号）同时废止。

《铁路机车车辆驾驶人员资格许可实施细则》

(国铁设备监〔2016〕42号)

第一章 总 则

第一条 为加强铁路安全管理,规范铁路机车车辆驾驶人员资格许可工作,依据《铁路安全管理条例》(国务院令第639号)和《铁路机车车辆驾驶人员资格许可办法》(交通运输部令2013年第14号)等法律法规和国家有关规定,制定本细则。

第二条 在中华人民共和国境内的铁路营业线上,承担公共运输或施工、维修、检测、试验等任务的铁路机车、动车组、大型养路机械、轨道车、接触网作业车驾驶人员(以下简称驾驶人员),应当通过国家铁路局组织的考试,取得相应类别的铁路机车车辆驾驶证(以下简称驾驶证,式样见附件1)。

第三条 驾驶证分为机车系列和自轮运转车辆系列。具体代码及对应的准驾机车车辆类型为:

(一)机车系列:
J1类准驾动车组和内燃、电力机车;
J2类准驾动车组和内燃机车;
J3类准驾动车组和电力机车;
J4类准驾内燃、电力机车;
J5类准驾内燃机车;
J6类准驾电力机车。

(二)自轮运转车辆系列:
L1类准驾大型养路机械和轨道车、接触网作业车;
L2类准驾大型养路机械;
L3类准驾轨道车、接触网作业车。

第四条 聘用铁路机车车辆驾驶人员的企业(以下简称企业)应当落

实安全生产主体责任,建立健全驾驶人员管理制度,加强对驾驶人员的管理、教育和培训,制定年度培训计划,为驾驶证申请人提供必要的学习、培训条件,提高驾驶人员的业务技能、安全意识和适应能力。

企业聘用取得驾驶证的人员,应当进行岗前培训,合格后方可上岗。

驾驶人员应当严格遵照有关规定执业。

第二章 申请条件

第五条 铁路机车车辆驾驶人员资格申请人(以下简称申请人)应当按照本细则规定提交完整、真实的申请材料。

第六条 初次申请驾驶证,只能申请 J5、J6、L2 或 L3 类准驾机车车辆类型中的一种。申请人应当符合以下条件:

(一)按理论考试报名截止日期计算,居民身份证记载的年龄满 18 周岁,且不超过 45 周岁;

(二)身体健康,符合《铁路机车司机职业健康检查规范》(TB/T3091)规定的职业健康标准,具有良好的汉字读写能力并能够熟练运用普通话交流;

(三)机车系列申请人具有国家承认的中专及以上学历,自轮运转车辆系列申请人具有国家承认的高中、技校及以上学历;

(四)机车系列申请人具有连续机务乘务学习 1 年以上或者机务乘务学习行程 6 万公里以上的经历;自轮运转车辆系列申请人具有连续自轮运转车辆乘务学习 6 个月以上的经历。

第七条 初次申请驾驶证,申请人应当提交以下材料:

(一)完整填报的铁路机车车辆驾驶人员资格考试申请表(格式见附件 2);

(二)本人居民身份证(双面扫描至同一页);

(三)具有国家、省市资质的健康体检机构,县级或者部队团级以上医疗机构按照《铁路机车司机职业健康检查规范》(TB/T3091)出具的近 1 年内的体检合格报告;

(四)本人学历证明。

第八条 增加本系列准驾机车车辆类型或增加准驾系列称为增驾。

申请增驾时,申请人应当符合以下条件:

(一)申请 J1、J2 或 J3 类驾驶证时,居民身份证记载的年龄不超过 45 周岁,已担任机车司机职务 2 年以上且安全乘务 10 万公里以上;

(二)申请 L1 类驾驶证时,L2 类驾驶证持有人(以下简称持证人)已担任大型养路机械司机职务 2 年以上且安全乘务 1 万公里以上;L3 类持证人已担任轨道车或接触网作业车司机职务 2 年以上且安全乘务 3 万公里以上。

第九条 申请增驾时,申请人应当提交第七条第(一)、(二)、(三)项规定材料和已持有的驾驶证。

第十条 申请增驾时,只能申请某一系列的一种机车车辆类型。跨系列申请增驾时,按初次申请条件办理。

第三章 考 试

第十一条 国家铁路局铁路机车车辆驾驶人员资格考试中心(以下简称考试中心)具体承办驾驶人员资格考试的下列工作:

(一)制定考试管理办法,以及考试相关工作制度,并组织实施;

(二)组织编写考试大纲,建立健全考试题库,确定考试题型,制定考试评分标准,研究改进考试方法;

(三)审核确定考试站、考点、考试报名点,并组织考试报名;

(四)审核申请人资格,并组织考试;

(五)公布考试结果,接受考试咨询;

(六)制作发放驾驶证。

第十二条 驾驶人员资格考试原则上每半年组织一次。考试包括理论考试和实际操作考试(以下简称实作考试),申请 J1、J2 或 J3 类驾驶资格的,考试时应增加动车组驾驶适应性测试有关内容。理论考试内容包括行车安全规章和专业知识两个科目。实作考试内容包括检查与试验、驾驶两个科目。经理论考试合格后,方准予参加实作考试。理论考试或实作考试如有一个科目不合格,即为考试不合格。

第十三条 考试报名点应当对申请人理论考试资格进行初审,考试站复核后汇总报考试中心。考试中心审核合格后,由考试站向申请人发放理论考试准考证。

第十四条 申请人领取理论考试准考证时，应当出示前述所有材料的原件。考试报名点应当留存居民身份证、学历证明和驾驶证（申请增驾时）的复印件，以及铁路机车车辆驾驶人员资格考试申请表和体检合格报告的原件，并将复印件和原件的电子扫描件传至考试中心保存，纸质材料转交所在企业存档。考试报名点应当现场采集申请人照片，及时传入铁路机车车辆驾驶人员信息安全管理系统（RCDIS，以下简称信息管理系统）。

照片要求：半身脱帽正面照，白底彩色，着深色上衣，幅面规格为20x25mm，大小约100K，分辨率不低于300dpi，采用JPEG格式。

第十五条 考试中心应当按照本细则和有关规定对考试具体承办单位和有关工作人员进行确认、培训和监督检查。

第十六条 理论考试由国家铁路局组织考试中心统一编写考试大纲，统一命题，统一评分标准。实作考试由国家铁路局组织考试中心统一编写考试大纲，统一考试基本项目，统一编制评分标准，并下发考试具体承办单位执行。

第十七条 理论考试日期应当在考试前不少于30个工作日公布，特殊情况需要调整理论考试日期的，应当报国家铁路局设备监督管理司同意。实作考试日期应当由考试具体承办单位在考试前不少于15个工作日通知申请人或所在企业。

第十八条 申请人凭理论考试准考证参加理论考试。考试中心在考试结束后30个工作日内公布考试成绩并向考试合格者发放理论考试合格证明。

第十九条 申请人凭理论考试合格证明在相应申请考试机型进行不少于3个月的实际操作训练后，方可向考试报名点提交铁路机车车辆驾驶人员资格考试申请表，申请参加实作考试。

第二十条 考试报名点应当对申请人实作考试资格进行初审，考试站复核后汇总报考试中心。考试中心审核合格后，由考试站向申请人发放实作考试准考证。申请人凭实作考试准考证参加实作考试。

实作考试由考试中心统一组织，授权考试站或考点具体实施。实作考试具体承办单位应当在每次实作考试结束后10个工作日内向考试中心上报当次实作考试成绩。

第二十一条 理论考试成绩 2 年内有效,起始日期以理论考试合格证明的签发日期为准。未在有效期内完成实作考试的,本次理论考试成绩作废。在理论考试合格证明有效期内,申请人最多可参加 3 次实作考试。

第二十二条 理论考试试卷和实作考试试题按机密件管理。理论考试试卷和实作考试评分记录表、成绩单由考试中心保存,并将电子扫描件录入信息管理系统。

第二十三条 考试中心接收到实作考试具体承办单位上报的申请人实作考试成绩及相关资料后,应当在 15 个工作日内完成所有考试科目成绩的汇总审核,并在指定网站公布成绩供申请人查询。

公布成绩后 5 个工作日内没有异议的,由考试中心统一向国家铁路局设备监督管理司报送驾驶证办理材料。国家铁路局应当在收到考试中心报送的材料后 5 个工作日内作出行政许可决定,并在行政许可决定之日起 3 个工作日内完成网上公告。考试中心应当依据行政许可决定向符合条件的申请人发放相应类别的驾驶证。

第二十四条 考试中心应当对每次考试情况进行总结分析,考试结束后 30 个工作日内上报国家铁路局设备监督管理司。

第四章 驾驶证管理

第二十五条 国家铁路局设备监督管理司负责驾驶证的监制和日常管理。

第二十六条 驾驶证应当记载和签注以下内容:

(一)记载内容:姓名、性别、出生日期、所在单位、公民身份号码和本人照片。

(二)签注内容:准驾机车车辆类型代码、初次领驾驶证日期、有效起止日期和核发机关印章。

第二十七条 推广应用信息管理系统,完整、准确记录和存储驾驶人员资格考试申请、考试记录、驾驶证管理、监督检查等全过程及经办人员信息等,逐步实现驾驶证有效期的信息化管理和到期预警功能。

第二十八条 驾驶证仅限本人持有和使用。驾驶人员执业时,应当携带驾驶证。

第二十九条 驾驶证有效期为 6 年。驾驶证有效截止日期不得超过持证人法定退休日期。

第三十条 驾驶证有效期满、需要延续的,应当在驾驶证有效期届满 60 日前向考试中心提出换证申请。驾驶证损毁或驾驶证丢失的,应当及时向考试中心提出补证申请。

第三十一条 驾驶证有效期满需换证时,持证人应当向考试中心提交下列材料:

(一)驾驶证换(补)证申请表(格式见附件4);

(二)本人居民身份证(双面扫描至同一页);

(三)已持有的驾驶证(电子扫描件);

(四)具有国家、省市资质的健康体检机构,县级或者部队团级以上医疗机构按照《铁路机车司机职业健康检查规范》(TB/T3091)出具的近 1 年内的体检合格报告;

(五)符合第十四条要求拍摄的本人近期照片。

申请补发驾驶证的,应当提交前款第(一)、(二)、(五)项规定的材料。

第三十二条 驾驶证记载内容发生变化或持证人自愿降低准驾机型的,应当比照第三十一条的规定办理换证。

第三十三条 补发的驾驶证正面右上角作"补"字标记。补发的驾驶证有效截止日期与原证一致。

第三十四条 考试中心收到驾驶证换证或补证申请材料后,应当在 15 个工作日内完成换证或补证申请(格式见附件5、附件6、附件7)汇总审核,并上报国家铁路局设备监督管理司。国家铁路局应当在收到考试中心报送的材料后 5 个工作日内作出行政许可决定,并在作出行政许可决定之日起 3 个工作日内完成网上公告。考试中心应当依据行政许可决定向符合条件的申请人发放相应类别的驾驶证。

第五章 监督管理

第三十五条 铁路监管部门应当加强对驾驶人员执业行为和企业管

理驾驶人员情况的监督检查,依法查处违法违规行为。对高速列车驾驶人员和企业应当加大监督检查力度。

第三十六条 驾驶人员和企业应当配合监管部门的监督检查,提供相关材料。监督检查的重点内容包括:

(一)驾驶人员取得驾驶证应当具备条件的保持情况;

(二)企业建立健全驾驶人员管理制度情况;

(三)企业对驾驶人员的培训和管理,以及对聘用的驾驶人员的岗前培训情况。

国家铁路局或地区铁路监督管理局对监督检查不合格的驾驶人员和企业作出整改决定并通知企业。企业应当按要求进行整改,并在60个工作日内向国家铁路局提出复查申请。

第三十七条 执法人员进行监督检查时应当出示有效的执法证件。对驾驶人员执业行为的监督检查,不得干扰驾驶人员的正常工作,不得非法扣留驾驶证。

第三十八条 申请人隐瞒有关情况或提供虚假材料的,1年内不得再次申请。

第三十九条 申请人在考试过程中有贿赂、舞弊行为的,取消考试资格,已经通过的考试科目成绩无效,且1年内不得再次申请。

第四十条 有下列情形之一的,应当撤销驾驶证:

(一)工作人员滥用职权、玩忽职守,致使不符合条件的人员取得驾驶证的;

(二)以欺骗、贿赂、倒卖、租借等不正当手段取得驾驶证的;

(三)法律法规规定的其他情形。

因本条第(二)项原因撤销驾驶证的3年内不得再次申请驾驶证。

第四十一条 有下列情形之一的,应当注销驾驶证:

(一)驾驶证有效期届满未延续的;

(二)持证人不能继续驾驶铁路机车车辆的,包括持证人死亡、丧失行为能力、退休、限制行为能力影响驾驶的、吸食或注射毒品、长期服用依赖性精神药品等;

(三)持证人提出注销申请的;

(四)驾驶证依法被撤销的;

(五)法律法规规定的其他情形。

第四十二条 企业发现本单位驾驶人员有符合撤销、注销驾驶证情形的,应当及时书面报告考试中心,考试中心汇总后报国家铁路局设备监督管理司审核,由国家铁路局作出行政许可决定。

第四十三条 企业应当于每年1月底前将上一年度所聘用驾驶人员的情况汇总书面报告考试中心,考试中心汇总后报国家铁路局设备监督管理司(格式见附件8、附件9)。

第四十四条 行政许可工作人员应当严格依法履行行政许可受理、审查和监督检查等职责。不依法履行职责的,对负有责任的领导人员和直接责任人员,依法给予处分。

第六章 附 则

第四十五条 本细则中电子存档材料保存期限为长期;其他纸质材料的保存期限为6年。

第四十六条 本细则中要求申请人提交的各类材料,未明确要求为原件或复印件的,所提交材料应当为电子扫描件。

第四十七条 本细则自2017年1月1日起施行。《铁路机车车辆驾驶人员资格许可实施细则》(国铁设备监〔2014〕18号)同时废止。

《铁路机车车辆设计制造维修进口许可实施细则》

(国铁设备监〔2014〕19 号)

第一章 总 则

第一条 为规范铁路机车车辆行政许可工作,加强铁路运输安全的监督管理,保障公众生命财产安全,依据《中华人民共和国行政许可法》、《铁路安全管理条例》、《铁路机车车辆设计制造维修进口许可办法》等法律、行政法规、规章和国家有关规定,制定本实施细则。

第二条 本实施细则所称铁路机车车辆,是指直接承担铁路公共运输和检测试验任务的铁路机车、动车组、客车、货车等移动设备,以及在铁路上运行并承担施工、维修、救援等作业的铁路轨道车、救援起重机、铺轨机和架桥机(组)车辆、接触网作业车和大型养路机械等自轮运转特种设备。需办理许可的铁路机车车辆目录(附件1)由国家铁路局制定、调整并发布。

第三条 设计、制造、维修或者进口新型铁路机车车辆,应当分别向国家铁路局申请领取型号合格证、制造许可证、维修许可证或者进口许可证。

设计新型铁路机车车辆,设计企业应当取得型号合格证;已取得型号合格证的产品,制造企业在投入批量制造之前,应当取得制造许可证;承担铁路机车车辆整机性能恢复性修理(即"大修")的维修企业在维修样车投入运营前,应当取得维修许可证;进口新型铁路机车车辆,在该产品投入运营前,国内进口企业应当取得进口许可证。

第四条 铁路机车车辆的设计、制造、维修、使用单位应当遵守有关产品质量安全的法律、行政法规、规章以及国家有关规定,确保投入使用的铁路机车车辆符合安全运营要求。

第二章 取证条件

第五条 设计、制造、维修或者进口新型铁路机车车辆应当符合国家产业和技术发展政策及铁路装备现代化的要求,符合国家相关标准和行业标准。

第六条 取得型号合格证应当具备下列条件:

(一)申请企业具有企业法人资格;

(二)申请企业高层管理人员中应当有具备相应设计管理经历(2年以上)的人员;

(三)申请企业应当有相应的专业技术人员,符合以下要求:

从事动车组设计的申请企业,高级专业技术人员人数不低于员工总数的1%且不少于30人,中高级专业技术人员总人数不低于员工总数的6%且不少于300人;

从事其他铁路机车车辆设计的申请企业,高级专业技术人员人数不低于员工总数的1%且不少于20人,中高级专业技术人员总人数不低于员工总数的4%且不少于60人;

(四)具备研发设计能力,有完善的产品设计质量保证体系、管理制度和先进的设计手段,申请企业具有或者通过合作方式具有必备的生产设施、设备、工艺装备、检测手段等对设计样车进行制造验证的能力;

(五)设计样车技术条件、设计方案通过申请企业或者科研立项单位审查;

(六)关键零部件和设计样车通过型式试验;

(七)设计样车运用考核及解体检查合格;

(八)设计样车经申请企业或者科研立项单位技术评价合格;

(九)申请领取型号合格证的产品中含有压力容器、起重机械等特种设备的,应当符合特种设备相关法律法规要求;

(十)无知识产权侵权行为;

(十一)法律法规规定的其他条件。

第七条 取得制造许可证应当具备下列条件:

(一)申请企业具有企业法人资格;

(二)拟制造的产品已取得型号合格证;

(三)申请企业高层管理人员中应当有具备相应制造管理经历(2年以上)的人员;

(四)申请企业应当有能够满足批量制造并保证质量的相应人员,包括机电、焊接等中高级专业技术人员,计量、理化等检验人员,以及机电、焊接、铆接、装配、调试等操作人员。专业技术人员应符合以下要求:

从事动车组制造的申请企业,高级专业技术人员人数不低于员工总数的1%且不少于30人,中高级专业技术人员总人数不低于员工总数的6%且不少于300人;

从事其他铁路机车车辆制造的申请企业,高级专业技术人员人数不低于员工总数的1%且不少于20人,中高级专业技术人员总人数不低于员工总数的4%且不少于60人;

(五)有完善的产品质量保证体系和管理制度,有完善的售后服务体系;

(六)具有能够持续批量制造和保证制造质量的生产设施、设备、工艺装备等完备的技术基础条件;

(七)具有能够验证制造质量的计量、检验、试验手段;

(八)申请企业应当有完备的产品图样、技术条件等相关技术文件,并具有合法使用权;

(九)制造样车通过型式试验;

(十)制造样车经型号合格证持有企业技术评价合格;

(十一)申请领取制造许可证的产品中含有压力容器、起重机械等特种设备的,应当符合特种设备相关法律法规要求,应当提供本企业或者合作企业的由有关部门核发的特种设备制造许可证;

(十二)无知识产权侵权行为;

(十三)法律法规规定的其他条件。

第八条 取得维修许可证应当具备下列条件:

(一)申请企业具有企业法人资格;

(二)申请企业与维修样车产权单位签订了样车试修合同、协议或者维修样车产权单位(或者其上级主管单位)出具了委托维修证明材料;

(三)申请企业高层管理人员中应当有具备相应制造或者维修管理经历(2年以上)的人员;

(四)申请企业应当有能够满足批量维修并保证质量的相应人员,包括机电、焊接等中高级专业技术人员,计量、理化等检验人员,以及机电、

焊接、铆接、装配、调试等技术操作人员;专业技术人员应符合以下要求:

从事动车组维修的申请企业,中高级专业技术人员总人数不低于员工总数的1%且不少于100人;

从事机车、客车、货车维修的申请企业,中高级专业技术人员总人数不低于员工总数的1%且不少于30人;

从事其他铁路机车车辆维修的申请企业,中高级专业技术人员总人数不低于员工总数的1%且不少于10人;

(五)有完善的产品质量保证体系和管理制度,有完善的售后服务体系;

(六)具有能够持续批量维修和保证维修质量的生产设施、设备、工艺装备等完备的技术基础条件;

(七)具有能够验证维修质量的计量、检验、试验手段;

(八)申请企业应当具有维修必备的产品图样、技术条件等相关技术文件,并具有合法使用权;

(九)维修样车通过例行试验;

(十)维修样车经产权单位或者其上级主管单位技术评价合格;

(十一)申请领取维修许可证的产品中含有压力容器、起重机械等特种设备的,应当符合特种设备相关法律法规要求,应当提供本企业或者合作企业的由有关部门核发的特种设备制造或者维修许可证;

(十二)无知识产权侵权行为;

(十三)法律法规规定的其他条件。

第九条 取得进口许可证应当具备下列条件:

(一)申请企业具有企业法人资格;

(二)申请企业能够证明进口产品已有国内用户需求;

(三)申请企业能够证明进口产品制造企业符合所在国法定资质条件,具备相应业绩且质量信誉良好,技术支持和售后服务满足国内用户的需求,无知识产权侵权行为;

(四)进口产品的技术条件、设计方案通过国内用户的审查;

(五)关键零部件和进口样车通过型式试验;

(六)样车经国内用户技术评价合格;

(七)法律法规规定的其他条件。

第十条　设计、制造、进口样车的型式试验报告、运用考核报告、解体检查报告由专业技术机构出具,维修样车的例行试验报告由申请企业出具。

专业技术机构应当通过国家计量认证,取得相关资质。专业技术机构应当对型式试验报告、运用考核报告和解体检查报告的真实性负责并承担法律责任。

第三章　申请材料

第十一条　申请领取型号合格证应当提交下列材料:
(一)国家铁路局行政许可申请书一式两份(格式文本见附件2);
(二)申请企业法人营业执照副本及副本复印件;
(三)质量管理体系证明材料;
(四)申请企业基本情况报告(格式文本见附件3);
(五)设计技术总结报告(格式文本见附件5);
(六)法律法规要求的其他材料。

第十二条　申请领取制造许可证应当提交下列材料:
(一)国家铁路局行政许可申请书一式两份(格式文本见附件2);
(二)申请企业法人营业执照副本及副本复印件;
(三)型号合格证及其复印件;
(四)产品图样(总图及图样目录)、技术条件等相关技术文件及其合法来源证明材料;
(五)质量管理体系证明材料;
(六)申请企业基本情况报告(格式文本见附件3);
(七)制造技术总结报告(格式文本见附件6);
(八)法律法规要求的其他材料。

第十三条　申请领取维修许可证应当提交下列材料:
(一)国家铁路局行政许可申请书一式两份(格式文本见附件2);
(二)申请企业法人营业执照副本及副本复印件;
(三)申请企业与维修样车产权单位签订的样车试修合同、协议或者维修样车产权单位(或其上级主管单位)出具的委托维修证明材料;

（四）产品图样（总图及图样目录）、技术条件等相关技术文件及其合法来源证明材料；

（五）质量管理体系证明材料；

（六）申请企业基本情况报告（格式文本见附件3）；

（七）维修技术总结报告（格式文本见附件7）；

（八）法律法规要求的其他材料。

第十四条 申请领取进口许可证应当提交下列材料：

（一）国家铁路局行政许可申请书一式两份（格式文本见附件2）；

（二）申请企业法人营业执照副本及副本复印件；

（三）进口产品已有国内用户需求的证明材料；

（四）申请企业概况（包括企业主营业务、经营业绩、固定资产、人员情况、质量管理、与国内用户关系等方面）；

（五）进口产品制造企业依据所在国法律法规注册登记的证明材料和取得相同或者相近产品设计制造资质的证明材料；

（六）进口产品制造企业质量管理体系证明材料；

（七）进口产品制造企业基本情况报告（格式文本见附件4）；

（八）进口技术总结报告（格式文本见附件8）；

（九）法律法规要求的其他材料。

第十五条 申请企业按照附件规定的格式填写申请材料，对申请材料内容的真实性、有效性负责。在提交文本材料时应当采用胶黏装订方式，并提交电子文档。

第十六条 申请企业具有多个制造、维修地址的，申请时应当加以明确，针对每个地址单独申请领取制造、维修许可证，并分别提交完整的申请材料。

第四章 许可程序

第十七条 国家铁路局科技与法制司负责受理行政许可申请和送达行政许可决定书、行政许可证书，设备监督管理司负责行政许可审查。

第十八条 国家铁路局对申请企业提交的申请材料，应当根据下列情况分别作出处理：

（一）申请材料存在可以当场更正的错误的，应当允许申请人当场更正；

（二）申请材料不齐全或者不符合法定形式的，应当当场或者在 5 个工作日内一次告知申请人需要补正的全部内容，逾期不告知的，自收到申请材料之日起即为受理；

（三）申请材料齐全、符合法定形式，或者申请企业按要求提交全部补正申请材料的，应当受理行政许可申请。

国家铁路局受理或者不予受理行政许可申请，应当出具加盖国家铁路局行政许可专用章和注明日期的书面凭证。

第十九条 国家铁路局受理行政许可申请后，应当对申请企业提交的申请材料进行审查，必要时可组织现场核实、检验、检测及专家评审。

审查合格的，应当依法作出准予行政许可的书面决定；审查不合格的，依法作出不予行政许可的书面决定，说明理由并送达申请企业。

第二十条 以下情况可采取便捷审查方式：

（一）申请领取型号合格证的企业，具备条件并要求制造该型号产品的，可一并申请领取该型号产品的制造许可证；

（二）型号合格证持有企业在取证后三个月内申请领取制造许可证的，已审查通过的内容可不再审查；

（三）制造、维修许可证持有企业再申请领取机车车辆产品目录中产品名称相同的其他型号产品制造、维修许可证时，且在同一地点制造、维修的，可只对产品技术差异性及其产生的特殊条件要求进行审查。

第二十一条 国家铁路局应当自受理申请之日起 20 个工作日内作出行政许可决定。20 个工作日内不能作出决定的，经国家铁路局负责人批准，可以延长 10 个工作日，并将延长期限的理由告知申请企业。检验、检测和专家评审所需时间不计算在上述期限内。

第二十二条 国家铁路局作出准予行政许可决定的，应当自作出许可决定之日起 10 个工作日内向申请企业颁发、送达相应的行政许可证件。

第五章　证书管理

第二十三条 被许可企业应当在产品使用说明书和产品合格证上注

明行政许可证书的有效期和编号。

第二十四条 行政许可证书(样式见附件9、10、11、12)上应当载明被许可企业、产品类别、产品名称、产品编号、产品型号、制造或者维修地址、发证机关、发证日期、证书编号、有效期。

第二十五条 证书编号格式为:TX@&####-*****,其中:TX代表铁路行政许可,@代表铁路机车车辆产品类别(J为机车,L为车辆,Z为自轮运转特种设备),&代表许可类别(S为设计,Z为制造,W为维修,J为进口),####代表产品编号,*****代表证书顺序编号。

第二十六条 型号合格证有效期为长期。制造、维修、进口许可证有效期为5年。有效期届满后,被许可企业需要延续已取得的行政许可证书有效期的,应当在有效期届满60个工作日前向国家铁路局提出申请,并提报下列材料:

(一)本实施细则第十二、第十三条或者第十四条规定的相关申请材料(型式试验、运行考核、作业考核、解体检查、对样车技术评价相关内容可不再提供);

(二)原许可条件变化情况的说明及证明材料;

(三)5年来企业总结报告(内容参照第三十三条企业自查报告)。

在证书有效期内没有开展过制造、维修业务的产品,不予办理相应型号的许可延期。

第二十七条 在行政许可证书有效期内,被许可企业名称或者制造、维修地址名称发生变化的,企业应当自变化事项发生后30个工作日内向国家铁路局提出变更申请,变更后的行政许可证书有效期不变。

申请变更的企业应当提报的材料包括:国家铁路局行政许可申请书,变更事项说明及有效证明材料(加盖公章)。

第二十八条 变更制造、维修地址造成制造、维修许可条件发生变化的,被许可企业应当重新申请取得制造、维修许可证。

第二十九条 已取得型号合格证的产品发生重大变化时,应当重新申请取得型号合格证。

重大变化是指利用新技术原理、新设计构思对转向架、车体、牵引系统、制动系统、控制系统等一个或者几个系统进行的重大调整。

第六章　监督管理

第三十条　国家铁路局及其铁路监督管理机构应当对被许可企业实施监督检查,被许可企业应当配合检查并按要求提交相关材料。

第三十一条　国家铁路局制定年度监督检查计划,对被许可企业每5年按规定监督检查1次,通过随机摇号方式确定受检企业。当企业产品质量异常波动或连续出现故障时,可将该企业及时列入监督检查计划。

企业获得设计、制造、维修等多种许可的,监督检查内容可合并进行。

第三十二条　国家铁路局应重点监督检查被许可企业以下情况:

(一)持续满足取证条件情况;
(二)质量管理体系有效运行情况;
(三)专业技术人员情况;
(四)设施、设备等生产能力情况;
(五)技术管理情况;
(六)产品质量情况;
(七)售后服务情况。

第三十三条　取得制造、维修许可证的企业应当保证持续满足取证条件,保证产品质量稳定合格。自取得制造、维修许可证之日起,企业应当按年度向国家铁路局提交企业产品质量管理及售后服务情况自查报告(次年一月提交)。

企业自查报告应当包括以下内容:

(一)取证条件的保持情况;
(二)企业名称、地址名称等基本信息变化情况;
(三)企业生产状况及产品变化情况;
(四)企业开展被许可业务情况及证明材料;
(五)质量管理体系运行情况;
(六)产品质量情况;
(七)售后服务情况;
(八)企业应当说明的其他相关情况。

第三十四条　申请企业隐瞒有关情况或者提供虚假材料申请行政许

可的,国家铁路局不予受理或者不予行政许可,并给予警告,申请企业在一年内不得再次申请该行政许可。

第三十五条　有下列情形之一的,国家铁路局根据利害关系人的请求或者依据职权,可以撤销行政许可:

(一)行政机关工作人员滥用职权、玩忽职守作出准予行政许可决定的;

(二)超越法定职权作出准予行政许可决定的;

(三)违反法定程序作出准予行政许可决定的;

(四)对不具备申请资格或者不符合法定条件的申请企业准予行政许可的;

(五)依法可以撤销行政许可的其他情形。

被许可人以欺骗、贿赂等不正当手段取得行政许可的,应当予以撤销。申请人在三年内不得再次申请该行政许可。

第三十六条　有下列情形之一的,国家铁路局应当依法办理有关行政许可的注销手续:

(一)行政许可有效期届满未延续的;

(二)被许可企业依法终止的;

(三)行政许可依法被撤销或者行政许可证件依法被吊销的;

(四)因不可抗力导致行政许可事项无法实施的;

(五)法律、法规规定的应当注销行政许可的其他情形。

第三十七条　国家铁路局及其铁路监督管理机构工作人员办理行政许可、实施监督检查,存在违法行为且构成犯罪的,依法追究刑事责任;尚不构成犯罪的,依法给予行政处分。

第七章　附　则

第三十八条　相关定义如下:

(一)型式试验指按照标准和技术条件对整车及关键零部件所做的基本参数、结构和性能等检验;

(二)例行试验指按照规定的标准和程序进行的常规检测试验;

(三)运用考核包括运行考核、作业考核,指样车按照实际运行和作业

要求通过规定里程或者时间、负荷率所进行的考核;

(四)解体检查指样车达到运用考核规定里程或者时间、负荷率后,对样车进行分解检查,并进行测试评定;

(五)技术评价指按照规定的程序和标准,对产品的技术、质量水平和实用价值所进行的技术评审或者成果鉴定。

第三十九条 本实施细则自发布之日起施行,原铁道部发布的《铁路机车车辆设计许可实施细则》(铁科技〔2009〕45号)、《铁路机车生产许可实施细则》(铁运〔2008〕249号)、《铁路机车维修许可实施细则》(铁运〔2008〕249号)、《进口新型铁路机车型号认可实施细则》(铁运〔2008〕249号)、《铁路车辆生产许可实施细则》(铁运〔2008〕151号)、《铁路车辆维修许可实施细则》(铁运〔2008〕151号)、《铁路车辆进口许可实施细则》(铁运〔2008〕151号)、《铁路救援起重机生产许可实施细则》(铁运〔2008〕210号)、《铁路救援起重机维修许可实施细则》(铁运〔2008〕210号)、《铁路救援起重机进口许可实施细则》(铁运〔2008〕210号)、《铁路接触网作业车生产许可实施细则》(铁运〔2010〕60号)、《铁路接触网作业车维修许可实施细则》(铁运〔2010〕59号)、《铁路接触网作业车进口许可实施细则》(铁运〔2010〕58号)、《轨道车辆和大型养路机械产品生产许可实施细则》(铁运〔2006〕71号)、《轨道车辆和大型养路机械产品维修许可实施细则》(铁运〔2006〕72号)、《轨道车辆和大型养路机械产品进口许可实施细则》(铁运〔2006〕70号)同时废止。原铁道部发布的其他涉及相关内容的文电与本实施细则不一致的,以本实施细则为准。

《国家铁路局行政许可实施程序规定》

(国铁科法〔2016〕30号)

第一章 总 则

第一条 为规范铁路行政许可工作,推进职能转变、简政放权,做到依法行政、便民高效,依据《中华人民共和国行政许可法》等法律、行政法规和国家关于规范和改进行政审批工作的有关文件规定,制定本规定。

第二条 本规定适用于由法律、行政法规或国务院决定设定,由国家铁路局实施的行政许可。

第三条 行政许可工作应当遵循合法、公开、公平、公正、便民、高效等原则。

第四条 国家铁路局实行"一个窗口对外"的许可工作机制,由科技与法制司(以下称受理部门)负责受理行政许可申请,送达行政许可决定。相关业务部门(以下称审查部门)按照职责分工,负责审查行政许可申请,拟订行政许可决定。

第五条 国家铁路局应当对承担的许可事项编制和提供操作性强的服务指南,将实施的行政许可事项、依据、条件、程序、期限、需要提交的申请材料目录、所作出的行政许可决定以及许可申请书等格式文本,在国家铁路局政府网站等场所公开。

第二章 申请与受理

第六条 公民、法人或者其他组织向国家铁路局申请行政许可,应当提交书面申请,并按照申请的许可事项有关规定,提交真实完整的申请材料。

申请书及相关申请材料的格式文本可从国家铁路局政府网站下载。

第七条 国家铁路局积极推进网上办理行政许可,提供网上预受理和预审查、在线咨询、在线评价等服务。申请人可以通过国家铁路局网上行政许可办理平台办理预约申请。办理预约申请的,应当在网上提供能够证明申请人身份的真实信息和完整的申请材料。

第八条 受理部门对申请人提交的申请材料,应当根据下列情况分别作出处理:

(一)申请事项依法不需要取得行政许可的,应当告知申请人不受理;

(二)申请事项依法不属于国家铁路局职权范围的,应当作出不予受理的决定,并告知申请人向有关行政机关申请;

(三)申请材料存在可以当场更正的错误的,应当允许申请人当场更正;

(四)申请材料不齐全或者不符合法定形式的,应当当场或者在5日内一次告知申请人需要补正的全部内容,逾期不告知的,自收到申请材料之日起即为受理;

(五)申请事项属于国家铁路局职权范围,申请材料齐全、符合法定形式,或者申请人按要求提交全部补正申请材料的,应当受理行政许可申请。

受理或者不予受理行政许可申请,应当出具加盖国家铁路局行政许可专用章和注明日期的受理或不予受理通知书。

第九条 行政许可申请受理后至行政许可决定作出前,申请人要求撤回行政许可申请的,可以撤回。受理部门收到申请人提交的书面撤回申请和受理凭证后,将行政许可申请材料退还申请人,行政许可办理程序终止。

第三章 审查与决定

第十条 受理部门应当及时将受理的行政许可申请材料转送审查部门审查。需要对申请材料的内容进行现场核实的,审查部门应当指派至少2名工作人员进行核查。必要时可依法组织听证、检验、检测、鉴定及专家评审。

第十一条 实施行政许可需要聘请专家评审的,应当组建专家评审组。所选专家应当具备审查事项相关领域的专业技术知识和从业经历,具有高级以上技术职称或同等专业技术水平,且与申请人无利害关系。

第十二条 审查部门对行政许可申请进行审查时,发现行政许可事项直接关系他人重大利益的,应当告知该利害关系人。申请人、利害关系人有权进行陈述和申辩。审查部门应当听取申请人、利害关系人的意见。

第十三条 审查部门应当在规定的办理期限内依法提出准予或不予行政许可的审查意见,拟订行政许可书面决定及行政许可证件记载内容,送至受理部门。受理部门进行合法性审核,履行批准程序后,将加盖国家铁路局行政许可专用章的行政许可书面决定送达申请人。

第十四条 行政许可书面决定应当包括以下主要内容:

(一)申请人;

(二)申请事项;

(三)审查结论;

(四)依据和理由;

(五)许可期限;

(六)作出许可决定的日期;

(七)作出不予行政许可决定的,应当告知申请人享有依法申请行政复议或者提起行政诉讼的权利。

(八)其他应当依法说明的内容。

第十五条 国家铁路局应当自受理行政许可申请之日起 20 日内作出行政许可决定。20 日内不能作出决定的,经国家铁路局负责人批准,可以延长 10 日,但应当将延长期限的理由书面告知申请人。法律、法规另有规定的,依照其规定。

听证、检验、检测、鉴定及专家评审的时间不计算在上述期限内,但应当将所需时间书面告知申请人。

对于政府鼓励的事项,可建立"绿色通道"或探索"告知 + 承诺"办理模式,精简办事程序,缩短办理时限。

第十六条 国家铁路局作出准予行政许可决定,需要颁发行政许可证件的,由受理部门自作出许可决定之日起 10 日内向申请人颁发加盖国家铁路局行政许可专用章的行政许可证件。

第十七条 依法向国家铁路局申请变更、延续、撤销、注销已取得的行政许可或补办行政许可证件的,比照上述程序办理。

被许可人或利害关系人依法书面要求撤销、注销行政许可决定的,应当提交申请书、营业执照或身份证复印件、申请事由说明及相关证明材料。

第十八条　实施铁路机车车辆驾驶人员资格许可,应当根据申请人考试成绩和其他法定条件作出行政许可决定。具体程序执行《铁路机车车辆驾驶人员资格许可办法》(交通运输部令2013年第14号)及《铁路机车车辆驾驶人员资格许可实施细则》(国铁设备监〔2014〕18号)等有关规定。

第四章　监督与管理

第十九条　国家铁路局应当建立健全监督检查制度,制定监督检查计划,依法组织开展许可监督检查。被许可人应当配合监督检查并如实提供有关情况和材料。

第二十条　国家铁路局实施行政许可和对行政许可事项组织开展监督检查,不得收取费用。法律、行政法规另有规定的,依照其规定。

第二十一条　行政许可相关职能部门及其工作人员应当自觉遵守国家有关法律法规及相关工作制度、规定,严守工作纪律,依法履行职责,不得有下列行为:

(一)违反法定程序、期限,受理、审查、作出及送达行政许可决定;

(二)对不符合法定条件的申请予以受理、准予许可,或对符合法定条件的申请不予受理、不予许可;

(三)接受申请人的明示或暗示,对相关检验、检测、鉴定及专家评审等工作及其结果实施不正当干预;

(四)在监督检查中干预、妨碍被许可人正常的生产经营活动,或者发现被许可人的违法活动不依法作出处理;

(五)利用职权和职务上的影响谋取不正当利益;

(六)其他违反法定程序、超越法定职权、滥用职权实施行政许可的行为。

第二十二条　国家铁路局机关监督部门加强对行政许可相关职能部门及其工作人员履职情况的监督检查。对有违规违法情形的,责令相关部门改正;情节严重的,依法追究直接负责的主管人员和其他直接责任人员的责任。

第二十三条 公民、法人或者其他组织发现违法从事铁路行政许可活动,或者发现国家铁路局相关职能部门及其工作人员在实施行政许可过程中有违法违规行为的,有权向国家铁路局投诉举报。认为铁路行政许可相关职能部门及其工作人员的具体行政行为侵犯其合法权益的,有权依法向国家铁路局提出行政复议申请或者直接向人民法院提起行政诉讼。

国家铁路局建立网上投诉举报受理系统,公布投诉举报电话、邮箱,依法组织调查核实处理,查处违法违规行为。

第五章 附 则

第二十四条 本规定所定期限以工作日计算,不含法定节假日。

第二十五条 本规定自发布之日起施行。原《国家铁路局行政许可实施程序规定》(国铁科法〔2014〕49号)同时废止。

《铁路专用设备行政许可企业监督检查计划管理办法》

(国铁设备监〔2014〕27号)

第一条 为规范对铁路专用设备行政许可企业监督检查计划的管理,制定本办法。

第二条 按照《中华人民共和国行政许可法》关于"应当建立健全监督制度"的要求,国家铁路局及地区铁路监督管理局对铁路专用设备行政许可企业履行监督检查职责。

第三条 本办法适用于国家铁路局及地区铁路监督管理局对获得行政许可的铁路机车车辆、铁路道岔及其转辙设备、铁路信号控制软件和控制设备、铁路通信设备、铁路牵引供电设备的企业实施监督检查。

第四条 对铁路专用设备行政许可企业的监督检查,由国家铁路局设备监督管理司负责组织制定年度监督检查计划。地区铁路监督管理局和国家铁路局装备技术中心依据年度监督检查计划,负责辖区内行政许可企业的监督检查,必要时报请国家铁路局设备监督管理司批准后,聘请行业内的专家参加监督检查。国家铁路局设备监督管理司视情况参加部分监督检查。

第五条 监督检查的依据:

1.《中华人民共和国行政许可法》;

2.《铁路安全管理条例》;

3.《国家铁路局主要职责内设机构和人员编制规定》;

4.《铁路机车车辆设计制造维修进口许可办法》及《铁路机车车辆设计制造维修进口许可实施细则》;

5.《铁路运输基础设备生产企业审批办法》及《铁路牵引供电设备生产企业审批实施细则》、《铁路道岔设备生产企业审批实施细则》、《铁路通信信号设备生产企业审批实施细则》。

第六条 监督检查主要内容:

1. 持续满足取证条件情况；
2. 质量管理体系有效运行情况；
3. 专业技术人员情况；
4. 设施、设备等生产能力情况；
5. 技术管理情况；
6. 产品质量情况；
7. 售后服务情况；
8. 法律、法规及行政许可办法规定的其他条件。

第七条 设备监督管理司按照产品类别组织制订铁路机车车辆、铁路牵引供电设备、铁路道岔设备、铁路通信信号设备生产企业《监督检查手册》。《监督检查手册》中应明确监督检查各分项的具体内容，包括许可条件、技术管理、人员管理、质量管理、质量检验等，便于实际操作，并在实践中逐步修改完善。

第八条 按照在许可证书五年有效期内对行政许可企业监督检查全覆盖的原则，结合行政许可企业产品类别、数量情况，国家铁路局设备监督管理司于每年年初制订年度监督检查计划，内容包括受检企业名单、监督检查人员组成和时间安排等。

第九条 国家铁路局设备监督管理司对铁路专用设备行政许可企业实行统一的编号管理，将尾号1和6、2和7、3和8、4和9、5和0分别编为一组，共5组，行政许可企业增加时，及时纳入企业名录并按顺序编号。按照五年一个循环周期，每年随机摇号确定受检企业组号和受检企业名单。随机摇号时，邀请国家铁路局纪检监察部门和相关企业代表参加，公开透明，接受监督。

第十条 每年年初，设备监督管理司在征求各地区铁路监督管理局（含北京督察处）意见的基础上，确定各地区铁路监督管理局（含北京督察处）对辖区内受检企业的监督检查时间，形成年度监督检查计划，报经国家铁路局批准，并在国家铁路局政府网站上予以公布。

第十一条 遇铁路专用设备质量出现异常波动、发生缺陷产品召回、连续发生故障或发生责任铁路交通事故时，国家铁路局及地区铁路监督管理局应及时补充监督检查计划。

第十二条 监督检查时，地区铁路监督管理局应告知受检企业监督检查的项目、内容和方法,对每个行政许可企业监督检查的时间原则上不超过三天,监督检查结束后应形成监督检查总结报告,并上报国家铁路局设备监督管理司。

第十三条 监督检查人员应对监督检查的内容、发现的问题及处理情况作出记录,由参加监督检查的人员和受检企业的有关人员签字确认并归档。

第十四条 对在监督检查中发现的问题,地区铁路监督管理局应利用信息化手段纳入问题库管理,督促企业整改。

第十五条 铁路专用设备行政许可企业存在严重问题,铁路专用设备质量不符合铁路运营安全要求,可责令其改正,需要施行行政处罚时,按相关法律法规及《违反〈铁路安全管理条例〉行政处罚实施办法》(交通运输部令〔2013〕第22号)执行。

第十六条 受检企业对铁路监管部门在监督检查工作中实施的行政处罚有异议的,按照有关法律法规规定办理。

第十七条 监督检查人员要忠于职守、坚持原则、秉公执法,严格执行国家有关规定,轻车简从,廉洁自律,杜绝一切不良反映。

第十八条 本办法自公布之日起施行。

《铁路消防管理办法》

(铁公安〔2009〕95 号)

第一章 总 则

第一条 为加强铁路消防工作,预防火灾事故,减少火灾危害,保障铁路运输生产、基本建设和人身、财产安全,根据《中华人民共和国消防法》,制定本办法。

第二条 铁路消防工作贯彻"预防为主,防消结合"的方针,按照"铁道部统一领导,运输企业全面负责,业务部门依法监管,职工群众积极参与"的原则,实行消防安全责任制。

第三条 维护消防安全、保护消防设施、预防火灾、报告火警、扑救火灾是铁路单位及职工的责任和义务。

第四条 铁路消防工作由铁路公安机关监督管理,并由铁路公安机关消防机构负责实施。

第五条 对在铁路消防工作中有突出贡献的单位和个人,应当按照国家有关规定给予奖励。

第六条 在铁路管辖范围内从事生产经营活动的单位和个人应遵守本办法。在我国境内运行的国际列车也适用本办法。

第二章 火灾预防

第一节 基本规定

第七条 铁路运输企业应建立防火安全委员会或防火安全领导小组,定期召开会议,组织、协调本单位的消防工作,研究解决消防安全重大问题。

第八条 铁路运输企业各业务部门应结合业务工作履行消防安全管

理和监督职能,做好本系统消防工作。

运输、客运、货运、机务、车辆、工务、电务等部门应组织各单位落实消防安全规章制度,加强消防安全管理和监督检查,及时发现和整改火灾隐患。

建设部门应严格执行国家和铁道部工程建设消防技术标准,保证消防设施建设与铁路建设同步规划、同步建设、同步发展。

宣传、培训部门应将消防安全内容纳入宣传、教育、培训工作,做到经常化、制度化、规范化。

工会、共青团应针对职工、青年等特点有针对性地开展消防宣传教育。

铁路公安机关消防机构和安全监察部门应依法履行监督检查职责,督促有关部门和单位落实消防安全措施,消除火灾隐患。

其他业务部门也应结合业务工作落实消防安全责任,做好消防工作。

第九条 铁路运输企业及所属单位应当履行下列消防安全职责:

(一)贯彻执行消防法律、法规、规章和有关规定,落实逐级消防安全责任制和岗位防火责任制,建立健全消防规章制度,制定安全操作规程。

(二)保证消防工作与生产经营和基本建设同计划、同布置、同检查、同考核、同奖惩。

(三)按照国家标准、行业标准配备消防设施、器材,设置消防安全标志,并定期组织检验、维修,确保完好有效。

(四)对火灾自动报警、自动灭火等建筑消防设施委托有法定资质的检测机构每年至少进行一次全面检测,确保完好有效,检测记录应当完整准确,存档备查。

(五)保障疏散通道、安全出口、消防车通道畅通,保证防火防烟分区、防火间距符合消防技术标准。

(六)组织防火检查,建立重大火灾隐患督促整改工作制度,组织落实重大火灾隐患整改,及时处理涉及消防安全的重大问题。

(七)制定火灾事故应急预案。

(八)法律、法规规定的其他消防职责。

单位法定代表人或主要负责人是消防安全责任人,对本单位的消防安全工作全面负责。

第十条 单位应确定本单位消防安全管理人。消防安全管理人可由分管领导担任,负责日常消防管理工作。

消防安全管理人对本单位的消防安全责任人负责,实施并组织落实下列消防安全管理工作:

(一)制定年度消防工作计划,组织实施日常消防安全管理工作。

(二)组织制定消防安全管理制度和保障消防安全的操作规程,并检查督促落实。

(三)制订消防资金投入计划和组织实施保障方案。

(四)组织实施消防安全检查和火灾隐患整改工作。

(五)组织实施对消防设施、灭火器材和消防安全标志的维护、保养,确保完好有效,确保疏散通道和安全出口畅通。

(六)组织管理义务消防队。

(七)组织开展职工消防知识、技能的宣传教育和培训,组织火灾事故应急预案的实施和演练。

(八)消防安全责任人委托的其他消防安全管理工作。

消防安全管理人应当定期向消防安全责任人报告消防安全管理情况,及时报告涉及消防安全的重大问题。

第十一条 消防安全责任人和消防安全管理人应定期接受消防安全专门培训。

各单位应对职工进行经常性的消防安全知识培训教育。

定期对单位专(兼)职消防管理人员和消防设施操作人员,电工、电气焊等特种作业人员,易燃易爆岗位作业人员,旅客列车工作人员,以及车站客货运工作人员、机车司机进行消防安全培训,达到"三懂三会",即:懂得本岗位的火灾危险性、懂得预防火灾的措施、懂得火灾的扑救方法,会报警、会使用灭火器、会扑救初起火灾,经考试合格,持证上岗。

新职工、其他从业人员和改变工种人员应经过消防安全知识教育,考试合格后,方可上岗。

第十二条 铁路公安机关消防机构应当将旅客列车和人员密集场所、重点行车场所、物资集中场所、机车车辆存放场所、易燃易爆场所等一旦发生火灾可能造成人员重大伤亡和财产重大损失及严重影响铁路运输的单位,确定为消防重点单位,并由铁路运输企业定期公布。

第十三条 消防重点单位除应当履行本办法第十条规定的职责外,还应当履行下列消防安全职责:

(一)确定消防工作的归口管理职能部门,配备专(兼)职消防管理人员。

(二)建立消防档案,确定消防安全重点部位,设置防火标志,实行严格管理。

(三)实行每日防火巡查制度,建立巡查记录。

(四)定期对职工进行消防安全培训,重要工种岗位职工必须经消防知识培训合格后持证上岗。

第十四条 实行承包、租赁或者委托经营、管理时,产权单位应当提供符合消防安全要求的建筑物,当事人在订立的合同中应依照有关规定明确各方的消防安全责任;消防车通道、涉及公共消防安全的疏散设施和其他建筑消防设施应当由产权单位或者委托管理的单位统一管理。产权单位和委托管理单位应督促检查承包、租赁、委托经营各方履行消防安全职责。

两个以上产权单位和使用单位的建筑物,各产权单位、使用单位对消防车通道、涉及公共消防安全的疏散设施和其他建筑消防设施应当明确管理责任,确定建筑物消防安全统一管理单位,明确消防安全责任人,落实建筑物消防安全的统一管理。

第十五条 铁路宾馆、饭店、招待所、公寓、文化宫、俱乐部、歌舞厅、网吧等人员密集场所的耐火等级、防火分隔、安全疏散、防烟排烟、电气设备及消防设施,必须符合国家消防技术标准。严禁使用易燃可燃材料装修,严禁擅自改变建筑结构和用途。

第十六条 铁路货场、危险品仓库、燃油库等易燃易爆以及其他具有火灾、爆炸危险的场所禁止吸烟、使用明火,应设置明显的警示标志。因特殊情况需要使用明火作业时,应当办理动火审批手续,采取划定区域、配备灭火器材等相应的消防安全措施,作业人员应当严格遵守消防安全规定。

第十七条 各单位应有计划地逐步改善消防基础设施,适应预防和扑救火灾的需要。

对消防设施不符合国家和铁道部有关消防技术标准的既有车站、编组站及客车存放场所,应制定整改计划,逐步完善。

第十八条 新造机车、客车、动车组应通过采用新技术、新设备、新工艺,提高抗御火灾能力。

客车、动车组、各种试验、检测等特种车辆及轨道车等自轮运转特种设备选用的结构、保温、绝缘、装饰、涂料等非金属材料应是难燃或阻燃材料,其燃烧性能、产烟毒性应达到国家和铁道部有关技术标准。电气线路敷设、电气设备选用和安装应满足防火要求。

机车、发电车及其他特种车辆应配备火灾自动报警和灭火装置。

第十九条 运营客车改造为工程宿营车等局管路用车辆时,其内部间隔材料应采用不燃或难燃材料,用火用电应执行客车有关消防安全规定。严禁乱拉乱接电气线路,严禁违章使用电热器具。严禁在车内吸烟和明火照明、取暖,点蚊香应采取防火安全措施。

工程车、轨道车等自轮运转特种设备的消防安全管理由其主管部门制定专门规定。

第二十条 铁路科研主管部门应制定消防科研攻关计划,研究铁路特长隧道、地下及水下隧道、特大型旅客车站以及动车组检修库等特殊场所的消防安全技术,制定完善相关标准。

第二十一条 铁路运输企业应逐步建立铁路消防安全信息管理系统,运用现代化管理手段,实现消防安全重点单位的实时监测和预警监控。

第二十二条 地处林区、草原的铁路单位应严格遵守林区、草原防火规定,加强防火宣传教育,严格野外用火管理。进入林区、草原的机车车辆禁止在运行中清灰、抛焦,机车火星网、车辆闸瓦必须符合有关规定。

第二十三条 站区内和线路两侧的枕木、可燃材料应及时清理,按规定堆放。站区和线路两侧的枯草、可燃垃圾应及时清除。

第二节 旅客运输防火

第二十四条 担当旅客运输的机车、客车、动车组必须符合铁道部《铁路机车车辆检修规程》、《铁路客车运用维修规程》和《铁路动车组运用维修规程》等有关质量标准要求。

第二十五条 旅客列车应建立防火组织,实行岗位防火责任制,严格火源、电源管理,落实防火措施。

第二十六条 担当旅客列车乘务工作的客运、车辆、乘警等乘务人员应进行岗前消防知识培训,全员达到"三懂三会",经考试合格后,持证上岗。

旅客列车消防安全管理的具体规定由铁道部另行制定。

第二十七条 新建、改建旅客车站的平面布置、防火分隔、耐火等级、安全疏散、防烟排烟及消防设施、器材的配备,应严格执行国家和铁道部有关消防技术标准。

第二十八条 旅客车站集散厅、售票厅和候车室区域内严禁开设公共娱乐场所,站房其他区域开设公共娱乐场所应设置独立的防火分区。站房内设置的餐饮、售货等营业性场所,应符合消防安全规定。

第二十九条 旅客车站的电气设备、线路必须符合国家有关电气安全技术标准,并由持有合格证的专业人员负责安装、维修。严禁违章使用电热器具,严禁超负荷用电,严禁擅自拉接临时电气线路。

第三十条 车站行包房按货物仓库严格消防管理,车站应加强监督检查。站台临时堆放行包应在指定区域,不得堵塞消防通道,不得埋压、圈占、遮挡消防设施。

第三十一条 站区内进行机车、空调车加油以及电焊、气割等火灾危险性作业,应划定安全区域、配备灭火器材、实施专人监护。

第三十二条 车站应严格落实易燃易爆危险物品查堵措施。车站配置的危险品检查仪,应保持状态良好,运转正常。

第三十三条 车站应向旅客宣传铁路站车防火防爆的规定。严禁携带易燃易爆危险物品进站上车,严禁在候车室等禁烟场所吸烟,不得在通道处堆放行李物品,不得擅自动用消防设施、器材。

第三十四条 候车室、集散厅、售票厅、旅客通道内应设置应急照明灯和疏散指示标志,疏散通道应保持畅通。

第三节 货物运输防火

第三十五条 装载货物的车辆应保持门窗完好,顶棚严密,防火板安装符合部颁标准。地板破损的应采取防火铺垫措施。

第三十六条 沿零办公车、装载生火加温货物车辆的火炉、烟筒、垫板、护栏应安装牢固,烟筒与车顶四周必须用隔热材料填充。

第三十七条 货物包装必须符合防火要求,货物装载执行配装规定,严格计量,严禁超高、超载。

第三十八条 用敞车装载易燃货物或用易燃材料作包装衬垫的货物,装载应紧密牢固,使用防火性能良好的篷布严密苫盖。

第三十九条 运输腐朽木材应采取喷涂防火剂、钉板等防火措施。

第四十条 凡装运钢锭、焦炭、炉灰等易含有火种的货物和装车前温度较高、易发生自燃的货物,必须进行冷却,确认安全后方准装车。

第四十一条 货运员要认真执行监装、监卸责任制,做好装车后的检查,防止发生普通货物中夹带易燃易爆危险物品。装卸作业中严禁明火照明和吸烟。

第四十二条 对生火加温的货车和液化气罐车,托运人应派熟悉货物性质的人员押运,并根据需要携带消防器材及必要的工具。

第四十三条 编组调车作业中,对装有易燃易爆危险货物的车辆,必须严格执行有关禁止溜放、限速连挂、编组隔离的规定。

第四十四条 编组站(场)根据需要设置固定的装载压缩气体、液化气体车辆的停留线,线路两端道岔应扳向不能进入该线的位置并加锁。停留线附近不得有杂草和其他易燃物,严禁明火作业。装载危险货物的车辆因编组作业需临时在非固定线路上停留时,禁止在该线进行溜放作业。

第四十五条 机械保温列车(车组)由配属单位负责防火管理。列车上的柴油发电机组、蓄电池、储油设备、电控装置、炉灶,必须符合防火安全要求,确认良好后方准挂运。

第四十六条 货运员、货运检查员、车号员必须认真检查货物列车防火安全状态,包括车辆门窗关闭(需通风的货物除外)、危险货物车编组隔离、篷布苫盖、捆绑、腐朽木材防火处理是否符合规定,以及罐车有无泄漏,罐盖配件是否齐全完好,有无扒乘货车人员,并向押运人员宣传防火注意事项。货物押运人员应遵守《押运员须知》的规定。编入货物列车的厂修客车,押运人员不得使用明火照明和使用自备的炉具做饭、取暖。

第四十七条 铁路运输企业应在分界站对进入的货物列车防火安全情况进行检查。对检查中发现的问题应及时处理,做好记录通报有关单位。对有严重火灾隐患的货车应甩下处理。

第四十八条 检查装有易燃易爆危险货物的车辆禁止用明火照明,检修装有可燃货物车辆时禁止使用电、气焊及其他喷火花的工具。

第四十九条 车站对在专用线装载的列车(车辆)或托运人自行装载的车辆,应严格检查,确认防火安全状态良好方可挂运。

第五十条 机车乘务员应认真执行机车防火有关规定,有关行车人员要认真瞭望,注意观察列车运行状态,发现火情立即通报有关部门,并采取相应措施,迅速扑救。

第五十一条 列车在高坡区段运行时,机车乘务员应按规定的操纵示意图操纵机车,动力制动和空气制动联合使用,防止闸瓦磨托引起火灾。

第五十二条 装有危险货物的车辆需要摘下施修时,在车站停留时间不得超过两天。车辆调动时,必须按规定隔离。车辆维修和倒装应在指定的安全区域进行。

第五十三条 沿线停车站要维护好治安秩序,防止扒车人员动火引起火灾事故。

第四节 重点行车场所防火

第五十四条 通信、信号、信息、电力、行车调度等重点行车场所的建筑耐火等级、室内装修必须符合有关消防技术标准。

第五十五条 电力、通信、信号电缆穿过房间隔墙、楼板处应采用防火堵料进行封堵。信号楼内的竖向风道、电缆竖井、电缆盒(槽)、走线架、地沟盖板等均应采用不燃或难燃材料。

第五十六条 电力电缆与通信信号电缆应敷设在不同的沟、井内,必须在一起敷设时,应加设不导电、不燃烧的隔板进行分隔。室外地下敷设的电力、通信、信号电缆应采取填埋、密封等防火措施。

第五十七条 机房、主控室及其他电气设备用房内严禁吸烟和堆放杂物,严禁违章使用电热器具。

第五十八条 油浸变压器和含油电气设备应设置储油或挡油设施。

第五节 货场仓库防火

第五十九条 货场仓库防火应严格执行公安部《仓库防火安全管理规则》。

第六十条 货场应设置醒目的防火标志,货场内严禁吸烟和燃放烟花爆竹。

第六十一条 进入货场的机动车辆应安装防火罩。装载货物的机动车不得进入仓库。

进入货场的蒸汽机车应按规定装设火星网,不准在货场内清炉。

第六十二条 货场内动用明火时,须经单位消防安全管理人批准,办理《动火证》,并采取严格的安全措施。明火作业后应派人监护,确认安全后方可离开。

第六十三条 铁路货运仓库属综合性中转仓库,其储存货物危险性分类,危险货物按甲类管理,易燃货物和普通货物均按丙类管理。

第六十四条 危险货物应按性质和保管要求,存放在指定的仓库、雨棚和货区。易燃气体、液体应存放在荫凉通风地点。遇潮或受阳光照射易产生有毒气体或燃烧爆炸的危险货物,不得露天存放。危险货物的存放保管,执行《危险货物配装表》的规定,对不能配装或灭火方法相互抵触的危险货物,必须采取隔离措施。

第六十五条 库存及露天存放的货物,应分类、分批、分垛码放。整车货物垛与垛间距不应小于1.0米,零担货物堆码也应留出防火间距。危险货物每垛占地面积不宜大于50平方米。货物堆码不得埋压圈占消火栓。主要通道宽度不应小于2.0米。

第六十六条 危险货物应按规定标准包装。承运时应严格检查,严防跑、冒、滴、漏,确认无变质、分解、阴燃等现象,方可入库。

第六十七条 危险货物专用仓库的布局、分类不得擅自改变,如需改变时,应报上级主管部门批准。

危险货物运量小的车站,可根据危险货物的性质,在普通仓库内分隔或划出专用货位,但必须与其他货物保持必要的防火间距,采取严密的防火措施,并报经上级主管部门批准。

第六十八条 危险货物专用仓库内不准设办公室、休息室。普通货物仓库内设办公室,必须与库房建筑做防火隔断,取暖火炉的烟囱要加设防火网(罩)。

第六十九条 装卸、搬运危险货物应使用防爆叉车并随车配备性能良好的灭火器。其他装卸工具也应采取防火花措施。

第七十条 危险货物装卸作业时,应严格执行《铁路危险货物运输规则》中有关防火安全的规定。

第七十一条 货物仓库的电气装置,应符合国家有关电气设计规范和施工安装验收标准的规定。危险货物仓库、油库的电气装置,应符合《爆炸和危险环境电力装置设计规范》的规定。

第七十二条 货物仓库使用新型照明灯具,必须报经主管部门批准。仓库内照明设备的开关、配电盘必须安装在库外,禁止使用不合格的保险装置。仓库内敷设的配电线路,应穿套金属管或阻燃套管保护。

仓库内不准使用电炉、电烙铁、电熨斗等电热器具和电视机、电冰箱等家用电器。

第七十三条 存放危险货物和易燃货物的仓库内不准安装使用移动照明灯具,应使用专用的防爆型库房灯具。

装卸作业时,货车内使用的移动式照明灯具应采用安全电压,其变压器、开关、电源插座不准安装在库内。

第六节 建设工程和施工工地防火

第七十四条 铁路建设、设计、施工、工程监理单位应当遵守消防法规、国家和铁道部工程建设消防技术标准,建立建设工程消防质量管理责任制度,对建设工程消防设计、施工质量负责。

第七十五条 铁路公安机关消防机构依法实施铁路建设工程消防设计审核、消防验收和备案抽查。

第七十六条 按照国家工程建设消防技术标准需要进行消防设计的建设工程,除本办法第七十七条另有规定的外,建设单位应当自依法取得施工许可之日起7个工作日内,将消防设计文件报铁路公安机关消防机构备案,铁路公安机关消防机构应当进行抽查。

第七十七条 铁路大型人员密集场所和其他特殊建设工程,建设单位应当将消防设计文件报送铁路公安机关消防机构审核。铁路公安机关消防机构依法对审核的结果负责。

第七十八条 依法应当经铁路公安机关消防机构进行消防设计审核的铁路建设工程,未经依法审核或者审核不合格的,负责审批该工程施工许可的部门不得给予施工许可,建设单位、施工单位不得施工;其他建设工程取得施工许可后经依法抽查不合格的,应当停止施工。

第七十九条 依法应当进行消防验收的铁路建设工程,未经消防验收或者消防验收不合格的,禁止投入使用;其他铁路建设工程经依法抽查不合格的,应当停止使用。

第八十条 超出现行国家消防技术标准适用范围以及按照现行国家消防技术标准进行防火分隔、防烟排烟、安全疏散、建筑构件耐火等设计时,难以满足工程项目特殊使用功能的,可按有关规定采用建设工程消防性能化设计评估方法,经专家论证后完善消防设计。

第八十一条 铁路建设工程施工工地的消防安全管理由工程建设指挥部负责。工程建设指挥部应建立防火组织,制定用火用电、禁止吸烟、易燃易爆物品、施工垃圾、值班巡守、动火作业等消防安全管理制度,落实防火责任制。

工程建设指挥部应与施工单位签订消防安全责任书,明确各自消防安全责任,按照公安部《关于建筑工地防火基本措施》的规定,加强管理。

第八十二条 施工现场的作业、办公、材料存放、住宿等区域应分开布设,防火间距、间隔、通道应满足消防安全要求。

第八十三条 施工现场必须设置相应的临时消防给水设施和灭火器材。

第三章 监督检查

第八十四条 铁路运输企业应当落实消防工作责任制,对所属各部门履行消防安全职责的情况进行监督检查。

各部门应当结合铁路运输和季节特点,有针对性地组织消防安全检查和开展消防安全专项整治活动,及时整改火灾隐患。

第八十五条 铁路公安机关消防机构对各单位遵守消防法律、法规情况依法进行监督检查。并根据铁路火灾规律、运输生产特点和重大节日、重大活动等消防安全需要,进行重点抽查。

公安派出所、乘警队对管辖区域内各单位和旅客列车开展消防监督检查。

第八十六条 铁路公安机关消防机构在消防监督检查中发现重大火灾隐患时,应书面告知铁路运输企业。铁路运输企业对重大火灾隐患应当挂牌督办,对可能危及公共安全的危险部位或场所应当停止使用。

第八十七条 铁路公安机关消防机构及其工作人员应当按照法定的职权和程序进行消防设计审核、消防验收和消防安全检查,做到公正、严格、文明、高效。

铁路公安机关消防机构及其工作人员进行消防设计审核、消防验收和消防安全检查等,不得收取费用,不得利用消防设计审核、消防验收和消防安全检查谋取利益。

第八十八条 铁路公安机关消防机构及其工作人员执行职务,应当自觉接受单位和公民的监督。

第八十九条 铁路公安机关消防机构应根据公安部《消防监督技术装备配备》有关规定配备交通、通讯工具和消防检测、勘查、宣传器材、设备以及个人防护装备,提高工作质量。

第四章 火灾扑救和事故调查

第九十条 铁路运输企业及所属单位应当制定火灾事故应急预案,建立应急响应和处置机制,为灭火救援工作提供保障。定期组织火灾应急处置实战演练,消防重点单位和旅客列车每年不少于2次。

发生火灾的单位应立即向上级主管部门和公安机关报告。上级主管部门和铁路公安机关接到火灾报告后,应启动相应级别的火灾事故应急预案,及时组织有关人员赶赴现场。

发生火灾事故,铁路运输企业和铁路公安机关应立即向铁道部主管部门报告。

第九十一条 车站应制定接入和扑救起火列车的应急预案,相关内容应列入车站《工作细则》。有关行车人员发现列车发生火灾时应立即向车站报警。车站接到报警后应启动火灾事故应急预案,同时向上级调度报告,并向 119 报警。

列车在区间发生火灾必须停车时,按照《铁路技术管理规程》中"列车在区间被迫停车规定"办理。

起火列车在区间停车时的扑救工作,在邻近车站站长和公安消防人员赶到前,旅客列车由列车长负责,货物列车由运转车长负责,没有运转车长的由牵引机车司机负责。

车站站长为扑救列车火灾,有权调用站内各单位的人员、车辆、灭火器材和工具。

第九十二条 铁路公安消防队、专职消防队、义务消防队接到火灾报警后,必须立即赶赴火灾现场,救助遇险人员,排除险情,扑灭火灾。

第九十三条 火灾事故原因调查按《中华人民共和国消防法》及公安部《火灾事故调查规定》执行,由铁路公安机关消防机构负责实施。

货车火灾和地面火灾,由发生地铁路公安机关消防机构组织调查。旅客列车、机车、机械保温车和特种车辆火灾,由发生地铁路公安机关消防机构组织调查,如发生火灾的上述机车、车辆系非管辖单位配属的,应将有关调查材料移交给所属铁路公安机关消防机构,由后者负责火灾事故原因认定和火灾统计。

因火灾事故造成的铁路交通事故按火灾事故调查。

第九十四条 凡发生火灾事故,都应本着"四不放过"的原则,查明原因,认定责任,严肃处理。

第九十五条 火灾事故统计按国家统计局、劳动部、公安部 1996 年印发的《火灾统计管理规定》执行。因铁路交通事故造成的火灾,也列为火灾事故统计,火灾直接财产损失只计算被烧毁部分。

第五章 附 则

第九十六条 铁路运输企业可依据本办法制定实施办法。
第九十七条 本办法由铁道部公安局负责解释。
第九十八条 本办法自 2009 年 6 月 1 日起施行。

后　　记

　　本书的写作初衷缘于对国家铁路局科技与法制司交付课题的研究心得。在课题研究过程中,我们接触到了关于铁路行政许可的大量一手资料,了解了铁路行政许可制度运行中的各个环节,也因此促使我们开始认真思考我国铁路行政许可的规范体系问题。

　　我国的行政许可制度形成于计划经济时代,但在后来的转型时期,法治力量薄弱一直是制约我国行政许可制度发展的瓶颈,直到2003年《中华人民共和国行政许可法》颁布,使得行政许可制度自此走上法治化道路。

　　自2003年以来,我国已经在行政许可制度法治化道路上走过15年。在这一法治背景下,铁路行业的行政许可制度蓬勃发展,可以说铁路行政许可制度自产生之初就具有现代法治基因,是在我国全面依法治国的战略背景下发展起来的。尤其是党的十九大报告中提出,目前我国正处在"政府机构改革和职能转变、全面深化改革、全面推进依法治国"的战略背景下,铁路行政许可制度作为推动铁路管理部门职能转变、促进全面依法治国的一个环节,承担着重要的使命,其中蕴含的法治因素和规范价值都是值得深入研究和总结的。

　　在世界范围内,行政许可制度正是在行政权逐渐膨胀,政府权力亟待管制的背景下成熟和发展起来的。作为一种授益性行政行为,行政许可与行政相对人权益有着直接的关系。在铁路行业,国家铁路管理部门通过铁路行政许可的审批来实现铁路事业的管理目标,可以说铁路行政许可就是实现铁路行政权的重要方式。所以,对铁路行政许可权力进行规制的有效措施之一便是铁路行政许可法。着眼于这一现实需要,本书以铁路行政许可评估作为切入点,考察了我国目前的铁路行政许可规范体系,并对这一体系的各个方面努力作出全方位的评估,以发现问题,解决问题。

　　我们愈加深信,铁路行政许可评估及有关法律问题研究是对目前法治实践经验的成熟总结,也是一次面向未来的有益探索。这是因为,理论方面,立法评估理论已是法学界讨论已久的成熟理论,关于立法评估的研究涉及对事前、事中和事后各个阶段的监督,这些研究成果为铁路行政许可评估提供了理论支撑和方法论指导。立法实践方面,目前铁路行政许可制度规范已经形成较为全面的法律体系。立法层级上,从法律、行政法规、部门规章到规范性文件,都有详细规定。涵盖领域上,从铁路安全管理、铁路运输基础设备生产到铁路机车车辆驾驶人员资格等,包含铁路运输的多个方面。对铁路行政许可的研究,致力于以创新的理念反思现状,重新发现问题,希望能获得对未来发展路径中可能遇到的问题的解决方案,应对将要面临的挑战。

在本书的写作过程中,国家铁路局科技与法制司为我们提供了翔实的资料以及许多参与调研的机会,使本书的写作得以根据最新的数据进行统计和分析,并且能够参与到铁路行政许可从制定到审批的全过程。本书的写作获得了中国政法大学法学院领导的支持以及众多老师的建议和帮助,也有许多同学的积极参与;还得到了中央高校基本科研业务费专项资金的资助。本书最终付梓要特别感谢北京大学出版社的支持。本书的完成是集体智慧的结晶,凝聚着团队的力量和心血,在此表示衷心的感谢!

田 瑶
2018 年 7 月